“十三五”职业教育规划教材

新能源汽车技术概论

主　编　孙　旭
副主编　郝金魁　姚文俊　张智华
主　审　何　仁

国防工業出版社
·北京·

内容简介

本书介绍了新能源汽车的类型、发展新能源汽车的必要性以及新能源汽车发展现状和趋势。通过车型实例，详细描述了纯电动汽车、混合动力电动汽车、燃料电池电动汽车以及其他清洁能源汽车的基础知识，并对电动汽车储能装置及能量管理系统、电动汽车电机驱动系统、电动汽车充电技术作了系统的论述。

全书内容详实、图文并茂，选取大量实例，对普及新能源汽车的基础知识具有很大的帮助，适合用作高职高专、中职汽车类各专业及各类汽车培训机构授课教材，也可作为新能源汽车行业相关工程技术人员的参考用书。

图书在版编目(CIP)数据

新能源汽车技术概论/孙旭主编．—北京：国防工业出版社，2017.5

ISBN 978-7-118-11267-2

Ⅰ.①新… Ⅱ.①孙… Ⅲ.①新能源-汽车-研究
Ⅳ.①U469.7

中国版本图书馆 CIP 数据核字(2017)第 085221 号

※

国防工业出版社出版发行

(北京市海淀区紫竹院南路 23 号 邮政编码 100048)

三河市德鑫印刷有限公司印刷

新华书店经售

*

开本 787×1092 1/16 **印张** 12 **字数** 278 千字

2017 年 5 月第 1 版第 1 次印刷 **印数** 1—4000 册 **定价** 34.80 元

国防书店：(010)88540777 发行邮购：(010)88540776

发行传真：(010)88540755 发行业务：(010)88540717

前 言

内燃机汽车的发展是现代工业技术最重大的成就之一。然而,高度发展的汽车工业和持续大量汽车的应用,在全球已经引发了严重的环境和资源问题。大气环境质量的恶化、全球气候变暖和石油资源的匮乏成为了人类必须认真面对的问题。日益严格的排放和燃料效率的标准促进了安全、清洁和高效车辆的迅猛发展。开发低污染或零污染的绿色汽车,特别以纯电动汽车、混合动力电动汽车和燃料电池电动汽车为代表的新能源汽车已经成为当今汽车工业发展的重要方向。

新能源汽车是我国汽车工业发展的重要方向,是国家重要的战略性新兴产业,也是国家未来新的经济增长点。我国石油资源匮乏、环境保护压力大,大力发展新能源汽车有很强的现实和战略意义。汽车专业的学生有必要掌握新能源汽车方面的基本知识,为此,编者以多年的新能源汽车科研和课程教学经验为基础,编写了本书。

本书介绍了发展新能源汽车的必要性,以及新能源汽车发展现状和趋势。通过典型车型实例,分析了纯电动汽车、混合动力电动汽车、燃料电池电动汽车以及其他清洁能源汽车的基本概念、结构和原理。本书对电动汽车的储能装置及能量管理系统、电机驱动系统、充电技术和高压安全技术也作了较系统的阐述。

全书内容详实、图文并茂,选取大量实例,适合用作高职高专、中职汽车类各专业及各类汽车培训机构授课教材,也可作为新能源汽车行业相关工程技术人员的参考书。

本书由孙旭副教授(高级工程师)担任主编,郝金魁教授、姚文俊副教授和张智华博士担任副主编。孙旭编写了第 1 章、第 2 章、第 4 章、第 5 章及附录并统稿全书,郝金魁编写了本书第 7 章,姚文俊编写了本书第 6 章、第 8 章,张智华编写了本书第 3 章。

本书由江苏大学何仁教授(博士生导师)主审,何仁教授认真细致地审阅了本书,提出很多宝贵的修改意见和建议,编者对此谨致以深切的谢意!

本书在编写过程中,广泛参考借鉴了国内外新能源汽车方面的研究成果,查阅了大量书籍、文献和资料,引用了一些网上资源和参考文献中的部分内容,也得到了相关新能源汽车生产厂家的支持,在此,对这些成果的研究人员表示衷心的感谢!

由于新能源汽车技术的飞速发展以及编者水平有限,本书难免有疏漏之处,敬请广大专家和读者批评指正。

目 录

第1章　绪　　论

教学目标

通过本章的学习，使读者能够了解什么是新能源汽车，认识发展新能源汽车的必要性，了解国内外新能源汽车的发展现状和发展趋势。

教学导入

能源、气候、环境和资源与一个国家的国计民生息息相关，如何解决与之相关的问题也决定了人类社会能否可持续发展。汽车产业是国民经济的重要支柱产业，在国民经济和社会发展中发挥着重要作用，但其又是能源消耗和废气排放的重要源头。随着国民经济持续快速发展和城镇化进程加速推进，今后较长一段时期汽车需求量仍将保持增长势头，由此带来的能源紧张和环境污染问题将更加突出。

近十年来，在与交通运输相关的研究开发领域，人们致力于加快培育和发展高效、清洁和安全的运输工具。以电动汽车、混合动力电动汽车和燃料电池汽车为代表的新能源汽车已被提议为今后用以替代传统车辆的运输工具。

1.1　新能源汽车的定义与分类

1.1.1　汽车新能源的种类

全球范围内，地球为人类提供的能源主要包括化石燃料（煤、石油、天然气等）、水能、生物能、风能、太阳能、潮汐能、地热能、核能等，如图1.1所示。

汽车新能源主要包括电能、氢能源、天然气（包括液化石油气、压缩天然气）、醇类燃料、二甲醚、太阳能等，如图1.2所示。表1-1为各种汽车新能源的优缺点比较。

水能

潮汐能

化石燃料

核能

风能

地热能

太阳能

图 1.1　人类可利用的主要能源

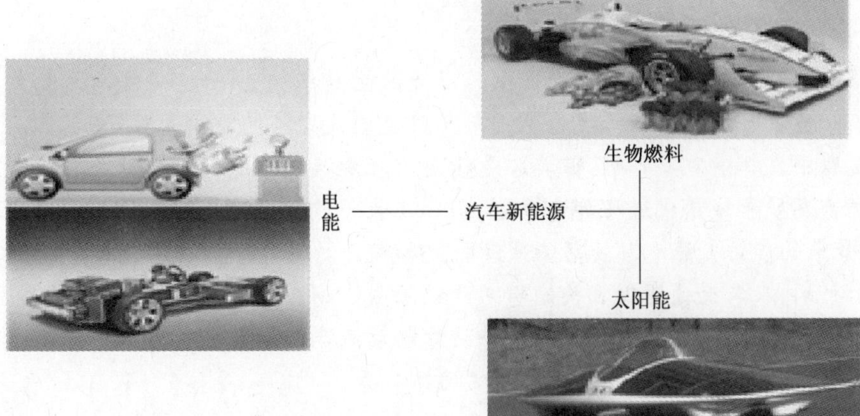

图 1.2　汽车可利用的新能源

表 1-1　各种汽车新能源比较

新能源	优点	缺点	备注
电能	1. 来源丰富 2. 直接污染及噪声小 3. 结构简单,维修方便	1. 蓄电池能量密度小,汽车续驶里程短,动力性较差 2. 电池重量大,寿命短,成本较高 3. 蓄电池充电时间长	1. 目前应用相对有限,多应用于公共交通领域 2. 公认的未来汽车的主流

（续）

新能源	优点	缺点	备注
氢能源	1. 来源丰富 2. 污染很小 3. 氢能源的辛烷值高，热值高	1. 氢生产成本高 2. 气态氢能量密度小，储运不便，液态氢技术难度大，成本高 3. 需开发专用发动机	1. 制氢及储运等技术仍不成熟 2. 应用范围较少
天然气	1. 资源丰富 2. 污染小 3. 辛烷值高	1. 需要建设配套保障设施（加气站等），投资强度大 2. 能量密度较小，续驶里程受限 3. 动力性较低 4. 储带不便	
醇类燃料	1. 来源较丰富 2. 辛烷值高 3. 污染较小	1. 毒性较大 2. 对金属及橡胶件具有腐蚀性 3. 冷起动性能较差	
二甲醚	1. 来源较丰富 2. 污染小 3. 十六烷值高	1. 毒性较大 2. 动力性较低 3. 储带不便 4. 二甲醚生产成本较高	
太阳能	1. 来源丰富，可再生 2. 污染小	1. 效率低 2. 成本高	应用尚需较长时间

1.1.2　新能源汽车定义与分类

国际上对新能源汽车尚没有统一的定义，我国对新能源汽车的界定和包括的车辆类型也随着经济和社会的发展作动态调整，同时也越来越科学规范。

根据我国2009年7月1日实施的《新能源汽车生产企业及产品准入管理规则》，新能源汽车是指采用非常规的车用燃料作为动力来源（或使用常规的车用燃料、采用新型车载动力装置），综合车辆的动力控制和驱动方面的先进技术，形成的技术原理先进、具有新技术、新结构的汽车。新能源汽车包括混合动力汽车、纯电动汽车（包括太阳能汽车）、燃料电池电动汽车、氢发动机汽车、其他新能源（如高效储能器、二甲醚）汽车等各类别产品。

根据2012年国务院《节能与新能源汽车产业发展规划（2012~2020年）》（附录一），新能源汽车是指：采用新型动力系统，完全或主要依靠新型能源驱动的汽车，主要包括：纯电动汽车、插电式混合动力汽车及燃料电池汽车。

1. 电动汽车

广义上来说，电动汽车包括纯电动汽车、混合动力电动汽车和燃料电池电动汽车。

纯电动汽车是以电池为储能单元，以电动机为驱动系统的车辆。混合动力电动汽车是指同时装备两种动力源——热动力源（由传统的汽油机或者柴油机产生）与电动力源（电池与电动机）的汽车；插电式混合动力电动汽车是可以外接电源充电的一种混合动力电动汽车。燃料电池电动汽车是采用燃料电池作电源的电动汽车。

2. 其他清洁能源汽车

1）气体燃料汽车

气体燃料汽车是利用可燃气体作能源驱动的汽车。汽车的气体代用燃料种类很多，常见的有天然气和液化石油气。根据汽车使用可燃气体的形态不同，燃料可分为三种：压缩天然气，主要成分是甲烷；液化天然气，主要成分是甲烷经深度冷冻液化；液化石油气，主要成分是丙烷和丁烷的混合物。

2）生物燃料汽车

燃用生物燃料或燃用掺有生物燃料的燃油汽车称为生物燃料汽车，与传统汽车相比，结构上无重大改动，排放总体上较低，包括乙醇燃料汽车和生物柴油汽车等。

3）氢燃料汽车

氢燃料汽车是以氢为主要能量驱动的汽车。一般汽车是使用汽油或柴油作为内燃机的燃料，而氢燃料汽车则是使用气体氢作为内燃机的燃料。氢燃料汽车与氢燃料电池电动汽车是截然不同的两个概念。氢燃料汽车仍是内燃机汽车，而燃料电池电动汽车是通过电池直接将化学能转化为电能，利用电机驱动，而不是利用燃料的燃烧过程产生的能量驱动。

氢内燃机在汽车上的应用方式又有三种：纯氢内燃机、氢/汽油双燃料内燃机、氢-汽油混合燃料内燃机。

除以上提到的四种新能源汽车外，还包括利用太阳能、原子能、压缩空气等其他能量形式驱动的汽车。

4）用太阳能、原子能、压缩空气等其他形式驱动的汽车

1.2 新能源汽车发展背景

在汽车百余年的发展历史中，作为新能源汽车的电动汽车曾在历史上几经坎坷。因为社会、经济及技术等诸多因素，使得电动汽车无法与以石油能源为燃料的内燃机汽车相匹敌。不过，在新的历史时期，由于特定的社会与环境背景，新能源汽车面临着新的发展机遇。

1.2.1 温室效应与碳排放控制

众所周之，汽车尾气中含量最高的气体是二氧化碳。尽管二氧化碳对环境没有直接毒害作用，却是主要的温室气体之一。当大气中二氧化碳含量升高时，会增强大气对太阳光中紫外线辐射的吸收，阻止地球表面的热量向外散发，使地球表面的平均气温上升，产生温室效应，引起全球变暖，威胁人类生存环境。温室气体排放对环境的改变不容忽视。

随着汽车工业的发展，世界碳排放问题日益突出，据BP（英国石油公司）2014年统计年鉴，2013年世界二氧化碳排放总量达到360亿吨。如图1.3、图1.4所示为2013年二氧化碳排放前十位的国家及所占的比例。其中，全球23%的二氧化碳来自于交通运输，为历史最高水平。可见汽车工业是影响碳排放量的一个重要因素。能源行业的温室气体排放占总排放量的2/3，因此在应对气候变化问题上，能源行业的作用至关重要。美国能源领域的CO_2排放量去年下降3.8%，降至20世纪90年代以来最低水平，约有一半的下

降是因为页岩气替代了煤炭。欧洲的 CO_2 排放量也降低了。2012 年中国 CO_2 排放增长 3.8%,这是过去 10 年增长最慢的一次,增速约为 2011 年的一半,单位发电量的 CO_2 排放水平降低了 17%,但中国仍是 CO_2 排放最大国,占全球总排放量的 1/4。

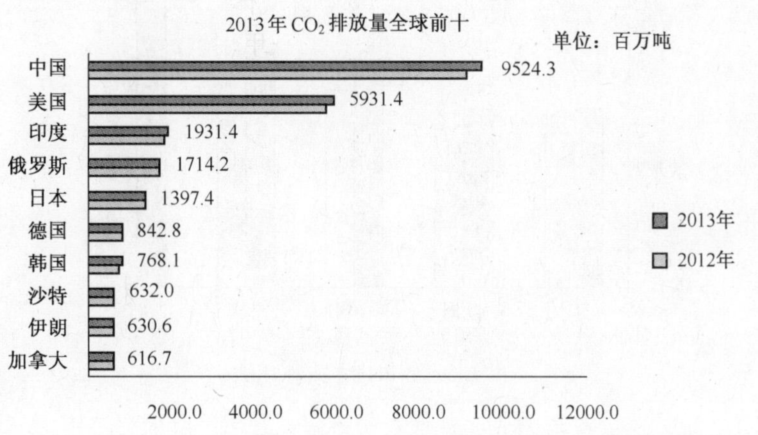

图 1.3　2013 年 CO_2 排放全球前十排名

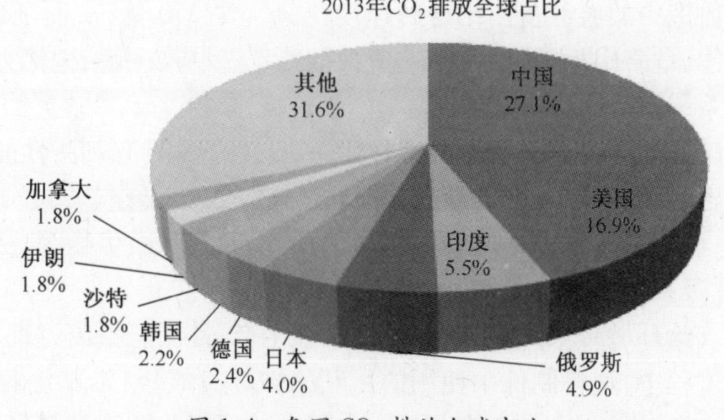

图 1.4　各国 CO_2 排放全球占比

世界各国对汽车碳排放控制要求越来越高,图 1.5 为部分国家汽车碳排放近期控制目标。欧盟在 2014 年设定了全球最严格的汽车碳排放控制目标,即从 2020 年 1 月 1 日起,欧盟范围内所销售的 95%的新车二氧化碳排放平均水平必须达到每公里不超过 95 克。而 2012 年的数据显示,戴姆勒集团旗下车型平均二氧化碳排放水平在每公里 140 克,奥迪稍低,但也超过了 130 克。从排放标准来看,汽车厂商仅仅依靠传统车的技术进步无法满足排放标准,必须积极投资研发电动车等新能源车。欧盟规定,允许生产电动车等排放极低车型来获取更多的积分并将其用于生产其他排放较高的车型。美国加州规定:在该州销量超过一定数量汽车的企业必须使环保车的比例达到 ZEV 法案(Zero Emission Vehicle)的规定。未达到 ZEV 法案规定标准的企业必须支付每辆车 5000 美元罚款,或者向其他公司购买积分。

因此,推广使用新能源汽车,减少二氧化碳排放量,是国家节能减排和汽车工业自身能够持续发展的必然选择。

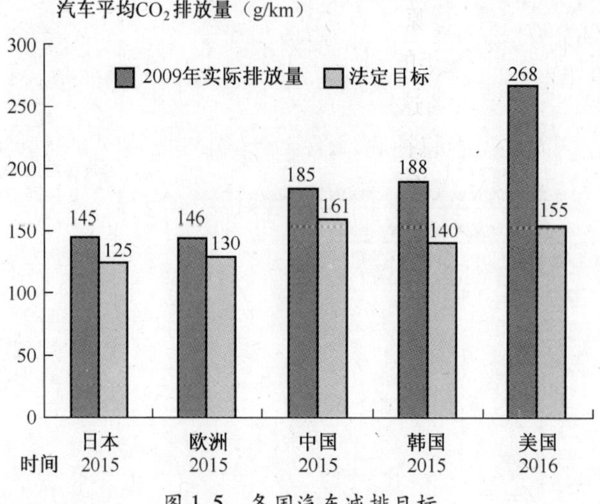

图 1.5　各国汽车减排目标

1.2.2　环境污染

汽车尾气中的一氧化碳、碳氢化合物、氮氧化物、颗粒物对人类健康则会产生直接危害。一氧化碳与血液中的血红蛋白结合的速度比氧气快250倍,从而削弱血液向身体各组织输送氧的功能,危害中枢神经系统,造成人的感觉、反应、理解、记忆力等机能障碍,重者危害血液循环系统,导致生命危险。

氮氧化物和碳氢化合物在太阳紫外线作用下,产生一种具有刺激性的化学烟雾,其对人体最突出的危害是刺激眼睛和上呼吸道黏膜。汽车尾气中颗粒物成分很复杂,并具有较强的吸附能力,可以吸附各种金属粉尘、强致癌物质和病原微生物等。颗粒物随呼吸进入人体,会引起呼吸系统疾病和恶性肿瘤。

除了汽车尾气给环境带来的不利影响,汽车在生产、使用至报废过程中都会造成环境污染。汽车制造过程中,塑料制件中使用的氟利昂破坏臭氧层,铅基涂料会造成铅污染,油漆溶剂的散逸也会造成污染等。汽车排入大气中的碳氢化合物和氮氧化物等一次污染物,在阳光的作用下发生化学反应,生成臭氧、醛、酮、酸、过氧乙酰硝酸酯等二次污染物,参与光化学反应过程的一次污染物和二次污染物的混合物形成光化学烟雾,危害健康。

汽车尾气已经成为空气污染的重要原因,开发新能源汽车,减少环境污染,是汽车技术发展的必然趋势。

1.2.3　能源短缺

传统汽车工业以石油为燃料,对化石能源有巨大的需求和依赖。近年来中国社会化进程加快,汽车产业迎来了跨越式的蓬勃发展时期。但是,汽车产量的急剧增长对能源的负面影响也越来越突出。

中国虽然是世界能源资源大国,能源资源丰富,但由于中国人口众多,人均能源资源相对贫乏。据统计,中国煤炭2014年的探明储量为1145亿吨,占世界总量的13.86%,居世界第3位,但人均仅为世界人均的70%;石油和天然气探明储量分别为21亿t和2.46万亿m^3,占世界总量的1.23%和1.33%,分别居世界第14位和第16位,而人均仅为世界的 1/10 和 1/250。

随着经济的快速发展,我国能源对外依存度也在迅猛攀升。我国石油对外依存度已由 2000 年的 30.2%上升至 2015 年的 60.6%。如图 1.6 所示,预计到 2035 年对进口石油依存度可能攀升至 80%,远超 50%这一国际公认警戒线。石油海上运输安全风险加大,跨境油气管道安全运行问题不容忽视。除了石油,我国其他能源对外依存现状同样不容乐观。从近几年的形势看,天然气海外依存度上升得更加明显。我国从 2006 年开始进口天然气,2010 年天然气对外依存度还只有 11.6%,但到了 2015 年,这一数字已攀升至 32.7%。能源对外依存度增加势必会威胁到国家经济发展的稳定性。

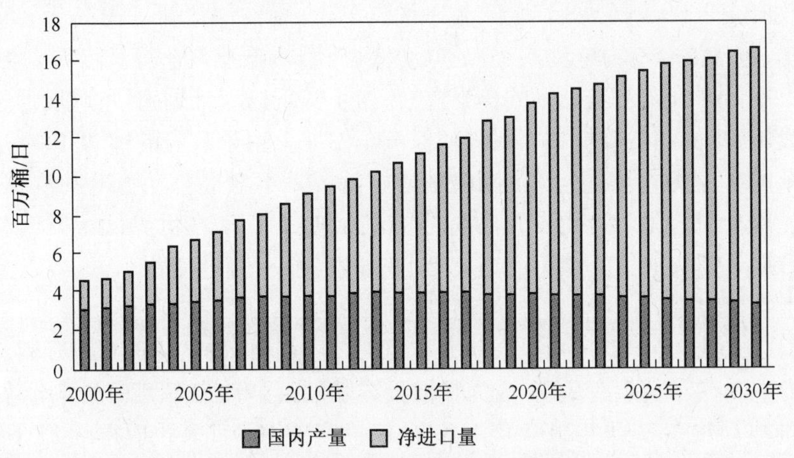

图 1.6 我国对进口石油依存度预测

从环境保护与能源的角度,新能源汽车是未来汽车发展的必然趋势,也是我国未来社会与经济发展的必然需求。

1.3 新能源汽车发展现状与趋势

面对全球范围日益严峻的能源形势和环保压力,近年来,世界主要汽车生产国都把发展新能源汽车作为提高产业竞争能力、保持经济社会可持续发展的重大战略举措,新能源汽车成为市场新的增长点。目前,新一轮的新能源汽车研发、示范和产业化已经开始,而且得到各国政府和企业的高度重视。

1.3.1 国外新能源汽车发展现状

1. 美国

通用、福特和克莱斯勒三大品牌曾是美国汽车市场的领导者,近年来,尤其是国际金融危机发生以来,此格局发生了很大变化,日系、欧系甚至是韩系车在美国市场步步为营。因为石油资源压力和日益严格的环保要求,美国开始大力发展新能源汽车。

推动新能源汽车发展是奥巴马政府能源政策的组成部分,希望通过发展和利用新能源,使美国摆脱对海外石油的过度依赖。美国政府通过进一步制定严格的汽车燃油排放标准和新能源汽车政策以及通过政府采购节能汽车、消费者购买节能汽车减税、设立新能源汽车的政府资助项目、投资促进新能源汽车基础设施建设等策略,进一步推动汽车产品朝着“小型化”和“低能耗”的方向发展,并重点推进充电式混合动力电动汽车计划。为此,美国政府斥巨资支持动力电池、关键零部件的研发和生产,支持充电基础设施建设,消费者购车补贴和政府采购。这一揽子计划形成了美国新能源汽车产业化和市场化的第一推动力,更加明确了研发汽车新产品的方向和目标。

目前从市场表现来看,美国的汽车公司中,开发比较成功的车型有雪佛兰 Volt,另外异军突起的特斯拉公司的特斯拉电动车更是掀起电动汽车的热潮。

2. 日本

日本政府在 2009 年 6 月启动了“新一代汽车”计划,所谓“新一代汽车”,实际指的就是环保汽车,包括混合动力电动汽车、纯电动汽车、燃料电池汽车等。该计划力争在 2050 年使环保汽车占据汽车市场总量的一半左右,为了实现这一计划,日本政府通过援建电动汽车基础设施、减税和发放补贴等促进环保汽车发展。由于政府的推动和政策扶持,日本新能源汽车的产业化成果在全球范围内是最好的。日本在混合动力电动汽车技术领域,领先世界。以丰田普锐斯为代表的日本混合动力电动汽车,在世界低污染汽车开发销售领域已经占据了领头地位。欧美市场上已上市的混合动力电动轿车,一半以上是由日本汽车公司生产销售。

据丰田官方数据,丰田系列混合动力车 2015 年累计销量已超过 800 万辆,其中,普锐斯混合动力电动汽车贡献率最高,成为目前最成功的混合动力车型。在纯电动汽车领域,日产 Leaf 纯电动汽车车型在 2014 年 1 月底,就已突破 10 万辆,也取得巨大的成功。与此同时,日本还快速发展燃料电池汽车技术,丰田和本田汽车公司已成为当今世界燃料电池汽车市场上的重要企业。其他几家日本汽车企业也在开发新一代的新能源动力汽车,如本田的 Insight IMG 混合动力汽车、三菱 I-MiEV 纯电动汽车等。

3. 德国

德国在新能源汽车方面也做出了重要贡献。宝马汽车公司也是氢动力发动机车型研究的先行者,早在 2004 年宝马所研发的 H2R 赛车就在法国南方小镇 Miramas 高速赛道创造了 9 项世界记录。2007 年,其向外界推出了 7 系氢动力车型,这台发动机是基于宝马 760i 的 6.0LV12 发动机改进而来,按照双模式驱动的要求,在汽油模式下燃油通过直接喷射供应,同时在发动机进气系统中集成了氢供应管路。

德国政府表示,到 2020 年可再生能源要占全部能源消耗的 47%。因此,2020 年德国境内的新能源汽车要超过 100 万辆。在 2009 年年初德国政府通过的 500 亿欧元的经济刺激计划中,很大一部分用于电动汽车研发、“汽车充电站”网络建设和可再生能源开发。

进入 21 世纪,国外各大汽车公司纷纷制订新的新能源汽车开发计划。在这个“环保竞技场”,包括通用、奔驰、大众、宝马、丰田、本田、福特、克莱斯勒、日产等先行者,更是当仁不让地扮演了新能源车的主角。

1.3.2 国内新能源汽车现状

自 2001 年起,新能源汽车研究项目就被列入国家“十五”期间的“863 计划”重大科技课题。经过 10 年的研发和市场培育,2010 年 9 月 8 日,国务院审议并原则通过《国务院关于加快培育和发展战略性新兴产业的决定》,新能源汽车被确定为我国的战略性新兴产业并将在今后加快推进。2012 年 6 月我国制订《节能与新能源汽车发展规划(2011—2020 年)》,它成为新阶段引领我国新能源汽车产业发展的重要政策。近年来,以北汽、比亚迪、奇瑞、江淮等一批自主品牌为代表的纯电动汽车和混合动力电动汽车已开始活跃在汽车市场。2015 年,新能源汽车产销已突破 30 万辆,累计产销近 50 万辆。在全球新能源汽车超过 50 万辆的年销量中,中国市场的贡献超过一半。我国已经超越美国成为全球最大的新能源汽车生产国和第一大市场。

我国新能源汽车经过十余年的研究开发和示范运行,已初步具备产业化发展基础,电机、电子控制和系统集成等关键技术也已取得明显进步,纯电动汽车和插电式混合动力汽车开始小规模投放市场。但与先进水平相比,新能源汽车整车和核心零部件技术,特别是电池技术尚未突破,产品成本高、配套体系不完善、产业化和市场化发展受到制约。

为应对日益突出的燃油供求矛盾和环境污染问题,世界主要汽车生产国纷纷加快部署,大力发展和推广应用汽车节能技术,并把发展新能源汽车作为国家战略,加快推进技术研发和产业化。节能与新能源汽车已成为国际汽车产业的发展方向,未来 10 年将迎来全球汽车产业转型升级的重要战略机遇期。目前我国汽车产销规模已居世界首位,预计在未来一段时期仍将保持稳步增长,加快培育和发展节能与新能源汽车产业,促进汽车产业优化升级是实现由汽车工业大国向汽车工业强国转变的必由之路。

1.3.3 新能源汽车技术发展趋势

1. 突破电池技术是关键

作为汽车动力源,目前还没有任何一种电池的能量密度能与石油相提并论。另外动力电池的热失控是机理复杂、危害严重的电动汽车热安全问题,它与电池管理系统、单体电池热失控与材料体系的设计、成组电池热失控的扩展和电池系统设计等技术有关。动力电池成为限制电动汽车发展的瓶颈,亟待突破。

2. 驱动电机呈多样化发展

美国倾向于采用交流感应电机,其主要优点是结构简单、可靠,质量较小,但控制技术较复杂。日本多采用永磁无刷直流电机,优点是效率高、起动转矩大、质量较小,但成本高,且有高温退磁、抗振性较差等缺点。德国、英国等大力开发开关磁阻电机,优点是结构简单、可靠,成本低,缺点是质量较大,易于产生噪声。

3. 纯电动汽车未来发展趋势

在技术上,纯电动汽车呈现动力系统平台化、车身轻量化、车辆智能化等发展趋势,未来将进一步朝着机械、电子、信息技术高度集成的方向发展。在动力系统上,纯电动汽车呈现平台化特点,特别是轮毂驱动电机技术的应用,不但使动力传递链缩短、传动效率提高,而且使得动力系统更易于实现平台化。在车身上,纯电动汽车呈现轻量化特点。轻量化是汽车一项基础节能技术,车辆结构设计轻量化,轻量化材料及先进制造技术的应用将进一步实现纯电动汽车的减重和节能。

在车辆上,纯电动汽车呈现智能化特点。近期国际整车厂推出的纯电动汽车日趋智能化,均采用了全球定位、车载娱乐、手机互联等技术。未来,智能车联网、V2G 以及无线充电等新技术将逐步应用到纯电动汽车上。近年来国外各大汽车公司都推出了小型纯电动概念车,这些车型将满足特定区域的短途代步需求,是电气化和智能化的融合体。在产品技术上，驱动灵活多样，续驶里程和最高车速通常不高，但处处体现出高科技的概念。

4. 插电式混合动力汽车技术的研发热点

插电式混合动力汽车在技术上分为三大类：一是采用混联式混合动力技术改进升级，具备了插电式短途纯电驱动功能的车型，以丰田的插电式普锐斯为代表；二是采用串联式混合动力技术改进（增程式），具备了短途纯电驱动能力的车型，以通用的雪佛兰 Volt 为代表；三是采用并联式混合动力升级改进（双模驱动），具备了短途纯电动驱动能力的车型，以比亚迪 F3DM 为代表。

以增程式技术或并联混合动力技术实现的插电式混合动力汽车技术门槛相对较低，机电耦合系统的复杂性较小，但这两类混合动力汽车在长距离非电驱动的情况下，节油性能不如混联式插电混合动力汽车。

以上三种插电式混合动力汽车车型是近期新能源汽车开发的热点，丰田、通用、大众等汽车集团均积极开发插电式混合动力车型。在技术方案上，混联式、并联式和串联式混合动力方案均有不同的产品投放市场；在产品技术上，优化匹配动力系统电池容量，满足不同人群日常纯电行驶里程需求的技术方案将成为研发热点。

5. 燃料电池汽车在技术上的发展趋势。

燃料电池汽车动力系统呈现混合动力化和底盘专用化趋势。国内外推出的燃料电池汽车动力系统广泛采用燃料电池系统与动力电池混合驱动的方式，这种方案不仅延长了燃料电池的寿命，还降低了车辆成本。本田、奔驰等国际厂商均将燃料电池动力系统零部件布置在底盘中，采用非承载式车身结构，底盘专用化。此外，跨国车企均趋于采用全新车型平台，这有利于燃料供给系统、动力系统以及储能装置实现进一步的集成匹配和优化。

思考题

1. 什么是新能源汽车？新能源汽车包括哪些类型？
2. 简要分析为什么要发展新能源汽车？
3. 简要分析新能源汽车技术发展趋势。
4. 结合附录，你认为我国为什么要大力发展新能源汽车？谈谈你的看法。

第 2 章　电动汽车电能源及能量管理系统

教学目标

通过本章的学习，使读者能够了解电池的类型和电动汽车对动力电池的要求；熟悉电池的主要性能指标；掌握电动汽车各种储能装置的主要特点和应用，并了解什么是电动汽车的能量管理系统和再生制动能量回收系统，掌握能量管理系统的功能和再生制动能量回收系统的方法和类型。

教学导入

蓄电池是电动汽车的储能动力源，电动汽车要获得非常好的动力特性，必须具有比能量高、使用寿命长、比功率大的蓄电池作为动力源。电动汽车上曾广泛使用的电源是铅酸蓄电池，但随着电动汽车技术的发展，铅酸蓄电池由于比能量较低，充电速度较慢（相对而言），寿命较短，已逐渐被其他蓄电池所取代。正在发展的电源主要有钠-硫电池、镍-镉电池、锂电池、燃料电池、飞轮电池、超级电容等，这些新型电源的应用，为电动汽车的发展开辟了广阔的前景。

要使电动汽车具有良好的工作性能，还必须对蓄电池进行系统管理。能量管理系统是电动汽车的智能核心。一辆设计优良的电动汽车，除了有良好的机械性能、电驱动性能、选择适当的能量源（即电池）外，还应该有一套协调各功能部件工作的能量管理系统，它的作用是检测单个电池或电池组的荷电状态，并根据各种传感信息，包括加减速命令、行驶路况、蓄电池状况、环境温度等，合理地调配和使用有限的车载能量；它还能够根据电池组的使用情况和充放电历史，选择最佳充电方式，以尽可能延长电动汽车电池的寿命。

2.1　蓄电池的性能指标

蓄电池的作用是储蓄电能，蓄电池在充电过程中，电能通过蓄电池内活性物质的化学变化转变为化学能储存在蓄电池内。蓄电池在放电过程中,通过蓄电池内活性物质的化学变化逆转,将化学能转变为电能由蓄电池输出。各种蓄电池的基本工作原理是电能——化学能——电能——化学能的可逆变换过程,能够反复使用。一般称能够将化学能转换为电能的电池为蓄电池。

自20世纪70年代以来,各种高性能蓄电池问世,它们在比能量和比功率方面有很大的提高。高能蓄电池的发展,使得电动汽车的动力性能不断提高,一次充电后的续航里程也不断地延长。

2.1.1 蓄电池主要性能指标

1. 电压

工作电压:电池在一定负载条件下实际的放电电压,如铅酸蓄电池的工作电压:1.8V~2V,镍氢电池的工作电压:1.1V~1.5V ,锂离子电池的工作电压:2.75~3.6V。

额定电压:电池工作时公认的标准电压,如镍镉电池额定电压:1.2V,铅酸蓄电池的额定电压:2V。

终止电压:放电终止时的电压值,通常与负载、使用要求有关。

充电电压:外电路直流电压对电池充电的电压。一般,充电电压要大于开路电压,如镍镉电池的充电电压:1.45V~1.5V,锂离子电池的充电电压:4.1V~4.2V,铅酸蓄电池的充电电压:2.25V~2.7V。

2. 容量与比容量

容量:是指在充电以后,在一定放电条件下所能释放出的电量,其单位为 A·h,容量与放电电流大小有关,与充放电截止电压有关。

比容量:是指单位质量或单位体积的电池所能给出的电量,一般用质量容量(A·h)/kg 或体积容量(A·h)/L 来表示。

额定容量:是指设计与制造电池时,按照国家或相关部门颁布的标准,保证电池在一定的放电条件下能够放出的最低限度的电量。

实际容量:是指电池在一定放电条件下实际放出的电量。它等于放电电流与放电时间的乘积。

值得注意的是,实际电池中正负极容量不等,大多数为负极容量过剩。

3. 能量

电池的能量决定电动汽车的行驶距离。

(1) 标称能量:按一定标准所规定的放电条件下电池所输出的能量,电池的标称能量是电池的额定容量与额定电压的乘积。

(2) 实际能量:在一定条件下电池所能输出的能量,电池的实际能量是电池的实际容量与平均工作电压的乘积。电池的质量包括电池本身结构件质量和电解质质量的总和。

(3) 比能量:指动力电池组单位质量或单位体积所能输出的能量。单位为(kW·h)/kg 或(kW·h) /L。

4. 功率与比功率

在一定的放电条件下,电池在单位时间内所输出的能量,电池的功率决定电动汽车的加速性能,单位为 kW。

比功率则是指单位质量或单位体积电池输出的功率,单位为 kW/kg 或 kW/L。

5. 放电率

放电率是指放电时的速率,常用“时率”和“倍率”表示。时率是指以放电时间表示的放电速率,即以一定的放电电流放完额定容量所需的时间。倍率是指电池在规定时间内放出额定容量所输出的电流值,数值上等于额定容量的倍数。

放电深度表示放电程度的一种量度,它是放电容量与总放电容量的百分比。

6. 荷电状态

荷电状态是指剩余电量与额定容量或实际容量的比例。这一参数是在电动汽车使用中十分关键却不易获取的数据,对 SOC 精确的实时辨识,是电池管理系统的一个关键技术。

7. 自放电与存储性能

对所有化学电源,即使在与外界电路无任何接触的条件下开路放置,其容量也会自然衰减,这种现象称为自放电。电池自放电的大小用自放电率衡量,通常以单位时间内容量减少的百分比表示:

自放电率=(储存前电池容量-储存后电池容量)/储存前电池容量×100%

8. 使用寿命

使用寿命是指电池实际使用的时间长短。对于充电电池而言,电池的寿命分为:充放电循环寿命和湿搁置寿命。

充放电循环寿命是衡量充电电池性能的重要参数。它是指在一定的充放电制度下,电池容量降到某规定值前电池能耐受的充放电次数。充放电循环寿命越长,电池性能越好。目前,镍镉电池的充放电循环寿命为 500~800 次,铅酸蓄电池为 200~500 次,锂离子电池为 600~1000 次。充电电池的充放电循环寿命与放电深度、温度、充放电制度等条件有关。

9. 内阻

电池的内阻是指电流流过电池内部时所受到的阻力。一般说来,放电态内阻比充电态内阻大,并且不太稳定。电池内阻越大,电池自身消耗掉的能量越多,电池的使用效率越低。内阻很大的电池在充电时发热很厉害,使电池的温度急剧上升,对电池和充电器的影响都很大。随着电池使用次数的增多,由于电解液的消耗及电池内部化学物质活性的降低,电池的内阻会有不同程度的升高。

10. 成本

电池的成本与电池的技术含量、材料、制作方法和生产规模有关。目前新开发的高比能量的电池成本较高,使得电动汽车的造价也较高,开发和研制高效、低成本的电池是电动汽车发展的关键。

电池除要求上述主要性能指标外,还要求无毒性、对周围环境不会造成污染或腐蚀、使用安全、良好的充电性能和充电操作方便、耐振动、无记忆性、对环境温度变化不敏感、易于调整和维护等性能。目前电池技术的瓶颈则在于如何造出容量大(充满电可以连续行驶 400km)且体积小、质量小、价格低的电池,以及如何快速给电池充电。

2.1.2 电动汽车对动力电池的要求

电动汽车对动力电池的要求主要有以下几点:

(1) 比能量高。为保证电动汽车的续航里程,电动汽车的动力电池须尽可能储存多的能量,同时电动汽车的质量不能过大,电池的安装空间也受整车分布限制,所以动力电池必须有足够的比能量。

(2) 比功率大。为满足电动汽车在加速、上坡、负载等行驶条件下的动力要求,电池必须具备大的比功率。

(3) 连续放电率高、自放电率低,电池能够适应快速放电的要求。自放电率低,以保证电池能够长期存放。

(4) 充电技术成熟、时间短、充电技术通用性强。能够实现快速充电。

(5) 适应车辆运行环境。电池除能在常温条件下正常稳定地工作之外,还能不受环境温度影响,不需要特殊的加热、保温系统条件下正常稳定工作。能够适应电动汽车行驶过程中的振动。

(6) 安全可靠。电池应干燥、洁净,电解质不会渗漏腐蚀接线柱、外壳。不会引起自燃或燃烧,在发生碰撞等事故时,不会对乘员造成伤害。废电池能够回收处理及再生利用,电池中的有害重金属能够集中回收处理。电池组可采用机械装置进行整体拆解、更换,线路连接方便。

(7) 长寿命、免维护。电池的循环寿命不低于1000次,在使用寿命限定期间内,不需要进行维护与修理。

2.2 铅酸蓄电池

2.2.1 铅酸蓄电池的种类

以酸性水溶液为电解质的蓄电池称为酸蓄电池。由于铅酸蓄电池电极是以铅及其氧化物为材料,故又称为铅酸蓄电池。铅酸蓄电池于1859年由法国科学家普兰特(G·Plante)发明。1881年法国人发明的电动汽车就是以铅酸蓄电池作为动力的,铅酸蓄电池广泛用于燃油汽车的起动。铅酸蓄电池按其工作环境又可分为:移动式和固定式两大类。固定式铅酸蓄电池按电池槽结构分为:半密封式和密封式。依据排气方式,密封式铅酸蓄电池可分为:排气式和非排气式两种。

铅酸蓄电池的特点是开路电压高,放电电压平稳,充电效率高,能够在常温下正常工作,生产技术成熟,价格便宜,规格齐全。近10年来,国内外的第一代电动汽车广泛使用了铅酸蓄电池。

电动汽车的牵引用动力铅酸蓄电池(简称:动力铅酸蓄电池)性能与起动铅酸蓄电池的要求是不同的。动力铅酸蓄电池要求有高的比能量和比功率,高的循环次数和使用寿命,以及快速充电性能等。开口管式铅酸蓄电池具有较高的比能量、良好的循环寿命、自动水、少维护;阀控胶质管式铅酸蓄电池有较高的比能量和质量比功率、良好的循环寿命、免维护;平板阀控铅酸蓄电池有较高的比功率、免维护;薄平板阀控铅酸蓄电池有较高的峰值功率、浅循环放电、免维护。目前,已经有很多专业公司研制和开发了多种新型铅酸蓄电池,使得铅酸蓄电池的性能有了较大的提高。

2.2.2 铅酸蓄电池的构造

铅酸蓄电池的基本单元是单体电池，每个单体电池都是由正极板、负极板和装在正极板、负极板之间的隔板组成。每个单体电池的基本电压为2V，将不同容量的单体电池按使用要求进行组合，装置在不同的塑料外壳中，来获得不同电压和不同容量的铅酸蓄电池。铅酸蓄电池总成经过灌装电解液和充电后，就可以从铅酸蓄电池的接线柱上引出电流。

2.2.3 铅酸蓄电池的工作原理

铅酸蓄电池的放电和充电的反应过程，是铅酸蓄电池活性物质可逆进行的化学变化过程。它们可以用下列化学反应方程式表示：

$$\underset{\text{正极}}{PbO_2}+2H_2SO_4+\underset{\text{负极}}{Pb} \underset{\text{充电}}{\overset{\text{放电}}{\rightleftharpoons}} \underset{\text{正极}}{PbSO_4}+2h_2O+\underset{\text{负极}}{PbSO_4}$$

铅酸蓄电池在放电过程时，化学反应由左向右进行，其相反的过程为充电过程的化学反应。由于在放电过程中铅酸蓄电池中的 H_2SO_4的浓度会逐渐减小，因此，可以用密度计来测定 H_2SO_4的密度，再由铅酸蓄电池电解液密度确定其电解液放电程度。单体铅酸蓄电池的电压为：2V，在使用或存放一段时间后，电池的电压可能降低到 1.8V 以下，或 H_2SO_4溶液的密度下降到 1.29g/cm^3。此时，铅酸蓄电池就必须充电，如果电压继续下降，铅酸蓄电池将会损坏。

铅酸蓄电池通常采用密封、无锑网隔板等技术措施，并在普通铅酸蓄电池的电解液中加入硅酸胶（Na_2SiO_3）之类的凝聚剂。这样使电解质成为胶状物，形成一种“胶体”电解质，采用“胶体”电解质的铅酸蓄电池，使用起来更加方便。

$$H_2SO_4+Na_2SiO_3=H_2SiO_3+Na_2SO_4$$

阀控式密封铅酸蓄电池（VRLA 电池）安装了排气阀的铅酸蓄电池的特点是带有催化剂，可以使充电时产生的氢气和氧气反应生成水流回电池，因而可以防止充电时产生的氢气和氧气逸散，控制水的消耗。阀控式密封铅酸蓄电池与汽车用的普通铅酸蓄电池相比有两个主要特点：一是密封；二是干态。密封是指基本无酸雾排出。一般情况下阀控式密封铅酸蓄电池在运行（充放电）过程中是“零排放”，只有在充电后期蓄电池内的气体压力超过安全阀的开放压力时才有少量的氢和氧混合气体排放，此时用过滤材料滤去带出的少量酸雾。干态是指阀控式密封铅酸蓄电池没有自由流动的电解液，可以任意方向放置，不怕颠簸、碰撞，即使外壳破裂也不会有酸漏出。图 2.1 所示为车用阀控式密封铅酸蓄电池。

图 2.1 车用阀控式密封铅酸蓄电池

玻璃微纤维隔板是阀控式铅酸蓄电池的关键材料之一，玻璃微纤维蓄电池隔板是指用玻璃微纤维作为原料生产的蓄电池隔板，它不含任何有机黏结剂，用直径约 1μm 的玻璃微纤维采用湿法制造制成的。国外一般使用高碱玻璃纤维为原料，国内则普遍采用中碱和高碱玻璃纤维混合原料。

阀控式密封铅酸蓄电池是一种免维护蓄电池，其结构特点是：①免维护蓄电池的正极栅板架一般采用铅钙合金或低锑合金制作，而负极栅架均用铅钙合金制作，减小极板短路和活性物质脱落；②隔板大多采用超细玻璃微纤维制作，或将其正极板装在袋式隔板内；③极板组都采用紧装配结构；④各单格极板组之间采用内连式接法，露在密封式壳体外面的只有正、负极桩；⑤壳体内部设有收集水蒸气和硫酸蒸气的集气室，待其冷却后变成液体重新流回电解槽内。由于免维护铅酸蓄电池在使用中不会出现极板短路、活性物质脱落、水分损失等问题，从而提高了使用寿命。

虽然 VRLA 电池的质量比能量、体积比能量不能和 Ni-Cd、Ni-MH、Li 离子、Li 聚合物电池等相比，但它的性价比仍有很大优势。VRLA 电池容量大、无记忆效应、价格便宜，目前它的销售额仍居化学电源产品的首位。现在，VRLA 电池越来越多的用作电动自行车、电动滑板车及摩托车的动力电源。

2.3 镍-氢(Ni-MH)和镍-镉(Ni-Cd)电池

2.3.1 镍-氢(Ni-MH)电池

镍-氢电池是一种碱性电池，镍-氢电池的标称电压为 1.2V，比能量可达到 70～80(W·h)/kg，有利于延长混合动力汽车的续航里程，比功率可达到 200W/kg，是铅酸电池的 2 倍，能够提高车辆的起动性能和加速性能。镍-氢电池有高倍率的放电特性，短时间可以以 3C(为按额定电流放电时的实际放电容量)放电，瞬时脉冲放电率很大。镍-氢电池的过充电和过放电性能好，能够带电充电，并可以快速充电，在 15min 内可充 60%的容量，lh 内可以完全充满，应急补充充电的时间短。在 80%的放电深度下，循环寿命可达到 1000 次以上，是铅酸电池的 3 倍。采用全封闭外壳，可以在真空环境中正常工作，低温性能较好，能够长时间存放。镍-氢电池中没有 Pb 和 Cd 等重金属元素，不会对环境造成污染，镍-氢电池可以随充随放，不会出现镍-镉在没有放完电后即充电而产生的“记忆效应”。镍-氢电池的比功率和放电能力不及镍-镉电池。镍-氢电池在使用时还应充分注意各个单体电池之间的一致性(均匀性)，特别是在高速率、深放电情况下，各个单体电池之间的容量和电压差较明显。注重对电池组在充、放电过程中的导热管理和电池安全装置的设计。

1. 镍-氢(Ni-MH)电池的工作原理

如图 2.2 所示，镍-氢电池的正极，是球状氢氧化镍粉末与添加剂等金属、塑料和黏合剂等制成的涂膏，用自动涂膏机涂在正极板上，然后经过干燥处理成发泡的氢氧化镍正极板。

在正极材料(NiOH)中添加 Ca、Co、Zn 或稀土元素，对稳定电极的性能有明显的改进。采用高分子材料作为黏合剂或用挤压轧制成的泡沫镍电极，并采用镍粉、石墨等作为导电剂时，可以提高大电流时的放电性能。

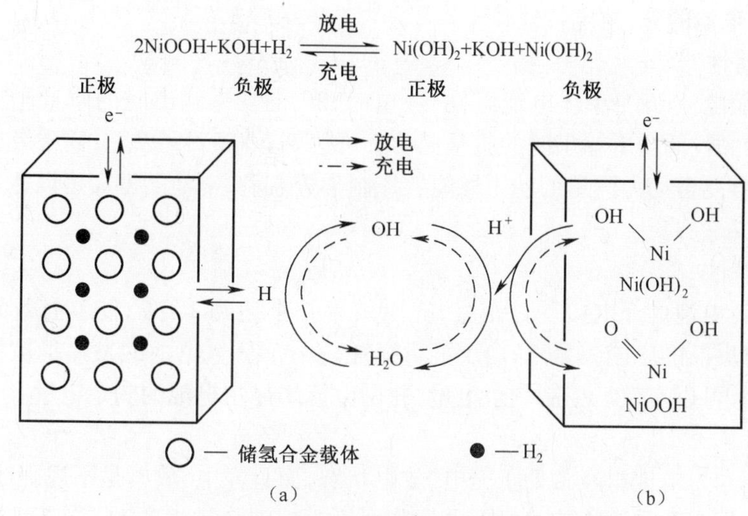

图 2.2 镍-氢电池在碱性电解液中进行反应的模型

(a)储氢合金载体负极；(b)镍正电极。

镍-氢电池负极的关键技术是储氢合金，要求储氢合金能够稳定地经受反复的储气循环和放气循环。储氢合金是一种允许氢原子进入或分离的多金属合金的晶格基块，用钛-钒-锆-镍-铬(Ti-V-Co-Cr-Ni)5种基本元素，并与钴、锰等金属元素烧结的合金，经过加氢、粉碎、成型和烧结成负极板。储氢合金的种类和性能，对镍-氢电池的性能有直接的影响。负极在充电或放电过程中既不溶解，也不再结晶，电极不会有结构性的变化，在保持自身化学功能的同时，还保证本身的机械坚固性。储氢合金一般需要进行热处理和表面处理，以增加储氢合金的防腐性能，这有利于提高镍-氢电池的比能量、比功率和使用寿命。

电解质是水溶性氢氧化钾和氢氧化锂的混合物。在电池充电过程中，水在电解质溶液中分解为氢离子和氢氧根离子，氢离子被负极吸收，负极从金属转化为金属氢化物。在放电过程中，氢离子离开了负极，氢氧根离子离开了正极，氢离子和氢氧根离子在电解质氢氧化钾中结合成水并释放电能。

2. 镍-氢电池的构造

镍-氢电池正极是活性物质氢氧化镍，负极是储氢合金，用氢氧化钾作为电解质，在正负极之间有隔膜，共同组成镍-氢单体电池。在金属铂的催化作用下，完成充电和放电的可逆反应。镍-氢电池的特性与镍-镉电池基本相同，但氢气是没有毒性的物质，无污染、安全可靠、使用寿命长，而且不需要补充水分。

镍-氢电池的极板有发泡体和烧结体两种，发泡体极板的镍-氢电池在出厂前必须进行预充电，且放电电压不能低于0.9V，工作电压也不太稳定，特别是在存放一段时间后，会有近20%的电荷流失，老化现象比较严重，为避免发泡镍-氢电池老化所造成的内阻增高，镍-氢电池在出厂前必须进行预充电。经过改进的镍-氢电池的烧结体极板本身就是活性物质，不需要进行活性处理也不需要进行预充电，电压平衡、稳定，具有低温放电性能好、不易老化和寿命长的优点。

镍-氢电池的基本单元是单体电池，每个单体电池都由正极板、负极板和装在正极板和负极板之间的隔板组成。通常镍-氢电池的外形有方形和圆形两种。

3. 镍-氢电池的充、放电特性

1）放电特性

D 型镍-氢电池（6 个单体电池组件）放电时，2C 的功率输出时的质量比功率可达到 600W/kg 以上，3C 的功率输出时的质量比功率可达到 500W/kg 以上，且质量比功率的变化比较平稳，对混合动力汽车的动力性能的控制十分有利，电池的寿命可以达到 10 万 km 以上。

2）充电特性

D 型镍-氢电池的充电接受性很好，充电效率几乎达到 100%，能够有效地接受电动汽车在制动时反馈的电能。另外，由于能量损耗较小，镍-氢电池的发热量被抑制在最小的极限范围内，可以有效地控制剩余电量，并用电流来显示电池的剩余电量。

3）寿命

电动汽车动力电池组经常处于充电、放电状态，而且充电、放电是不规则地进行的，这对电池的寿命带来严重的影响。松下电池公司用模拟混合动力电动汽车行驶工况对镍-氢电池进行仿真试验，证实镍-氢电池的特性几乎不发生变化，镍-氢电池用于混合动力电动汽车是比较合适的。

镍-氢电池的成本很高，约达 600~800 美元/（kW·h）。不同的储氢合金具有不同的储存氢的能力，价格也不相同。我国自行研制了稀土系的储氢合金，已达到世界水平，为我国生产镍-氢电池推广提供了有利条件。

目前，高档电动汽车多采用镍-氢电池或锂离子电池。如本田 Insight 及丰田 Prius 均采用镍-氢电池。

镍-氢电池用于电动汽车上主要优点是：起动加速性能好，一次充电后的续航里程较长，不会对周围环境造成污染，易维护，快速补充充电时间短。

镍-氢电池在充电过程中容易发热，发热产生的高温，会对镍-氢电池产生负面影响。高温状态下，正极板的充电效率变差，并加速正极板的氧化，使电池的寿命缩短。镍-氢电池在充电后期，会产生大量的氧气，在高温的环境条件下，将加速负极储氢合金氧化，并使储氢合金平衡压力增加，使储氢合金的储氢量减少而降低镍-氢电池的性能。尼龙无纺布隔膜在高温的作用下，会发生降解和氧化。尼龙无纺布隔膜发生降解时，产生铵离子和硝酸根离子，加速了镍-氢电池的自放电。尼龙无纺布隔膜发生氧化时，氧化成碳酸根，使镍-氢电池的内阻增加。在镍-氢电池充电的过程中，电池温度迅速升高，会使充电效率降低，并产生大量氧气，如果安全阀不能及时开启，会有发生爆炸的危险。

在镍-氢电池的制造技术上进行一些改进，例如：正极板采用多极板技术，负极板采用端面焊接技术，在电解液中适当加入 LiOH 和 NaOH，采用抗氧化能力强的聚丙烯毡做隔膜等，可以有效地提高镍-氢电池耐高温能力。在镍-氢电池动力电池组的单体镍-氢电池之间，加大散热间隙，采取有效的散热措施和建立自动热管理系统，以保证镍-氢电池正常工作并延长使用寿命。

2.3.2 镍-镉（Ni-Cd）电池

镍-镉电池是一种碱性电池，是混合动力电动汽车首选电池之一。镍-镉电池的比能量可达到 55（W·h）/kg，比功率可超过 225W/kg。极板强度高，工作电压平稳，能够带电充电，并可快速充电。镍-镉电池过充电和过放电性能好，有高倍率的放电特性，瞬时脉冲放电率很大，深度放电性能也好。循环使用寿命长，可达到 2000 次或 7 年以上，是铅酸电池的 2 倍。采用全封闭外壳，可以在真空环境中正常工作。低温性能较好，能够长时间存放。

1. 镍-镉电池的工作原理

镍-镉电池是以羟基氢氧化镍为正极，金属镉为负极，水溶性氧化钾溶液为电解质，在镍-镉电池充电和放电的化学反应过程中，电解液基本上不会被消耗。为了提高寿命和改善高温性能，通常在电解液中加入氧化锂。镍-镉电池的化学反应方程如下：

$$2Ni(OH)_3+2KOH+Cd \underset{\text{充电}}{\overset{\text{放电}}{\rightleftharpoons}} 2Ni(OH)_2+2KOH+Cd(OH)_2$$

正极　　　　　　　负极　　正极　　　　　　　负极

镍-镉电池的每个单体电池都是由正极板、负极板和装在正极板和负极板之间的隔板组成。将单体电池按不同的组合装置在不同塑料外壳中，可得到所需要的不同电压和不同容量的镍-镉电池总成，市场上有多种不同型号规格的镍-镉电池总成可供选择。在灌装电解液并经过充电后，就可以从电池的接线柱上引出电流。

2. 镍-镉电池特性

镍-镉电池的工作电压较低，单体电池的标称电压为 12V，比能量为 55（W·h）/kg，比功率可以超过 225W/kg，循环使用寿命 2000 次以上。快速充电能力强，充电 18min 即可从 40%达到 80%容量。充电 1h 可恢复 100%的容量，但一般情况下完全充电需要 6h。深放电可达 1000A，自放电率低于 0.5%/天。可以在-40～80℃的环境温度下正常工作。

镍-镉电池有记忆效应，镍-镉电池中采用的镉（Cd）是一种有害的重金属，在电池报废后必须进行有效回收，这在国外已能实现。镍-镉电池的成本约为铅酸电池的 4～5 倍，初始购置费用较高，但镍-镉电池的比能量和循环使用寿命，都大大地高于铅酸电池，因此，在电动汽车实际使用时，总的费用不会超过铅酸电池的费用。因为镍-镉电池使用性能比铅酸电池好，所以在部分混合动力电动汽车上得到使用。雪铁龙 Ax-EV、日本本田汽车公司及日产汽车公司等生产的混合动力电动汽车上都采用了镍-镉电池。

2.4　锂离子电池和钠硫电池

2.4.1　锂离子电池

锂离子电池具有极高的性能优势，是未来动力蓄电池发展的必然方向。目前，常用的二次可充电电池包括铅酸电池、镍-镉电池、镍-氢电池以及锂离子电池。相对传统的铅酸以及镍-氢和镉-镍电池而言，锂离子电池的发展历史很短。

普通锂离子电池的特点：单体电池工作电压高达 3.7V，是镍-镉电池、镍-氢电池的 3 倍，铅酸电池的近 2 倍；重量轻、比能量大，能量密度高达 150（W·h）/kg，是镍-氢电池的 2 倍、铅酸电池的 4 倍，因此重量是相同能量的铅酸电池的 1/3～1/4；体积小，比能量高达 400（W·h）/L，体积是铅酸电池的 1/2～1/3。这些特点提供了更合理的结构和更美观的外形设计条件、设计空间和可能性；循环寿命长，循环次数可达1000次，以容量保持60%计，电池组100%充放电循环次数可以达到600次以上，使用年限可达3～5年，寿命约为铅酸电池的2～3倍；自放电率低，每月不到5%；允许工作温度范围宽、低温性能好，锂离子电池可在-20～+55℃之间工作；无记忆效应，所以每次充电前不必像镍-镉电池、镍-氢电池一样需要放电，可以随时随地的进行充电，电池充放电深度，对电池的寿命影响不大，可以全充全放；无污染，锂电池中不存在有毒物质，因此被称为"绿色电池"，而铅酸电池和镉-镍电池由于存在有害物质铅和镉，环境污染问题严重。

磷酸铁锂($LiFePO_4$)动力电池虽在2002年出现，但从各种锂离子电池的性能对比看，磷酸铁锂电池是目前最适合用于电动汽车产业化运用的电池。$LiFePO_4$电池的特点：高效率输出，标准放电为2～5C、连续高电流放电可达10C，瞬间脉冲放电(10s)可达20C；高温时性能良好，外部温度65℃时内部温度则高达95℃，电池放电结束时温度可达160℃，电池的结构安全、完好；即使电池内部或外部受到伤害，电池也不燃烧、不爆炸、安全性好；经500次充放电循环，其放电容量仍大于95%。

$LiFePO_4$电池的结构与工作原理如图2.3所示：$LiFePO_4$作为电池的正极，由铝箔与电池正极连接，中间是聚合物的隔膜，它把正极与负极隔开。锂离子Li^+可以通过隔膜，而电子e^-不能通过。右边是由炭(石墨)组成的电池负极，由铜箔与电池的负极连接。电池的上下端之间是电池的电解质，电池由金属外壳密闭封装。$LiFePO_4$电池在充电时，正极中的锂离子Li^+通过聚合物隔膜向负极迁移；在放电过程中，负极中的锂离子Li^+通过隔膜向正极迁移。锂离子电池就是因锂离子在充放电时来回迁移而命名的。

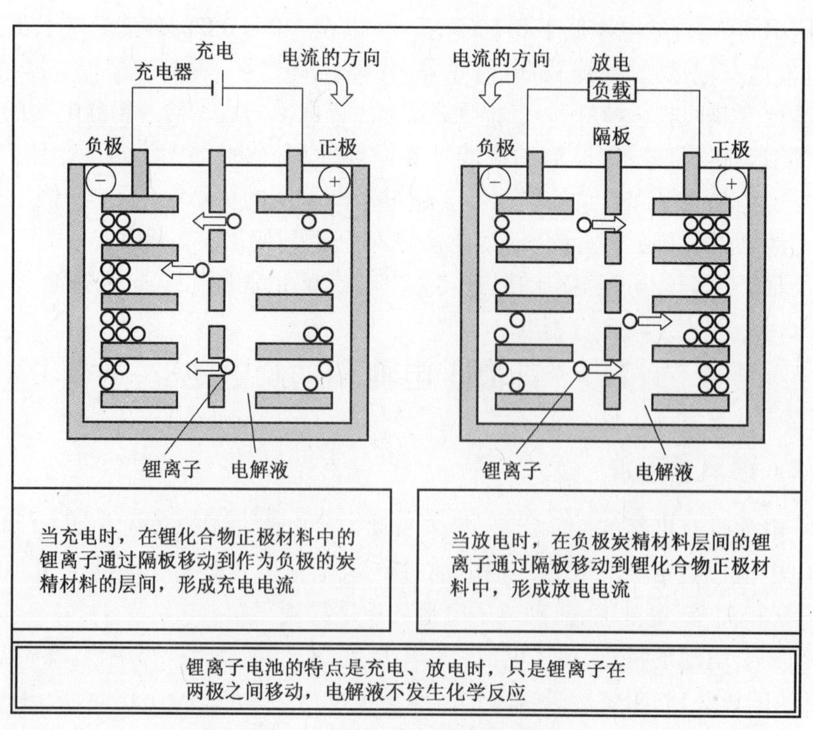

图2.3　锂电池工作原理示意图

锂离子电池内部主要由正极、负极、电解质及隔离膜组成,正负极及电解质材料上不同工艺上的差异使电池有不同的性能,尤其是正极材料对电池的性能影响最大。

目前市场上的锂离子电池正极材料主要是氧化钴锂($LiCoO_2$),另外还有少数采取氧化锰锂($LiMn_2O_2$)、氧化镍锂($LiNiO_2$)以及三元材料($LiNiCO_2$)作为正极材料的锂离子电池。磷酸铁锂材料是最新研制的锂离子电池材料。由于锂电池比能量高,材料稳定性差,锂电池容易出现安全问题,动力电池的容量是手机电池容量的上百倍以上,因此对锂电池的安全性要求极高。

2.4.2 钠硫电池

钠硫电池(Sodium-Sulfur Battery)是美国福特(Ford)公司于1967年首先发明公布的,其比能量高,可大电流、高功率放电。日本东京电力公司(TEPCO)和NGK公司合作开发钠硫电池作为储能电池,其应用目标瞄准电站负荷调平、UPS应急电源及瞬间补偿电源等,并于2002年开始进入商品化实施阶段。

钠硫电池的工作原理如图2.4所示,钠硫电池是以Na-β-氧化铝($A1_20_3$)为电解质和隔膜,并分别以金属钠和多硫代钠为负极和正极的二次电池,熔融硫和钠分别作阴阳极。正是因为钠硫电池采用的材料特殊,所以能连续充电近2万次,也就是说相当于近60年的使用寿命,且终生不用维修,不排放任何有害物质,也无二次污染公害,这是别的电池无法达到的。钠硫电池是靠电子转移而再生能量,所以它充电时间相当短暂,一次充电可运行10~11h,它经热反应后所产生的理论能量密度为786(W·h)/kg,实际能量密度为300(W·h)/kg。这约是铅酸电池的10倍,镍氢电池的4倍,锂电池的3倍。

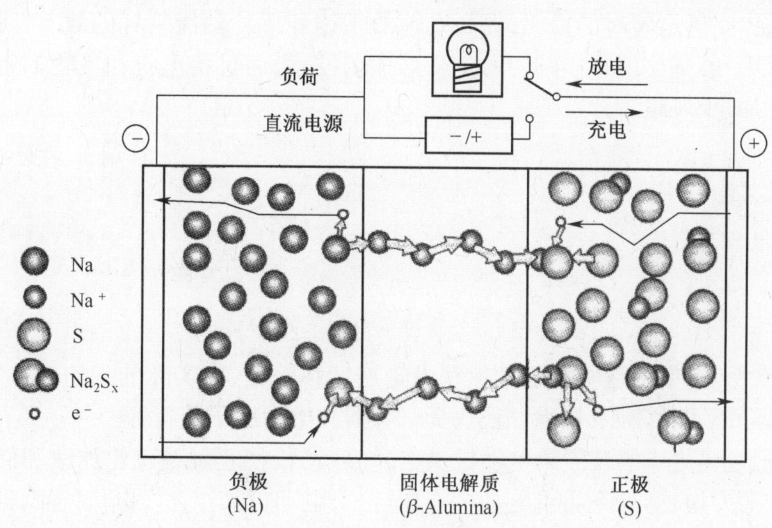

图2.4 钠硫电池工作原理示意图

该电池最大的特点是:比能量高,是铅酸电池的3~4倍;可大电流、高功率放电;充放电效率几乎高达100%。但钠硫电池的不足之处是:其工作温度在300~350℃,需要一定的加热保温,另外过充时易发生危险。

2.5　超级电容与飞轮电池

2.5.1　飞轮电池

众所周知,当飞轮以一定角速度旋转时,它就具有一定的动能,飞轮电池正是以其动能转换成电能的。实际上,为储能采用机械方式的飞轮并非是一个新概念,20 世纪 50 年代,Oerlikon 工程公司在瑞士制造了第一辆单独配置巨大飞轮的载客公共汽车。该飞轮重达约 1500kg,以 3000r/min 运转,在每个公共汽车停车站由电力予以补充能量。传统的飞轮是一个巨大的重达数百千克的钢制转子,以每分钟数千转的转速旋转。现代改进的飞轮是一个质量为数十千克的轻型复合转子,其转速约为 10000r/min,被称为超高速飞轮。

1. 基本工作原理

飞轮电池实际上是一种机电能量转换和储存装置,根据飞轮能够储存和释放能量的特性研制的一种机械式蓄电池就是飞轮蓄电池。在飞轮的内部镶有永久性磁铁,外壳上装有感应线圈,这样飞轮就具有电动机和发电机的双重功能。充电时飞轮中的电机以电动机的形式运行,在外接电源的驱动下带动飞轮旋转,达到极高的转速,从而完成电能——机械能转换的储能过程;放电时,飞轮中的电机以发电机的状态运行,在飞轮的带动下对外输出电能,完成机械能——电能转换的释放过程。如图 2.5 所示,将外界输送过来的电能通过电动机转化为飞轮转动的动能储存起来,当外界需要电能的时候,又通过发电机将飞轮的动能转化为电能,输出到外部负载,而空闲运转的时候要求损耗非常小。事实上,为了减少空闲运转时的损耗,提高飞轮的转速和飞轮储能装置的效率,飞轮储能装置轴承的设计一般都使用非接触式的磁悬浮轴承技术,而且将电机和飞轮都密封在一个真空容器内以减少风阻。

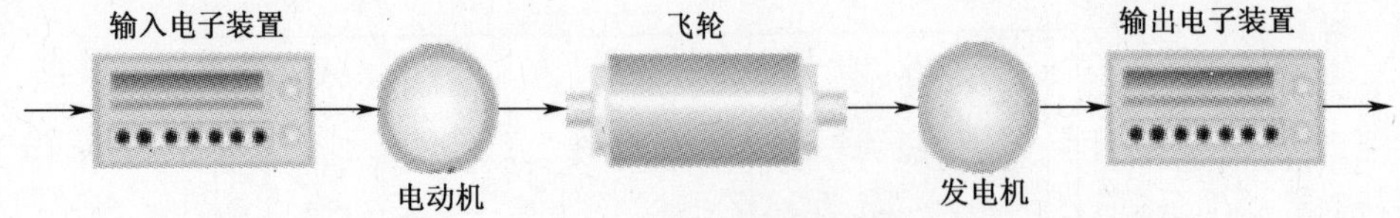

图 2.5　飞轮电池工作原理

如图 2.6 所示,电机通常通过轴承和飞轮连接在一起,在实际的飞轮储存装置中,主要包括以下部件:飞轮、轴及轴承、电机、真空容器和电力电子装置等。

当外设通过电力电子装置给电动机供电时,电动机便起到给飞轮加速和储存能量的作用;当负载需要电能时,飞轮给电动机施加转矩,电动机又作为发电机使用,通过电力电子装置给外设供电。在整个飞轮储能装置中,飞轮无疑是其中的核心部件,它直接决定了整个装置的储能多少,它储存的能量由下式决定。

$$W_{fly} = \frac{1}{2}J(\omega_{max}^2 - \omega_{min}^2)$$

式中,W_{fly} 为飞轮储存的能量;J 为飞轮的转动惯量,与飞轮的形状和质量有关;ω_{max} 为飞轮允许的最高工作转速 rad/s,ω_{min} 为飞轮允许的最低工作转速 rad/s。

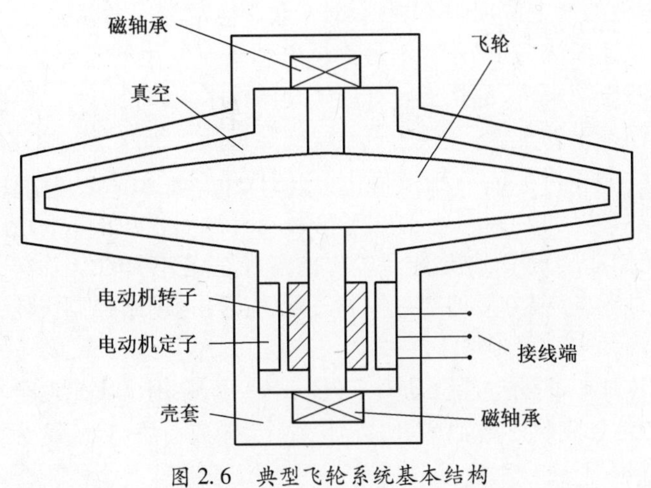

图 2.6　典型飞轮系统基本结构

由上式可知，飞轮储能装置储存的能量多少由飞轮的形状、质量和它的转速决定，电力电子装置通常是由 FET 或 IGBT 组成的双相逆变器和控制电路，它们决定了飞轮储能装置能量输入、输出量的大小。

2. 飞轮电池的应用与发展

在目前储能装置中，化学蓄电池仍然是最主要的储能设备，燃料电池近几年也发展很快，是电动汽车中新型电池的主要代表；超导储能装置由于其工艺不很成熟，价格和使用的费用太高，限制了它的应用；飞轮装置发展已经比较成熟，因其比功率和比能量远大于化学电池，成为目前的研究重点。美国飞轮系统公司（AFS）已经生产出了以克莱斯勒 LHS 轿车为原形的飞轮电池轿车 AFS20，这是一种完全由飞轮电池供电的电动汽车。它由 20 节飞轮电池驱动，每节电池直径 230mm，质量为 13.64kg，电池充电需要 6h，而快速充电只需要 15min，一次充电续航路程可达 560km，而其原形 LHS 汽油车为 520km，其加速性能也很好，从 O 加速到 96km/h，只需要 6.5s，其使用寿命超过 321 万 km。

但飞轮储能方法一直未能得到广泛的应用，其主要有三点原因：一是飞轮本身的能耗主要来自轴承摩擦和空气阻力；二是常规的飞轮是由钢（或铸铁）制成，储能有限；三是要完成电能机械能的转换，还需要一套复杂的电力电子装置。目前，飞轮储能技术取得突破性进展是基于三项技术的飞速发展：一是高能永磁及高温超导技术的出现；二是高强纤维复合材料的问世；三是电力电子技术的飞速发展。

就目前的技术来看，根据飞轮储能装置本身的特点来讲，它更加适用于混合动力汽车和复合能源电动汽车技术中。混合动力汽车是靠内燃机和电动机两种方式共同提供推动力的，在汽车正常行驶和制动的时候给电池充电，汽车爬坡和加速，需要功率大的时候让电池放电。由于普通汽车在正常行驶的时候，功率仅为最大功率的 1/4，混合动力汽车中蓄电池和电动机的加入恰好可以解决这个问题。这样，混合动力汽车就可以不用按照汽车的最大功率来进行设计，以避免出现在正常行驶的过程中出现大马拉小车的现象，大幅度提高汽车的性能。复合动力汽车技术早就得到了科学家们的重视，美国和许多欧洲国家都已经开始应用，而且在许多军用汽车装备中，也大量的使用了混合能量技术，但是这种汽车对电池的要求很高，因此限制了复合动力汽车的发展和广泛应用。首先，在汽车的使用过程中，电池的充放电次数很多，而一般的化学电池的充放电次数很难提高；其次，在电池的使用中,电池的放电深度很不规则,对于化学电池的寿命就会有很大的影响;最后,要求电池的充放电速度快,这样才能满足汽车电动机对电池的需要。这些要求对于目前应用最广泛的铅酸电池来讲,都是比较难以实现的技术。但是,对于飞轮储能装置来说却不难。随着磁悬浮技术的发展,飞轮的充放电次数远远大于汽车电池使用的需要,而且飞轮的充放电是化学能和机械能的相互转化,它的放电深度可大可小,绝不会影响电池寿命,同时,由多台驱动电动机共同驱动的飞轮系统可以在很短的时间内达到几万转的转速。此外,在飞轮储能装置中,决定输入输出的器件是它外接的电力电子器件,而与外部的负载没有关系,还可以很方便地通过控制飞轮的旋转速度来控制飞轮的充电,这种特点在化学电池中实现起来要困难得多。

在 911 GT3 R Hybrid 油电混合动力车(图 2.7)中,采用了飞轮混合电池,如图 2.8 所示,它是将飞轮电池加到化学电池或者其他电池上,做成一块电池,称为飞轮混合电池,共同驱动汽车电动机。

图 2.7 911 GT3 R Hybrid 油电混合动力车

图 2.8 座椅下部的飞轮电池总成

1—高速飞轮;2—磁悬浮轴承;3—电力电子变换装置。

这套针对赛车开发的 Hybrid 油电混合动力系统,采用前轮电力驱动搭配后轮发动机驱动的油电混合四驱模式,左右前轮传动轴的两台电动机,分别拥有 60kW 的输出功率,搭配输出 350kW(480hp)的后置后驱六缸水平对置发动机,采用体积小高效能的电控飞轮电池,利用飞轮物理储能取代现行主流的镍-氢与锂电池组设计。飞轮电池组最高转速可达 40000r/min,搭配前轮轴两颗电机组成充放电架构。在制动时前轮电动机将成为发电机,将前轮制动动能转换为电能并回充至飞轮电机,当踏踩加速踏板输出动力时,飞轮电池又可供电驱动两颗电动马达。Porsche(保时捷)一次全力放电时,高达 120kW 的前轮总输出动力将可维持 6~8s。

2.5.2 超级电容

超级电容器是建立在德国物理学家亥姆霍兹提出的界面双电层理论基础上的一种全新电容器。超级电容器是一种具有超级储电能力、可提供强大脉冲功率的物理二次电源。超级电容器又叫黄金电容、法拉电容,它通过极化电解质来储能,属于双层电容的一种。由于其储能的过程并不发生化学反应,因此这种储能过程是可逆的,正因为此,超级电容器可以反复充放电数十万次。

超级电容一般使用活性炭电极材料,具有吸附面积大、静电储存多的特点,在新能源汽车中有广泛使用。图 2.9 为电动汽车用 48V165F 炭电极超级电容器。

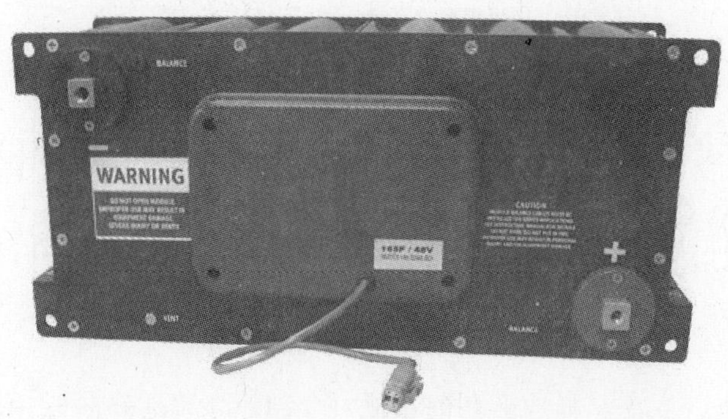

图 2.9　电动汽车用 48V165F 炭电极超级电容器

1. 传统电容储能方法

传统电容中储存的电能来源于电荷在两块极板 E 的分离，两块极板之间为真空(相对介电常数为 1)或一层介电物质(相对介电常数为 ε)所隔离，电容值为：$C=\varepsilon\cdot A/3.6\pi d\cdot 10^{-6}$(μF)其中 A 为极板面积，$d$ 为介质厚度。所储存的能量为：$E=C(\Delta V)^2/2$，其中 C 为电容值，ΔV 为极板间的电压降。可见，若想获得较大的电容量，储存更多的能量，必须增大面积 A 或减少介质厚度 d，但这个伸缩空间有限，导致它的储电量和储能量较小。因此传统电容器的面积是导体的平板面积，为了获得较大的容量，导体材料卷制得很长，有时用特殊的组织结构来增加它的表面积。传统电容器是用绝缘材料分离它的两极板，一般为塑料薄膜、纸等尽可能薄的材料。

2. 超级电容工作原理

多孔化电极采用活性炭粉、活性炭和活性炭纤维，电解液采用有机电解质。多孔性的活性炭有极大的表面积，在电解液中吸附着电荷，因而将具有极大的电容量，并可以存储很大的静电能量。双电层超级电容器的充放电过程始终是物理过程，没有化学反应。因此性能是稳定的，与利用化学反应的蓄电池是不同的。

目前，双层结构超级电容主要有炭电极双电层电容器、金属氧化物电极双层电容器和有机聚合物电极双层电容器，但是由于金属氧化物(氧化钌)电极电容价格高昂，有二次污染等因素，目前主要用于军事领域。有机聚合物技术尚未成熟，因此在电动汽车上广泛使用的主要是炭电极超级电容。炭电极超级电容器的面积是基于多孔炭材料，该材料的多孔结构允许其面积达到 2000m^2/g，通过一些措施还可以实现更大的表面积。炭电极超级电容器电荷分离开的距离是由被吸引到带电电极的电解质离子尺寸决定的，该距离比传统电容器薄膜材料所能实现的距离更小。这种庞大的表面积再加上非常小的电荷分离距离，使得超级电容器较传统电容器而言有巨大的静电容量。如图 2.10 所示，超级电容器中，多孔化电极采用的是活性炭粉、活性炭或活性炭纤维，电解液采用有机电解质，如丙烯碳酸脂或高氯酸四乙氨等。工作时，在可极化电极和电解质溶液之间界面上形成的双电层中聚集电容量，其多孔化电极在电解液中吸附电荷，因而可以存储很大的静电能量，超级电容器的这一储电特性介于传统的电容器与电池之间。尽管这能量密度比电池低，但是这能量的储存方式，有快充快放的特点，可以应用在传统电池难以解决的短时高峰值电流之中。

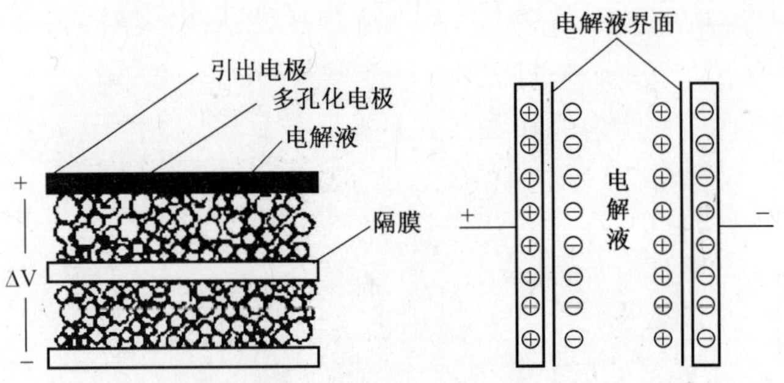

图 2.10 超级电容器结构原理

双电层电容本质上是一种静电型能量储存方式,目前已经研制出活性炭材料表面积可以达到 $2000m^2/g$,单位质量的电容量可达 100F/g,并且电容的内阻还能保持在很低的水平。炭材料还具有成本低、技术成熟等优点,使得该类超级电容在汽车上应用最为广泛。

3. 超级电容在车辆上的应用

由于超级电容能够进行高功率充放电,根据这一特点超级电容可以应用在一些交通工具上,将列车或大型客车的刹车能量储存起来,在加速时提供峰值功率的输出。由于充放电速度很快,在车辆进站上下客的短暂时间,即可瞬间将超级电容充满电,并且足够跑到下一个站点。如曾经在上海世博园运行的超级电容客车,如图 2. 11 所示,其在运营中无需连接电缆,只需在候客时间充电 30s~1min,就能行驶 5km 左右。

图 2.11 上海世博园运行的超级电容客车

但由于一次充电行驶里程有限,目前超级电容在电动汽车上的应用,主要配合蓄电池工作。传统的蓄电池(如铅酸电池)由于功率密度偏低,不能满足车辆频繁起步、加速和制动行驶工况的要求,而且由于加速时浪费了过多的能量,致使车辆的续航里程也不能满足要求。加装超级电容的车辆就可以有效的解决这一问题,即可以提供较大的驱动电流满足车辆行驶工况,又可以节省电池的能量,延长车辆的续航里程,同时减少了蓄电池的频繁充放电的工作状态,提高了蓄电池的使用寿命。

超级电容和蓄电池一般采用并联的连接方式,汽车在正常行驶的时候,电容不参与工作。但当车辆进行加速或上坡时,电容通过 DC/DC 变换器的控制提供短期的大电流,不足的部分由电池供给,两者经过电动机控制器的调控,驱动电动机驱动车辆。例如 272 个单元,单体电压为 1.39V,工作电压为 380~190V,总质量约为 319kg,电容为 18000F。采用双向 DC/DC 变换器:当电容的电压低于蓄电池的端电压时,DC/DC 变换器通过工作电路降压,使得超级电容达到能量饱和状态;在蓄电池急需能量时,通过控制电路对电容能量进行升压输出到蓄电池正负端。

2.6 电动汽车的能量管理与回收系统

能量管理和回收系统是电动汽车的重要组成部分,它们不但能保证电动汽车的正常行驶,而且还能够对汽车的能量进行合理控制,提高电动汽车的续航里程。它由硬件系统和软件系统组成,如图 2.12 所示。能量管理系统具有从电动汽车各子系统采集运行数据,控制完成电池的充电、显示蓄电池的荷电状态(SOC)、预测剩余行驶里程、监控电池的状态、调节车内温度、调节车灯亮度以及回收再生制动能量为蓄电池充电等功能。能量管理系统中最主要的是电源管理系统。

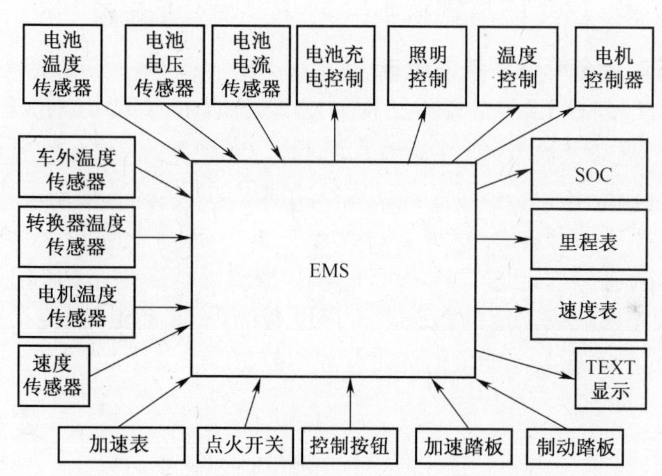

图 2.12 电动汽车能量管理系统

电池组电源管理系统(BMS)集电池组的数据采集、状态估计、充放电保护及均衡控制于一体,是电动汽车的核心单元。实验证明,配备完善电源管理系统的电池组,其循环寿命是不配管理系统电池组的 3 倍以上。因此,根据电池特性,对电动汽车动力电池进行有效管理,对于维护电池安全、保持电池性能、延长电池寿命具有重要的意义。根据 IEEE 标准给出的定义:电源管理系统包括工程、设计、应用以及扩展的对电源系统的维修等,来为以电能作为能源的系统达到最佳性能。

典型的电池管理系统应具备如下功能:

(1) 实时采集电池系统运行状态参数。实时采集电动汽车蓄电池组中的每块电池的端电压和温度、充放电电流以及电池组总电压等。由于电池组中的每块电池在使用中的性能和状态不一致,因而对每块电池的电压、电流和温度数据都要进行监测。

(2) 确定电池的 SOC。准确估测动力电池组的 SOC,从而随时预报电动汽车储能电池还剩余多少能量或储能电池的 SOC,使电池的 SOC 值控制在 30%~70%的合理工作范围,这对保证电池寿命和整体的能量效率至关重要。

(3) 故障诊断与报警。当蓄电池电量或能量过低需要充电时,及时报警,以防止电池过放电而损害电池的使用寿命;当电池组的温度过高,非正常工作时,及时报警,以保证蓄电池正常工作。

(4) 电池组的热平衡管理。电池热管理系统是电池管理系统的有机组成部分,其功能是通过风扇等冷却系统和热电阻加热装置使电池温度处于正常工作温度范围内。

(5) 一致性补偿。当电池之间有差异时,有一定措施进行补偿,保证电池组表现能力更强,并有一定的手段来显示性能不良的电池位置,以便修理替换。一般采用充电补偿功能。设计有旁路分流电路,以保证每个单体都可以充满电,这样可以减缓电池老化,延长电池的使用寿命。

(6) 通过总线实现各检测模块和中央处理单元的通信。在电动汽车上实现电池管理的难点和关键在于如何根据采集的每块电池的电压、温度和充放电电流的历史数据,建立确定每块电池剩余能量较精确的数学模型,即准确估计电动汽车蓄电池的 SOC 状态。

2.6.1 纯电动汽车能量管理系统

1. 纯电动汽车能量管理系统的组成

纯电动汽车能量管理系统的基本结构如图 2.13 所示,主要由电池输入控制器、车辆运行状态参数、车辆操纵状态、能量管理系统 ECU、电池输出控制器、电机发电机系统控制等组成。能量管理系统 ECU 的参数包括各电池组的状态参数(如工作电压、放电电流和电池温度等)、车辆运行状态参数(如行驶速度、电动机功率等)和车辆操纵状态(如制动、起动、加速和减速等),能量管理系统具有对检测的状态参数进行实时显示的功能。ECU 对检测的状态参数按预定的算法进行推理与计算,并向电池、电动机等发出合适的控制和显示指令等,实现电池能量的优化管理与控制。

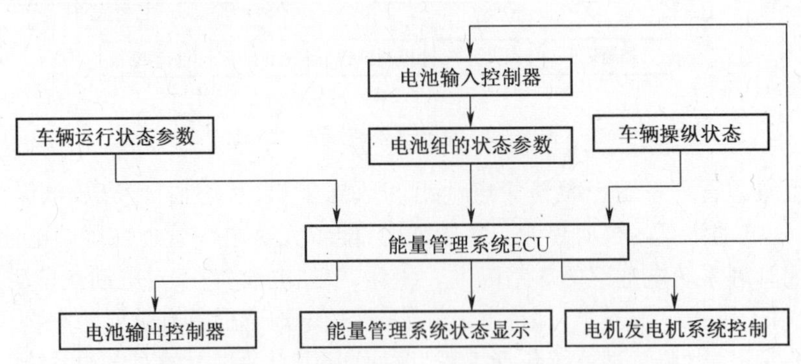

图 2.13 纯电动汽车能量管理系统的基本结构

2. 电池荷(充)电状态指示器

电池荷(充)电状态指示器是能量管理系统的一个重要组成。电动汽车蓄电池中储存有多少电能,还能行驶多少里程,是电动汽车行驶中必须知道的重要参数。与燃油汽车的油量表类似的仪表就是电池荷(充)电状态指示器,它是能量管理系统的一个重要装置。

3. 电池管理系统

电池管理系统是能量管理系统的一个子系统。蓄电池管理系统主要任务是保持电动汽车蓄电池性能良好,并优化各蓄电池的电性能和保存、显示测试数据等。

根据实际情况,确定具体纯电动汽车的电池管理系统的功能和形式,电池管理系统包括硬件系统和软件系统。

BMS 的硬件:主板、从板及高压盒,还包括采集电压线、电流、温度等数据的电子器件。

BMS 的软件:监测电池的电压、电流、SOC 值、绝缘电阻值、温度值,通过与整车 ECU、充电机的通信,来控制动力电池系统的充放电。

电池管理系统的设计取决于管理系统实现的功能,要实现对动力电池组的合理管理,即保证采集数据的准确性、可靠稳定的系统通信、抗干扰性。在具体实现过程中,根据设计要求确定需要采集动力电池组的数据类型;根据采集量以及精度要求确定前向通道的设计;根据通信数据量以及整车的要求选用合理的总线。图 2. 14 是某电池管理系统的结构框图。

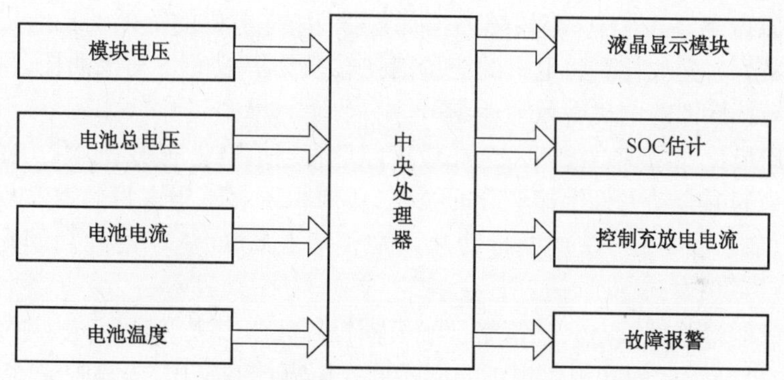

图 2. 14　某电池管理系统的结构框图

2. 6. 2　混合动力电动汽车能量管理系统

1. 串联式混合动力电动汽车的能量管理策略

由于串联式混合动力电动汽车的发动机与汽车行驶工况没有直接联系,因此能量管理策略的主要目标是使发动机在最佳效率区和排放区工作。为了优化能量分配整体效率,还应考虑传动系统的动力电池、发动机、电动机和发电机等部件。串联式混合动力电动汽车有 3 种基本的能量管理策略。

(1) 恒温器策略。当动力电池 SOC 低于设定的低门限值时,启动发动机,在最低油耗或排放点按恒功率模式输出,一部分功率用于满足车轮驱动功率要求,另一部分功率给动力电池充电。而当动力电池组 SOC 上升到所设定的高门限值时,发动机关闭,由电动机驱动车辆。其优点是发动机效率高、排放低,缺点是动力电池充放电频繁,加上发动机开关时的动态损耗,使得系统总体的损失功率变大,能量转换效率较低。

(2) 功率跟踪式策略。由发动机全程跟踪车辆功率需求,只有在动力电池的 SOC 大于 SOC 设定上限时，且仅由动力电池提供的功率能满足车辆需求时，发动机才停机或怠速运行。由于动力电池容量小，动力电池充放电次数减少而使得系统内部损失减少。但是发动机必须在从低到高的较大负荷区内运行，使得发动机效率和排放不如恒温器策略。

（3）基本规则型策略。该策略综合了恒温器策略与功率跟踪式策略两者的优点，根据发动机负荷特性图设定了高效率工作区，根据动力电池的充放电特性设定了动力电池高效率的荷电状态范围。并设定一组控制规则，根据需求功率和 SOC 进行控制，以充分利用发动机和动力电池的高效率区，使其达到整体效率最高。

2. 并联式混合动力电动汽车的能量管理策略

并联式混合动力电动汽车的能量管理策略属于基于转矩的控制，目前主要有以下 4 类。

（1）静态逻辑门限策略。该策略通过设置车速、动力电池 SOC 上下限、发动机工作转矩等一组门限参数，限定动力系统各部件的工作区域，并根据车辆实时参数及预先设定的规则调整动力系统各部件的工作状态，以提高车辆整体性能。

（2）瞬时优化能量管理策略。一般是采用“等效燃油消耗最少”法或“功率损失最小”法，二者原理类似。其中“等效燃油消耗最少”法将电机的等效油耗与发动机的实际油耗之和定义为名义油耗。将电机的能量消耗转换为等效的发动机油耗，得到一张类似于发动机万有特性图的电机等效油耗图。

（3）全局最优能量管理策略。全局最优能量管理策略是应用最优化方法和最优控制理论开发出来的混合动力系统能量分配策略，目前主要有基于多目标数学规划方法的能量管理策略、基于古典变分法的能量管理策略和基于 Bellman 动态规划理论的能量管理策略 3 种。

（4）模糊能量管理策略。该策略基于模糊控制方法来决策混合动力系统的工作模式和功率分配，将“专家”的知识以规则的形式输入模糊控制器中，模糊控制器将车速、电池 SOC、需求功率/转矩等输入量模糊化，基于设定的控制规则来完成决策，以实现对混合动力系统的合理控制，从而提高车辆整体性能。基于模糊逻辑策略可以表达难以精确定量的规则；可以方便地实现不同影响因素（功率需求、SOC 等）的折中；鲁棒性好。但是模糊控制器的建立主要依靠经验，无法获得全局最优。

3. 混联式混合动力电动汽车的能量管理策略

混联式混合动力电动汽车由于其特有的传动系统结构，如采用行星齿轮传动，除了采用瞬时优化能量管理策略、全局优化能量管理策略和模糊能量管理策略（与并联式混合动力汽车能量管理策略原理类似）以外，还有一些特有的能量管理策略：

（1）发动机恒定工作点策略。由于采用了行星齿轮机构，发动机转速可以独立于车速变化，这样使发动机工作在最优工作点，提供恒定的转矩输出，而剩余的转矩则由电动机提供。这样电动机来负责动态部分，避免了发动机动态调节带来的损失，而且与发动机相比，电动机的控制也更为灵敏，易于实现。

（2）发动机最优工作曲线策略。发动机工作在万有特性图中最佳油耗线上，只有当发电机电流超出电池的接受能力或者当电动机驱动电流超出电动机或电池的允许限制时，才调整发动机的工作点。

2.6.3 电动汽车再生制动能量回收系统

1. 制动能量回收的方法和类型

制动能量回收的基本原理是先将汽车制动或减速时的一部分机械能(动能)经再生系统转换(或转移)为其他形式的能量(旋转动能、液压能、化学能等),并储存在储能器中,同时产生一定的负荷阻力使汽车减速制动;当汽车再次启动或加速时,再生系统又将储存在储能器中的能量再转换为汽车行驶所需要的动能(驱动力)。

1) 制动能量回收方法

根据储能机理不同,电动汽车制动能量回收的方法也不同,主要有 3 种,即飞轮储能、液压储能和电化学储能。

(1) 飞轮储能。飞轮储能是利用高速旋转的飞轮来储存和释放能量,能量转换过程如图 2.15 所示。当汽车制动或减速时,先将汽车在制动或减速过程中的动能转换成飞轮高速旋转的动能;当汽车再次启动或加速时,高速旋转的飞轮又将存储的动能通过传动装置转化为汽车行驶的驱动力。

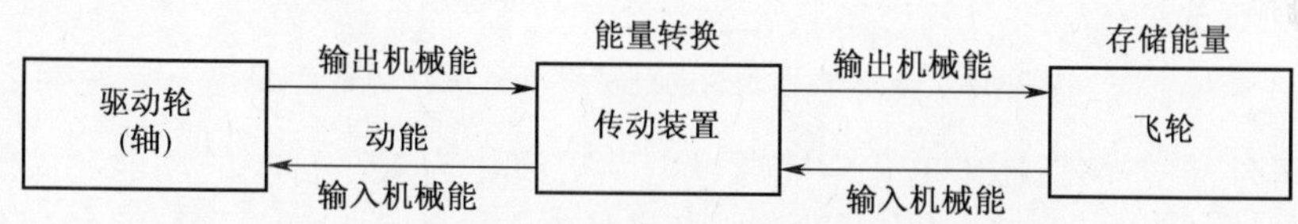

图 2.15 飞轮储能式再生制动能量回收系统原理图

图 2.16 是一种飞轮储能式再生制动能量回收系统结构示意图。系统主要由发动机、高速储能飞轮、增速齿轮、离合器和驱动桥组成。发动机用来提供驱动汽车的主要动力,高速储能飞轮用来回收制动能量以及作为负荷平衡装置,为发动机提供辅助的功率以满足峰值功率的要求。

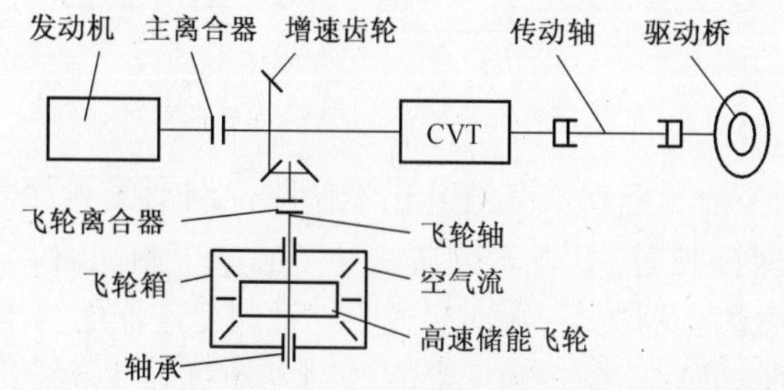

图 2.16 飞轮储能式再生制动能量回收系统结构示意图

(2) 液压储能。液压储能式再生制动能量回收系统原理图如图 2.17 所示。它是先将汽车在制动或减速过程中的动能转换成液压能,并将液压能储存在液压蓄能器中;当汽车再次启动或加速时,储能系统又将蓄能器中的液压能以机械能的形式反作用于汽车,以增加汽车的驱动力。

图 2.18 是液压储能式制动能量回收系统结构示意图。系统由发动机、液压泵/马达、液压蓄能器、变速器、驱动桥、离合器和液压控制系统组成。

(3) 电化学储能。电化学储能工作原理如图 2.19 所示。它是先将汽车在制动或减速过程中的动能,通过发电机转化为电能并以化学能的形式储存在储能器中;当汽车再次

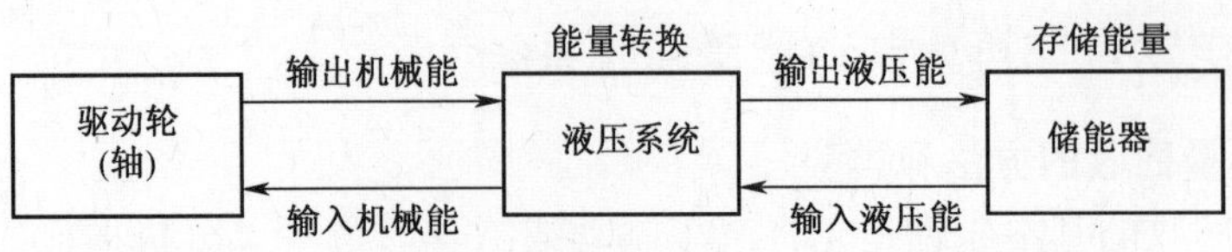

图 2.17　液压储能式再生制动能量回收系统原理图

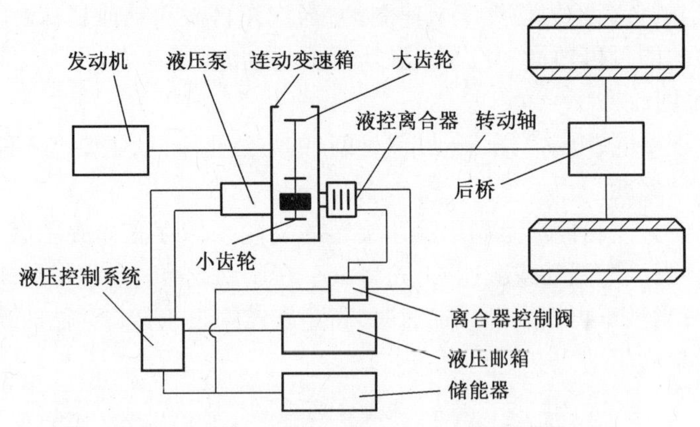

图 2.18　液压储能式制动能量回收系统结构示意图

启动或加速时，再将储能器中的化学能通过电动机转化为汽车行驶的动能。储能器可采用蓄电池或超级电容，由发电机/电动机实现机械能和电能之间的转换。系统还包括一个控制单元，用来控制蓄电池或超级电容的充放电状态，并保证蓄电池的剩余电量在规定的范围内。

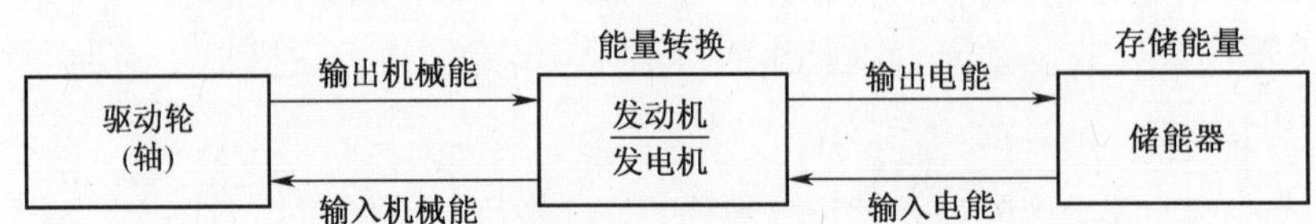

图 2.19　电化学储能式再生制动能量回收系统原理图

图 2.20 是一种用于前轮驱动汽车的电化学储能式制动能量回收系统示意图。当汽车以恒定速度或加速度行驶时，电磁离合器脱开。当汽车制动时，行车制动系统开始工作，汽车减速制动，电磁离合器接合，从而接通驱动轴和变速器的输出轴。这样，汽车的动能由输出轴、离合器、驱动轴、驱动轮和从动轮传到发动机和飞轮上。制动时的机械能由电动机转换为电能，存入蓄电池。

2）制动能量回收系统的类型

制动能量回收系统的类型因储能方法不同而不同，主要有电能式、动能式和液压式。

电能式主要由发电机、电动机和蓄电池或超级电容组成，一般在电动汽车上使用；动能式主要由飞轮、无级变速器构成，一般在公交汽车上使用；液压式主要由液压泵/液压马达、蓄能器组成，一般在工程机械或大型车辆上使用。

2. 电动汽车的再生制动能量回收系统

电动汽车一般采取电能式再生制动能量回收方法，再生制动能量回收对于提高电动汽车的能量利用率具有重要意义。

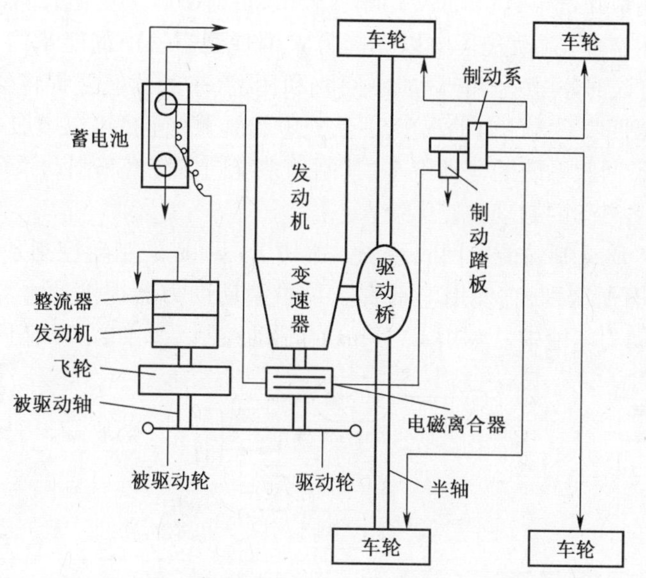

图 2.20 电化学储能式制动能量回收系统结构示意图

（1）在目前电动汽车的储能元件技术没有大的突破与发展的实际情况下，制动能量回收装置可以提高电动汽车的能量利用率，延长电动汽车的行驶里程；

（2）电制动与传统制动相结合，可以减轻传统制动器的磨损，增长其使用周期，达到降低成本的目的；

（3）可以减少汽车制动器在制动时尤其是缓速下长坡以及滑行过程中产生的热量，降低汽车制动器的热衰退，提高汽车的安全性和可靠性。

再生制动系统的结构与原理如图 2.21 所示，由驱动轮、主减速器、变速器、电动机、AC/DC 转换器、DC/DC 转换器、能量储存系统以及控制器组成。

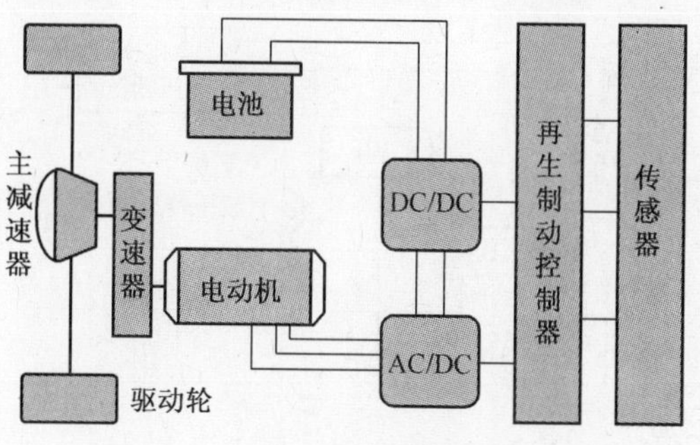

图 2.21 再生制动系统的结构与原理

汽车在制动或滑行过程中，根据驾驶员的制动意图，由制动控制器计算得到汽车所需的总制动力。再根据一定的制动力分配控制策略，得到电动机应该提供的再生制动力。电动机控制器计算所需的电动机电枢中的制动电流，通过一定的控制方法使电动机跟踪需要的制动电流，从而较准确地提供再生制动力矩。在电动机的电枢中产生的电流经 AC/DC 整流再经 DC/DC 控制器反充到储能装置中保存起来。

在城市循环行驶工况下,汽车的平均车速较低,负荷率起伏变化大,需要频繁起动和制动。相关研究显示,汽车制动过程中以热能方式消耗到空气中的能量约占驱动总能量的50%左右。如果将该部分损失的能量加以回收利用,汽车的续航里程将会得到很大提高。具有再生制动能量回收系统的电动汽车,一次充电续航里程至少可以增加10%~30%。

具有制动能量回收系统的电动汽车,其制动系统同传统汽车制动系统有所不同,下面简单介绍两种电动汽车的制动控制系统。

(1) 本田 EV Plus 制动能量回收系统。本田 EV Plus 的制动控制系统与传统的液压(气压)制动系统有所区别,它使用电动真空泵给制动助力器提供动力源;制动过程中将回收能量传递到动力电池中。本田 EV Plus 的制动控制系统如图 2.22 所示。

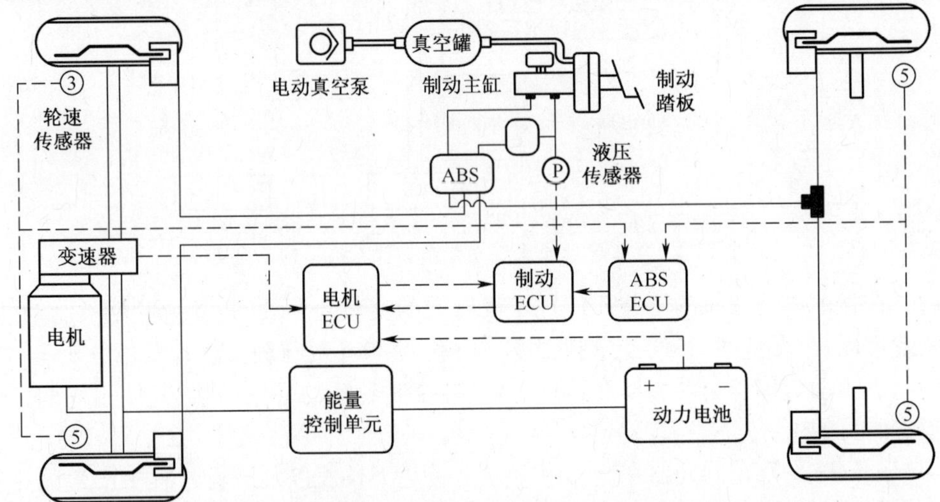

图 2.22　本田 EV Plus 制动控制系统

(2) 再生—液压混合制动能量回收系统。图 2.23 是某电动汽车的再生—液压混合制动系统。当驾驶员踩下制动踏板后,电泵使制动液增压产生所需的制动力,制动控制与

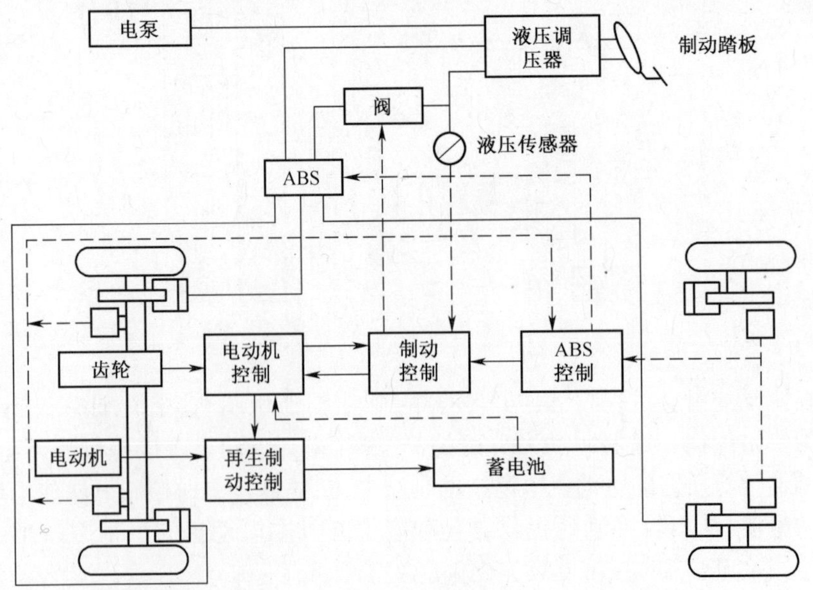

图 2.23　某电动汽车的再生—液压混合制动控制系统

电机协同工作,确定电动汽车的再生制动力矩和前后轮的液压制动力。再生制动时,再生制动控制回收再生制动能量,并且反充到动力电池中。与传统燃油车相同,电动汽车上的ABS及其控制阀的作用是产生最大的制动力。

思考题

1. 电动汽车储能装置有哪些不同类型?
2. 动力电池的性能指标主要有哪些?
3. 电动汽车对动力电池有哪些要求?
4. 电动汽车能量管理系统重要意义及其应具备的功能有哪些?
5. 制动能量回收系统的基本原理是什么?
6. 电动汽车再生制动能量回收有哪些基本方法?
7. 你认为电动汽车的储能装置的发展方向是什么?

第3章　电动汽车电机驱动系统

教学目标

通过本章的学习，要求读者了解电动汽车电机驱动系统的组成、类型，电动汽车对电动机的要求，熟悉电动机的性能指标，掌握新能源汽车几种常见电机驱动系统的结构原理、特点、工作原理及控制方法，同时对轮毂电机有一个初步认识。

教学导入

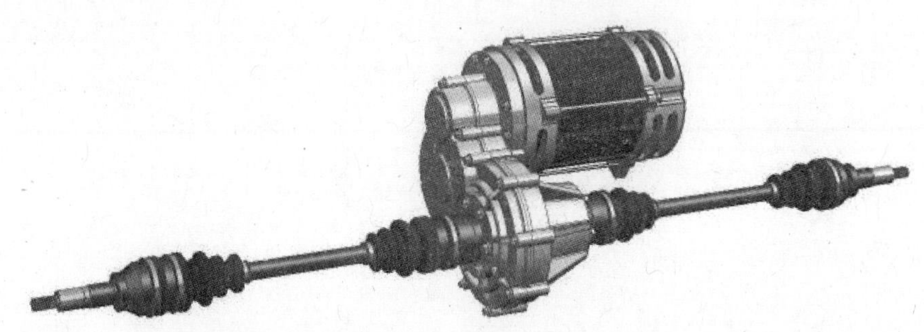

电动汽车电机驱动系统是新能源汽车的核心技术之一，它的主要任务是按驾驶员的驾驶意图，将动力电池的化学能高效地转化为机械能，经过变速器、驱动轴等机构驱动车轮。电动机驱动系统主要由电动机、功率器件和控制系统组成。电动机将电能转化成机械能驱动车辆，并在车辆制动时将车辆的动能反馈到动力电池中实现车辆的再生制动。功率器件用来对电动机提供相应的电压和电流。控制系统一般包括中央处理器、检测单元、中间连接单元。它通过控制功率器件调整电动机的运行，以产生特定的转矩和转速。

电动机是电动汽车驱动系统的核心部件，其性能的好坏直接影响电动汽车驱动系统的性能，特别是电动汽车的最高车速、加速性能及爬坡性能等。

3.1　电动汽车电机驱动系统概述

3.1.1　电动汽车电机驱动系统的组成

电机驱动系统是电动汽车的心脏，它由电动机、功率转换器、控制器、各种检测传感器和电源（蓄电池）组成，其任务是在驾驶员的控制下，高效地将蓄电池的电量转化为车轮的动能，或者将车轮的动能反馈到蓄电池中。图3.1为电机驱动系统的基本组成框图。

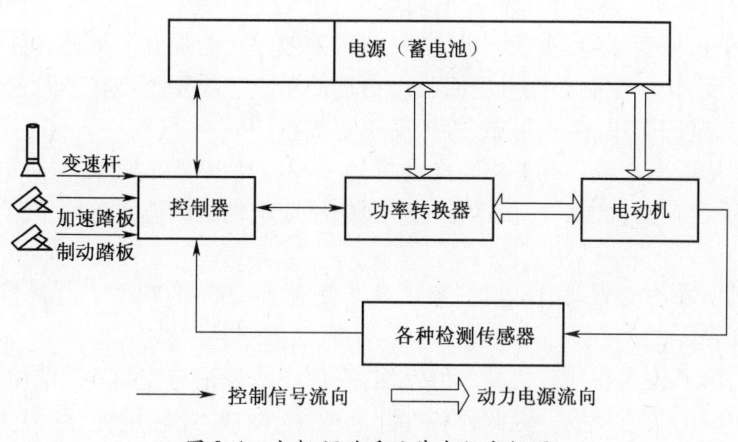

图 3.1 电机驱动系统基本组成框图

早期的电动汽车主要采用直流电机驱动系统，但直流电机有换向器装置，需经常维护。随着电子技术的发展，交流调速逐渐取代直流调速。现代电动汽车常用的驱动系统有三种：异步电机系统、永磁电机系统和开关磁阻电机系统。

功率转换器一般有直流—直流功率转换器、直流—交流转换器等形式，所需形式则根据所选电机的类型，其作用是按电动机驱动电流的要求，将蓄电池的直流电转换为相应电压等级的直流、交流或脉冲电源。

控制器是通过操纵变速杆、加速踏板和制动踏板等，输入相应的前进、倒退、起步、加速、制动等信号以及各种检测传感器反馈的信号，再通过运算、逻辑判断、分析比较等过程向功率转换器发出处理后的相应指令，使整个系统有效的运行。

检测传感器主要对电压、电流、速度、转矩以及温度等进行检测，其作用是为了改善电动机的调速性能，满足系统需求，对于永磁电机或者开关磁阻电机还需配置电机角度、位置传感器。

3.1.2 电动汽车电机驱动系统的类型

电动汽车电机驱动系统按所选电动机的类型可分为直流电动机、感应电动机、永磁同步电动机和开关磁阻电动机等。

(1) 直流电动机。直流电动机具有起动加速时驱动力大、调速控制简单、技术成熟等优点。但是直流电动机的电枢电流由电刷和换向器引入，换向时产生电火花，换向器容易烧坏、电刷容易磨损，需经常更换，维护工作量大。新研制的电动汽车基本不采用直流电动机。

(2) 永磁电动机。永磁电动机主要分为两种形式：永磁直流无刷电动机和永磁同步电动机。永磁直流无刷电动机是一种高性能电动机，既有感应电动机的结构简单、运行可靠、维护方便等优点，又具有运行效率高、无励磁损耗、运行成本低和调速性能好等特点，在电动汽车上的应用越来越广泛；永磁同步电动机结构上与无刷直流电动机相似，不同之处在于它采用正弦波驱动，具备无刷直流电动机优点的同时，还具有低噪声、体积小、功率密度大，转动惯量小、脉动转矩小、控制精度高等特点，特别适用于混合动力电动汽车电机驱动系统，可以达到系统体积减小、汽车性能改善和平稳运行等目的。

(3) 感应电动机。感应电动机在电动汽车上广泛应用是因为感应电动机采用变频调速时,可以取消机械变速器,实现无极变速,使传动效率大为提高。另外,感应电动机很容易实现电机正反转,再生制动能量的回收也更加简单。当采用笼型转子时,感应电动机还具有结构简单、坚固耐用、工作可靠、维护简单等优点。

(4) 开关磁阻电动机。开关磁阻电动机是一种新型电动机,其结构简单、工作可靠、效率高,调速系统运行性能和经济指标比普通的感应电动机调速系统好,具有较大的应用潜力。

电动车辆所采用的驱动电动机一般由几十千瓦到100~200kW。几种常用电动机的特性见表3-1所示。

随着电力电子技术和计算机技术的发展,新的电机理论与控制方式的出现,推动着新的电机驱动系统的快速发展。因此,高密度、高效率、低成本、轻量化、宽调速牵引电机驱动系统成为各国研究和开发的热点,如永磁式开关磁阻电动机、永磁无刷交流电动机等。

表3-1　四种典型电动机特性比较

项目	直流电动机	感应电动机	永磁电动机	开关磁阻电机
转速范围/(r/min)	4000~6000	9000~15000	4000~10000	可以达到15000
功率密度	低	中	高	较高
峰值效率/(%)	85~89	94~95	95~97	85~90
负荷效率/(%)	88~91	79~85	90~92	78~86
最高效率/(%)	85~89	94~95	90~97	90
过载能力/(%)	200	300~500	300	300~500
恒功率区比例	—	1∶5	1∶2.25	1∶3
功率因数/(%)	—	82~85	90~93	60~65
电动机质量	重	中	轻	轻
电动机外形尺寸	大	中	小	小
可靠性	一般	好	较好	好
安全性	中	高	低	高
控制操作性	最好	好	好	好
结构坚固性	差	好	一般	优良
电机成本	高	低	高	较高
控制器成本	高	高	高	一般
单位输出功率相对成本/(元/kW)	1	0.8~1.2	1~1.5	0.6~1.0

3.1.3　电动机的主要性能指标

电动机的各种性能指标为:

(1) 额定电压 U_e(V)。电动机在额定运行时,电动机定子绕组应输入的线电压值,一般小型直流电动机为36~48V,单相交流感应电动机为220V,三相交流感应电动机为380V,特种电动机可达到500V。

(2) 额定电流 I_e(A)。电动机在额定电压下,电动机轴上输出的机械功率为额定功率时,电动机定子绕组通过的线电流值。

(3) 频率 f(Hz)。三相电流的频率。我国工频为 50Hz 的三相电流,国外多采用 60Hz 的三相电流。

(4) 额定转速 n_e(r/min)。电动机在指定的频率时,电动机在额定电压下,电动机输出轴上输出的机械功率为额定功率时电动机的转速。

根据电动车辆速度、动力性能的要求,需要选择不同转速的驱动电动机,一般电动机的转速有以下几种:低速电动机,转速 3000~6000 r/min;中速电动机,转速 6000~10000 r/min;高速电动机,转速 10000~15000 r/min。

(5) 额定功率 P_e(kW)。电动机在额定运行时其轴上输出的机械功率:

$$P_e = U_e \cdot I_e \cdot \eta_e \tag{3-1}$$

式中,U_e 为额定电压(V);I_e 为额定电流(A);η_e 为效率(%)。

轿车电动机的功率约为 30~50kW,客车和货车电动机的功率约为 50~150kW。当电动机在额定运行情况下输出额定功率时,称为满载运行,这时电动机的运行性能、经济性及可靠性等均处于优良状态。输出功率超过额定功率时称为过载运行,这时电动机的负载电流大于额定电流,将会引起电动机过热,从而降低寿命,严重时会烧毁电机。电动机的输出功率小于额定功率时称为轻载运行,轻载时电动机的效率和功率因数等运行性能均较差,因此要避免电动机轻载运行。

(6) 机械效率 η_e(%)。电动机在最高值运行时电动机轴上输出的机械功率,与电动机在额定运行时电源输入到电动机定子绕组上的功率之比值,要求电动机高效区占电动机整个运行区间的 50%以上。

(7) 温升(℃)。电动机在运行时允许升高的最高温度。

3.1.4 电动汽车对电动机的要求

电动汽车在行驶过程中,经常频繁地启动/停车、加速/减速等,这就要求电动汽车中的电动机比一般工业应用的电动机性能更高,基本要求如下:

(1) 电动机的运行特性要满足电动汽车的要求,在恒转矩区,要求低速运行时具有大转矩,以满足电动汽车起动和爬坡的要求;在恒功率区,要求低转矩时具有高的速度,以满足电动汽车在平坦的路面能够高速行驶的要求;

(2) 电动机应具有瞬时功率大、带负载启动性能好、过载能力强,加速性能好,使用寿命长的特点;

(3) 电动机应在整个运行范围内,具有很高的效率,以提高一次充电的续航里程;

(4) 电动机应能够在汽车减速时实现再生制动,将能量回收并反馈给蓄电池,使得电动汽车具有最佳能量的利用率;

(5) 电动机应可靠性好,能够在较恶劣的环境下长期工作;

(6) 电动机应体积小、重量轻,一般为工业用电动机的 1/2~1/3;

(7) 电动机的结构要简单坚固,适合批量生产,便于使用和维护;

(8) 价格便宜,从而能够减少整体电动汽车的价格,提高性价比;

(9) 运行时噪声低,减少污染。

3.2 直流电动机

直流电动机是将直流电能转换为机械能的电动机。直流电动机优点明显,具有良好的起动和调速性能,且易于控制、可靠性高,因此被广泛应用于纯电动汽车、无轨电车以及现代的纯电动汽车上;而缺点在于其换向问题,这限制了直流电动机的极限容量,又增加了维护的工作量。

3.2.1 直流电动机的分类

直流电动机分为绕组励磁式直流电动机和永磁式直流电动机。在电动汽车所采用的直流电动机中,小功率电动机采用的是永磁式直流电动机,大功率电动机采用的是绕组励磁式直流电动机。

绕组励磁式直流电动机根据励磁方式的不同,可分为他励式、并励式、串励式和复励式四种类型,如图 3.2 所示。

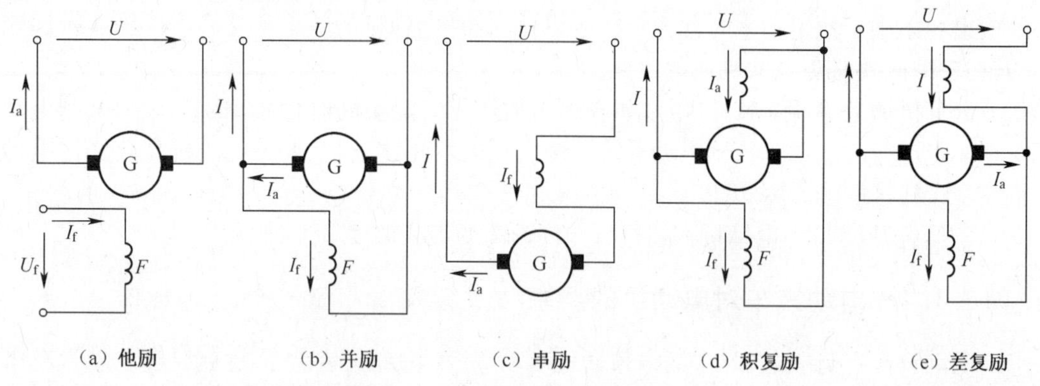

图 3.2 各种励磁方式直流电动机

1. 他励式直流电动机

他励式直流电动机的励磁绕组与电枢绕组无连接关系,而由其他直流电源对励磁绕组供电。因此励磁电流不受电枢端电压或电枢电流的影响。永磁直流电动机也可看作他励直流电动机。

他励直流电动机在运行过程中励磁磁场稳定而且容易控制,容易实现电动汽车的再生制动要求。但当采用永磁激励时,虽然电动机效率高,重量和体积较小,但由于励磁磁场固定,电动机的机械特性不理想,驱动电动机产生不了足够大的输出转矩来满足电动汽车起动和加速时的大转矩要求。

2. 并励式直流电动机

并励式直流电动机的励磁绕组与电枢绕组相并联,共用同一电源,性能与他励直流电动机基本相同。并励绕组两端电压就是电枢两端电压,但是励磁绕组用细导线绕成,其匝数很多,因此具有较大的电阻,使得通过它的励磁电流较小。

3. 串励式直流电动机

串励式直流电动机的励磁绕组与电枢绕组串联后，再接于直流电源，这种直流电动机的励磁电流就是电枢电流。这种电动机内磁场随着电枢电流的改变有显著的变化。为了使励磁绕组中不致引起大的损耗和电压降，励磁绕组的电阻越小越好，所以串励式直流电动机通常用较粗的导线绕成，它的匝数较少。

4. 复励式直流电动机

复励式直流电动机有并励和串励两个励磁绕组，电动机的磁通由两个绕组内的励磁电流产生。若串励绕组产生的磁通势与并励绕组产生的磁通势方向相同称为积复励。若两个磁通势方向相反，则称为差复励。

复励式直流电动机的永磁励磁部分采用高磁性材料钕铁硼，运行效率高。由于电动机永磁励磁部分有稳定的磁场，因此用该类电动机构成驱动系统时易实现再生制动功能。同时由于电动机增加了增磁绕组，通过控制励磁绕组的励磁电流或励磁磁场的大小，能克服纯永磁他励式直流电动机不能产生足够的输出转矩来满足电动汽车低速或爬坡时的大转矩要求，而电动机的重量或体积比串励式电动机的小。

电动汽车所使用的直流电动机主要是他励式直流电动机、串励式直流电动机、复励式直流电动机三种类型。

3.2.2 直流电机的结构与特点

1. 直流电动机的结构

直流电机的结构由定子和转子两大部分组成。直流电机运行时静止不动的部分称为定子，定子的主要作用是产生磁场，由机座、主磁极、换向极、端盖、轴承和电刷装置等组成。运行时转动的部分称为转子，其主要作用是产生电磁转矩和感应电动势，是直流电机进行能量转换的枢纽，所以通常又称为电枢，由转轴、电枢铁芯、电枢绕组、换向器和风扇等组成。装配后的电机总体结构如图 3.3 所示，其纵向剖视图如图 3.4 所示。

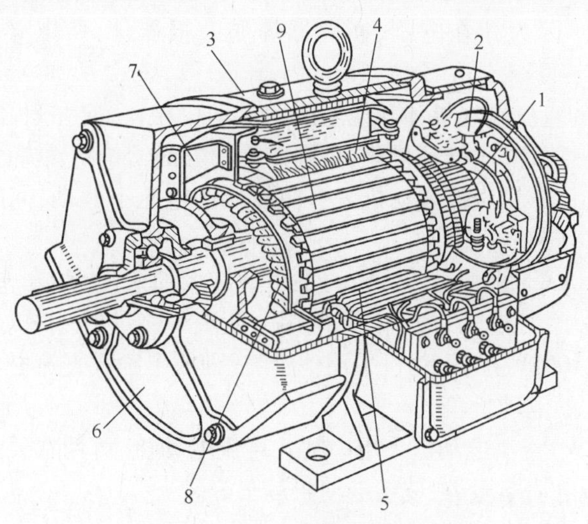

图 3.3　直流电机装配结构图

1—换向器；2—电刷装置；3—机座；4—主磁极；5—换向极；6—端盖；7—风扇；8—电枢绕组；9—电枢铁芯。

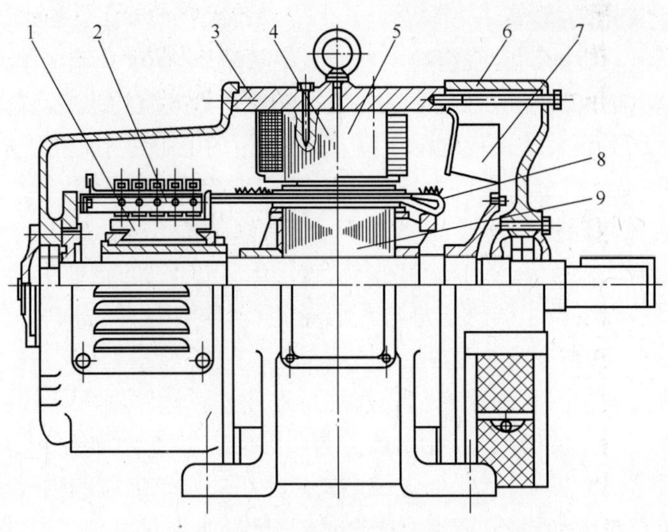

图 3.4　直流电机纵向剖视图

1—换向器;2—电刷装置;3—机座;4—主磁极;5—换向极;6—端盖;7—风扇;8—电枢绕组;9—电枢铁芯。

2. 直流电动机的特点

直流电动机具有以下特点:

(1) 调速性能好。直流电动机可以在重负载条件下,实现均匀、平滑的无级调速,而且调速范围较宽。

(2) 起动力矩大。可以均匀而经济地实现转速调节,因此,凡是在重负载下起动或要求均匀调节转速的机械,例如大型可逆轧钢机、卷扬机、电力机车、电车等,都可用直流电动机拖动。

(3) 控制比较简单。一般用直流斩波器控制,它具有高效率、控制灵活、重量轻、体积小、响应快等优点。

(4) 有易损件。因为存在电刷、换向器等易磨损器件,所以必须进行定期维护或更换。

电动汽车专用的直流电动机和其他通用的电动机相比,应在耐高温性、抗振动性、低损耗性、抗负载波动性以及小型轻量化、免维护性等方面给予特殊考虑。

除此之外,电动汽车用直流电动机大多在较低的电压下驱动,同时是大电流电路,因此需要注意连接线的接触电阻。

小功率(0.1~10kW)的电动机采用的是小型高效的永磁直流电动机,可以应用在小型、低速的搬运设备上,如电动自行车、休闲用电动汽车、高尔夫球车、电动叉车。

中等功率(10~100kW)的电动机采用他励、复励或串励式直流电动机,可以用于结构简单、转矩要求较大的电动货车上。

大功率(>100kW)直流电动机采用串励式直流电动机,可用在要求低速、高转矩的专用电动车上,如矿石电动车搬运、玻璃电动搬运车等。

3.2.3　直流电动机的工作原理

图 3.5 是直流电动机的简单模型。图中 N 和 S 是一对固定的磁极,磁极之间有一个

可以转动的铁质圆柱体,称为电枢铁芯。铁芯表面固定一个用绝缘导体构成的电枢线圈abcd,线圈的两端分别接到相互绝缘的两个半圆形铜片上,铜片称为换向片,它们的组合在一起称为换向器,在每个半圆铜片上又分别放置一个固定不动而与之滑动接触的电刷A和B,线圈abcd通过换向器和电刷接通外电路。

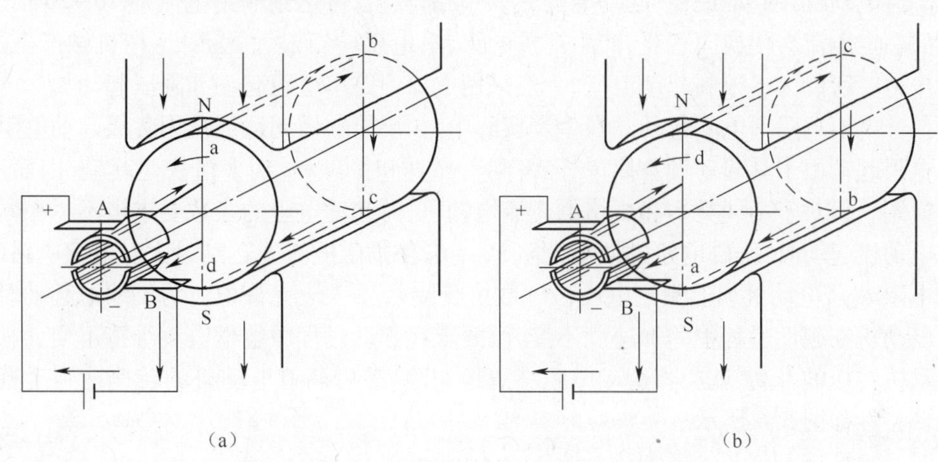

图3.5　直流电动机工作原理示意图

将外部直流电源加于电刷A(正极)和B(负极)上,则线圈abcd中流过电流,在导体ab中,电流由a指向b,在导体cd中,电流由c指向d。导体ab和cd分别处于N、S极磁场中,受到电磁力的作用。用左手定则可知导体ab和cd均受到电磁力的作用,且形成的转矩方向一致,这个转矩称为电磁转矩,且为逆时针方向。这样,电枢就顺着逆时针方向旋转,如图3.5(a)所示。当电枢旋转180°,导体cd转到N极下,ab转到S极下,如图3.5(b)所示。由于电流仍从电刷A流入,使cd中的电流变为由d流向c,而ab中的电流由b流向a,从电刷B流出,用左手定则判别可知,电磁转矩的方向仍是逆时针方向旋转,就这样电动机就沿着一个方向连续旋转下去。

由此可见,加在直流电动机上的直流电源,借助于换向器和电刷的作用,在直流电动机电枢线圈中流过的电流方向是交变的,而每一极性下的导体中的电流方向始终不变,从而确保直流电动机向着一个方向连续旋转。这就是直流电动机的基本工作原理。

一台直流电机原则上既可以作为发电机运行,也可以作为电动机运行,只是外界条件不同而已。在直流电机的电刷上加直流电源,将电能转化成机械能,是作为电动机运行;若用原动机拖动直流电机的电枢旋转,将机械能变换成电能,从电刷引出直流电动势,则作为发电机运行。同一台电机,既可以作为电动机运行又可以作为发电机运行的原理,在电机理论中称为可逆原理。但实际的应用中,一般只作一个方面使用。

3.2.4　直流电动机的控制

1. 直流电动机的起动与反转

1)直流电动机的起动

直流电动机的转速,从零增加到稳定运行速度的整个过程称为起动过程。要使电动机起动过程达到最优的性能,应考虑的因素包括:(a)起动电流 I_{st} 的大小;(b)起动转矩

T_{st} 的大小;(c)起动时间的长短;(d)起动过程是否平滑;(e)起动过程的能量损耗和发热量的大小;(f)起动设备是否简单及其可靠性如何。上述因素中,起动电流和起动转矩是主要的。直流电动机在起动过程中,要求起动电流不能很大、起动转矩要足够大、缩短起动时间、提高生产率,特别是对起动频繁的系统更为重要。

直流电动机在起动最初,起动电流 I_{st} 一般都较大,可达到额定电流的 10~20 倍。这样大的额定电流会使换向恶化,产生严重的火花;电磁转矩过大,会对生产机械产生过大的冲击力。所以为了限制起动电流,一般采用电枢回路串电阻起动和降压起动。

(1) 电枢电路串电阻起动。在生产实际中,如果能够做到适当选用各级起动电阻,那么串电阻起动由于其起动设备简单、经济和可靠,同时可以做到平滑快速起动,因而得到广泛应用。但对于不同类型和规格的直流电动机,对起动电阻的级数要求也不尽相同。

电动机起动时,励磁电路的调节电阻 $R_{sf}=0$,使励磁电流 I_f 达到最大。电枢电路串接附加电阻 R_{st},电动机加上额定电压,R_{st} 数值应使 I_{st} 不大于允许值。为了缩短起动时间,保证电动机在起动过程中的加速度不变,就要求在起动过程中电枢电流维持不变,因此随着电动机转速的升高,就应将起动电阻平滑地切除,最后调节电动机的转速达到运行值。其机械特性如图 3.6 所示。

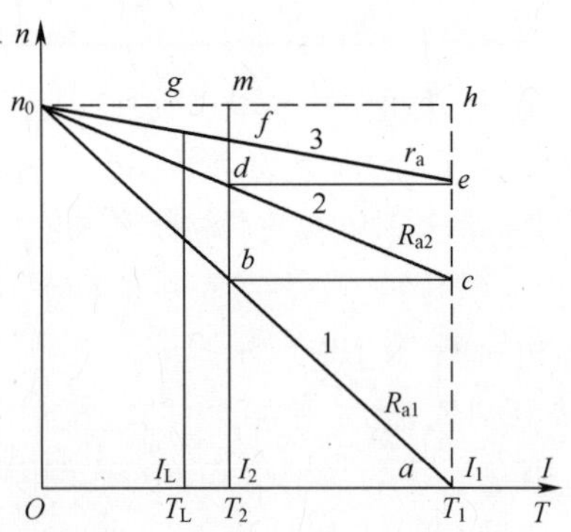

图 3.6 电枢串电阻起动机械特性

(2) 降压起动。当直流电源电压可调时,可以采用降压方法起动。起动时降低电源电压,起动电流将随电压的降低而成正比减小,电动机起动后,再逐步提高电源电压,使电磁转矩维持在一定数值,保证电动机按需要的加速度升速。

降压起动虽然需要专用电源,设备投资较大,但它起动电流小、升速平稳,并且起动过程中能量消耗也小,所以得到广泛应用。

2) 直流电动机的反转

在有些电力拖动设备中,由于生产的需要,常常需要改变电动机的转向。电动机中的电磁转矩是动力转矩,因此改变电磁转矩的方向就能改变电动机的转向。根据公式 $T=C_T\phi I_a$ 可知,只要改变磁通 ϕ 或电枢电流 I_a 这两个量中一个量的方向,就能改变 T 的方向。所以,直流电动机的反转方法有两种:一种是改变磁通 ϕ 的方向,另一种是改变电枢电流的方向。由于磁滞及励磁回路电感等原因,反向磁场的建立过程缓慢,反转过程不能很快实现,故一般多采用改变电枢电流的方向来改变转向。

2. 直流电动机的调速

直流电动机转速控制方法主要有电枢调压控制、磁场控制和电枢回路电阻控制。

(1) 电枢调压控制是指通过改变电枢的端电压来控制电动机的转速。这种控制只适合电动机基速以下的转速控制,它可保持电动机的负载转矩不变,电动机转速近似与电枢端电压成比例变化,所以称为恒转矩调速。直流电动机采用电枢调压控制可实现在宽广范围内的连续平滑的速度控制,调速比一般可达 1∶10,如果与磁场控制配合使用,调速比可达 1∶30。电枢调压控制的调速过程:当磁通保持不变时,减小电压,由于转速不立即发生变化,反电动势也暂时不变化,由于电枢电流减小,转矩也减小。如果阻转矩未变,则转速下降。随着转速的降低,反电动势减小,电枢电流和转矩就随着增大,直到转矩与阻转矩再次平衡为止,但这时转速已经较原来降低了。

(2) 磁场控制是指通过调节直流电动机的励磁电流改变每极磁通量,从而调节电动机的转速,这种控制只适合电动机基数以上的控制。当电枢电流不变时,具有恒功率调速特性。磁场控制效率高,但调速范围小,一般不超过 1∶3,而且响应速度较慢。磁场控制可采用可变电阻器,也可采用可控整流电源作为励磁电源。

磁场控制的调速过程:当电压保持恒定时,减小磁通,因为机械惯性,转速不立即发生变化,于是反电动势减小,电枢电流随之增加。因为电枢电流增加的影响超过磁通减小的影响,所以转矩也就增加。如果阻转矩未变,则转速上升。随着转速的升高,反电动势增大,电枢电流和转矩也随着减小,直到转矩和阻转矩再次平衡为止,但这时转速已经较原来升高了。

(3) 电枢回路串电阻控制是指当电动机的励磁电流不变时,通过改变电枢回路电阻来调节电动机的转速。这种控制方法的机械特性较软,而且电动机运行不稳定,一般很少应用。对于小型串励电动机,常采用电枢回路串电阻控制方式。

3.3 永磁电动机

永磁电动机具有高效、高控制精度、高转矩、良好的转矩平稳性等特点。常见的类型主要为永磁同步电动机和永磁无刷直流电动机,其在电动汽车驱动方面具有很高的应用价值,越来越受到国内外电动汽车界的高度重视,是最具竞争力的电动汽车驱动系统之一。

3.3.1 永磁电动机的分类

永磁驱动电动机的分类多种多样,可以分为永磁直流电动机、永磁同步电动机、永磁无刷直流电动机、永磁混合式电动机。根据输入电动机接线端的波形,则可分为永磁直流电动机和永磁交流电动机。

永磁交流驱动电动机包括永磁同步电动机、永磁无刷直流电动机、永磁混合式电动机三类,由于没有电刷、换向器或滑环,因此也可称为永磁无刷驱动电动机,几乎可以与感应电机相媲美。根据输入电动机接线端的交流波形,永磁无刷电动机可分为永磁同步电动机和永磁无刷直流电动机。输入永磁同步电动机的是交流正弦或近似正弦波,采用连续转子位置反馈信号来控制换向;而永磁无刷直流电动机输入的是交流方波,采用离散转子位置反馈信号控制换向。因为方波磁场与方波电流之间相互作用而产生的转矩比正弦波大,所以永磁无刷直流电动机的功率密度大,但是由功率器件的换向电流引起的转矩脉动也大,而正弦波产生的转矩基本是恒转矩或平稳转矩,这与绕线转子同步电动机相同。

由于永磁电动机分类较多且复杂,本书主要针对目前汽车上常用的永磁同步电动机和永磁无刷直流电动机的结构、工作原理进行分析。

3.3.2 永磁同步电动机

1. 永磁同步电动机的结构与特点

1) 永磁同步电动机的结构

永磁同步电动机分为正弦波驱动电流的永磁同步电动机和方波驱动电流的永磁同步电动机。这里介绍的主要是三相正弦波驱动的永磁同步电动机。

永磁同步电动机的结构示意图如图 3.7 所示,和传统电动机一样,主要由定子和转子两大部分构成。

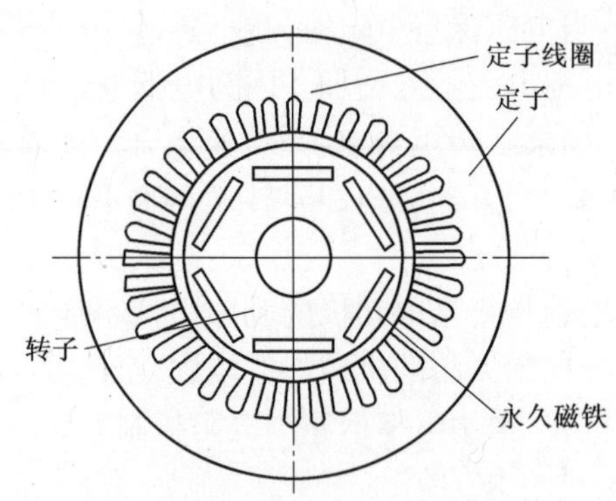

图 3.7 永磁同步电动机的结构示意图

(1) 定子。定子与普通感应电动机基本相同,由电枢铁芯和电枢绕组构成。电枢铁芯一般采用 0.5mm 硅钢冲片叠压而成。对于具有高效率指标或频率较高的电动机,为了减少铁耗,可以考虑使用 0.35mm 的低损耗冷轧硅钢片。

(2) 转子。转子主要由永磁体、转子铁芯和转轴等构成。其中永磁体主要采用铁氧体永磁和钕铁硼永磁材料;转子铁芯可根据磁极结构的不同,选用实心钢或采用钢板、硅钢片冲制后叠压而成。

与普通电动机相比,永磁同步电动机还必须装有转子永磁体位置检测器,用来检测磁极位置,并以此对电枢电流进行控制,达到对永磁同步电动机驱动控制的目的。

按照永磁体在转子上位置的不同,永磁同步电动机的磁极结构可分为表面式和内置式两种。

(1) 表面式转子磁路结构。表面式转子磁路结构中,永磁体通常呈瓦片形,并位于转子铁芯的外表面上,永磁体提供磁通的方向为径向。表面式结构又分为凸出式和嵌入式两种,如图 3.8 所示。

表面凸出式转子结构具有结构简单、制造成本低、转动惯量小等优点,在矩形波永磁

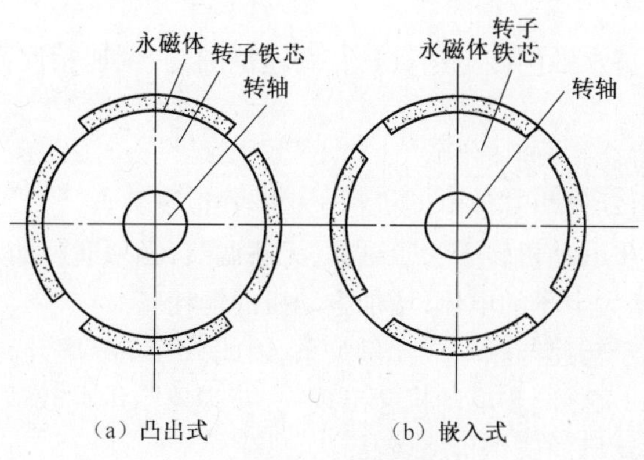

图 3.8　表面式转子磁路结构

同步电动机和恒功率运行范围不宽的正弦波永磁同步电动机中得到广泛应用。表面嵌入式转子结构可充分利用转子磁路不对称性所产生的磁阻转矩，提高电动机的功率密度，动态性能较凸出式有所改善，制造工艺也较简单，往往被调速永磁同步电机采用，但漏磁系数与制造成本要比凸出式大。

(2) 内置式转子磁路结构。内置式转子磁路结构的永磁体位于转子内部，永磁体外表面与定子铁芯内圆之间有铁磁物质制成的极靴，极靴中可以放置铸铝笼或铜条笼，动稳态性能较好，广泛用于要求有异步起动能力或动态性能高的永磁同步电动机。

按永磁体磁化方向与转子旋转方向的相互关系，内置式转子结构又可分为径向式、切向式和混合式三种，如图 3.9 所示。

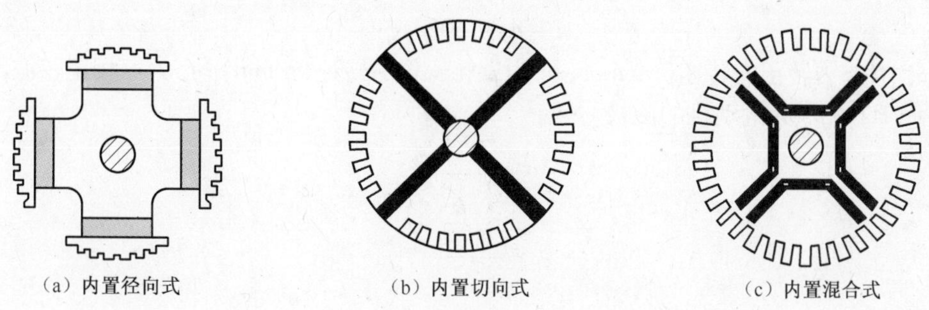

图 3.9　内置式转子磁路结构

2）永磁同步电动机的特点

永磁同步电动机转子采用永磁体，转子上无绕组、无铜耗、磁通量小，在低负荷时铁损很小。其具有以下优点。

(1) 高效、节能。永磁同步电动机不用励磁，节约了励磁消耗的功率。具有高效率(可达到 97%)、高比功率(超过 1kW/kg) 和“输出转矩/转动惯量”比值高的特点。比其他类型的电动机有更高的效率、更大的输出转矩和更加节能，优于性能相类似的三相感应电动机的 10%~15%。

(2) 可靠性好。永磁同步电动机是与电源频率同步，不受电源电压和负载变化的影响。在额定的负载范围内，保持以同步转速旋转。工作时运转平稳，电流损耗小，在高速转动时有良好的可靠性。

(3) 调速性能好。永磁同步电动机具有调速范围宽、调速精度高、效率高、噪声低的优点,性能可靠。

(4) 结构简单、寿命长、便于维修、体积小。

同时,永磁同步电动机与其他电动机相比也存在以下缺点。

(1) 由于永磁同步电动机转子为永磁体,无法调节,必须通过加定子直轴去磁电流分量来削弱磁场,这会增大定子的电流,增加电动机的铜耗。

(2) 起动慢。由于转速与频率成比例关系,因此只有在频率升高时才能逐渐起动,而不能快速起动。另外,永磁同步电动机会出现“失步现象”,因此较适合在重载下运行。

(3) 永磁同步电动机的磁钢价格较高。

综上所述,永磁同步电动机体积小、重量轻、转动惯量小、功率密度高,适合电动汽车空间有限的特点;另外,转矩惯量比大、过载能力强,尤其低转速时输出转矩大,适合电动汽车的起动加速。所以,永磁同步电动机得到国内外电动汽车界的广泛重视。

2. 永磁同步电动机的工作原理与运行特性

1) 永磁同步电动机的工作原理

永磁同步电动机实际上是一种凸极式电动机,一般其在定子结构上采用与三相交流电动机相似的三相对称绕组。交流电源通过交—直—交电压型逆变器或直—交电压电压型逆变器,调制为电压可变化的三相正弦波电压,输入永磁同步电动机三相对称绕组后,产生三相对称的三相电流。在正弦波定子电流和正弦波反电动势的作用下,气隙中产生旋转磁场,带动转子跟随旋转磁场同步旋转。

转子的转速为 n ,旋转磁场的转速为 n_s (如图 3.10 所示):

$$n = n_s = 60f_s/p_n \tag{3-2}$$

式中, n 为转子的转速(r/min); n_s 为旋转磁场的转速(r/min); f_s 为三相正弦波电压的频率(Hz); p_n 为电动机的磁极对数。

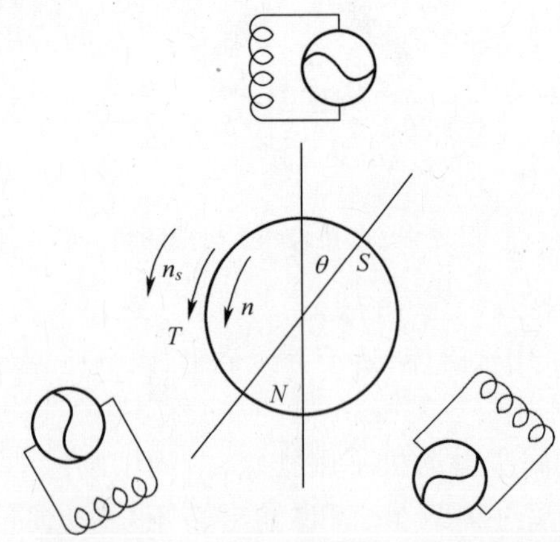

图 3.10　三相永磁同步电动机工作原理示意图

当永磁同步电动机的磁极对数 p_n 一定时,旋转磁场的转速变化是取决于三相正弦波电压频率 f_s 的变化。

永磁同步电动机带负载时,气隙磁场是永磁体磁动势和电枢磁动势共同建立的。电枢磁动势对气隙磁场有影响,电枢磁动势的基波对气隙磁场的影响称为电枢反应。电枢反应不仅使气隙磁场波形发生畸变,而且还会产生去磁或增磁作用,因此,气隙磁场将影响永磁同步电动机的运行特性。对永磁同步电动机进行分析时,需要采用双反应理论,即需要把电枢电流和电枢电动势分解成交轴和直轴两个分量。交轴电枢电流产生交轴电枢电动势,发生交轴电枢反应;直轴电枢电流产生直轴电枢电动势,发生直轴电枢反应。

2)永磁同步电动机的运行特性

永磁同步电动机的运行特性主要是机械特性和工作特性。

永磁同步电动机稳态正常运行时,转速始终保持同步转速不变。因此,其机械特性为平行于横轴的直线,调节电源频率来调节电动机转速时,转速将严格地与频率成正比例变化,如图 3. 11 所示。

永磁同步电动机的工作特性是指当电源电压恒定时,电动机的输入功率、电枢电流、效率、功率因数等随输出功率变化的关系,如图 3. 12 所示。

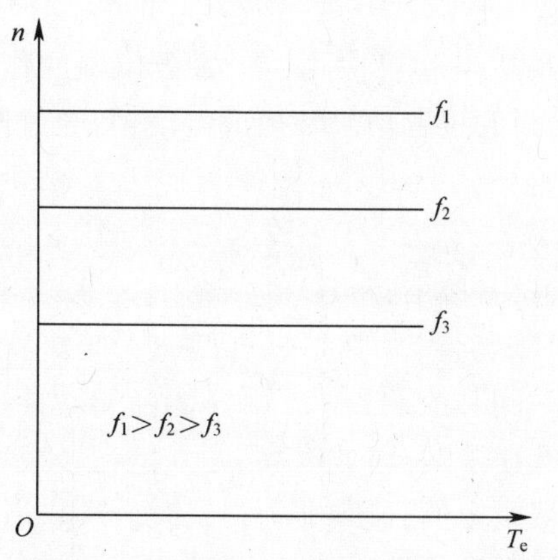

图 3. 11　永磁同步电动机的机械特性

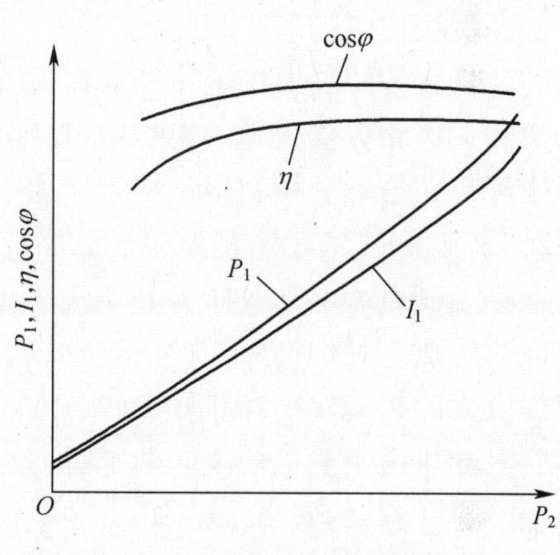

图 3. 12　永磁同步电动机的工作特性

从图中可以看出,在正常工作范围内,永磁同步电动机的功率因数比较平稳,效率特性也能保持较高的水平。电动机的输入功率和电枢电流近似与输出功率成正比例。

3. 永磁同步电动机的控制

永磁同步电动机具有突出的优点,也具有相应的缺点。更好的提高永磁同步电动机的性能,则必须对其进行控制,构建控制系统,使其具有更快的响应速度、更高的转速精度、更宽的调速范围,动、静响应能够与直流电动机调速控制系统媲美。因此,提出了各种控制策略应用于永磁同步电动机控制,如恒压频比开环控制、矢量控制、直接转矩控制等。为提高永磁同步电动机的控制性能和控制精度,模糊控制、神经网络控制等智能控制方法开始应用于永磁同步电动机的控制。

3. 3. 3　永磁无刷直流电动机

永磁无刷直流电动机按照工作特性,可以分为具有直流电动机特性的无刷直流电动机和具有交流电动机特性的无刷直流电动机。

具有直流电动机特性的无刷直流电动机,反电动势波形和供电电流波形都是矩形波,所以又称为矩形波同步电动机。这类电动机由直流电源供电，借助位置传感器来检测主转子的位置，由所检测出的信号去触发相应的电子换相线路以实现无接触式换相。这种无刷直流电动机具有有刷直流电动机的各种运行特性。

具有交流电动机特性的无刷直流电动机，反电动势波形和供电电流波形都是正弦波，所以又称为正弦波同步电动机。这类电动机也由直流电源供电，但通过逆变器将直流电变换成交流电，然后去驱动一般的同步电动机。因此，它们具有同步电动机的各种运行特性。

以下主要分析具有直流电动机特性的永磁无刷直流电动机。

1. 永磁无刷直流电动机的结构与特点

1）永磁无刷直流电动机的结构

永磁无刷直流电动机主要由电动机本体、电子换相器和转子位置传感器三部分组成。

（1）电动机本体。无刷直流电动机的电动机本体由定子和转子两部分组成。

（2）电子换相器。电子换相器是由功率开关和位置信号处理电路构成，主要用来控制定子各绕组通电的顺序和时间。

（3）位置传感器。位置传感器在无刷直流电动机中起着检测转子磁极位置的作用，为功率开关电路提供正确的换相信息，即将转子磁极的位置信号转换成电信号，经过位置信号处理电路处理后控制定子绕组换相。

2）永磁无刷直流电动机的特点

永磁无刷直流电动机作为电动汽车用电动机，具有以下特点：

（1）优点。外特性好，非常符合电动汽车的负载特性，尤其是具有低速大转矩特性，能够提供大的起动转矩，满足电动汽车的加速要求；可以在低、中、高宽速度范围内运行，而有刷电动机由于受机械换向的影响，只能在中、低速下运行；效率高，尤其是在轻载车况下，仍能保持较高的效率，这对珍贵的电池能量是很重要的；过载能力强，比交流电动机可提高过载能力 2 倍以上，满足电动汽车的突起堵转需要；再生制动效果好，因无刷直流电动机转子具有很高的永久磁场，在汽车下坡或制动时电动机可完全进入发电机状态，给电池充电，同时起到电制动作用，减轻机械刹车负担；体积小、重量轻、比功率大，可有效地减轻重量、节省空间；无机械换向器，采用全封闭式结构，防止尘土进入电动机内部，可靠性高；控制系统比感应电动机简单。

（2）缺点。永磁无刷直流电动机的控制系统比较复杂，励磁不能控制，机械特性较“硬”；输出波形若不理想，会发生较大的脉动转矩波动和冲击力，影响电动机的低速性能，电流损耗大、噪声较大；永磁体性能在受到高温时，会发生退磁现象等。

2. 永磁无刷直流电动机的工作原理

永磁无刷直流电动机的工作原理是利用电动机转子位置传感器输出信号，控制电子换向线路去驱动逆变器的功率开关器件，使电枢绕组依次馈电，从而在定子上产生跳跃式的旋转磁场，拖动电动机转子旋转。同时，随着电动机转子的转动，转子位置传感器又不断送出位置信号，以不断的改变电枢绕组的通电状态，使得在某一磁极下导体中的电流方向保持不变，这样电动机就旋转起来了。如图 3.13 所示工作原理。

3. 永磁无刷直流电动机的控制

按照获取转子位置信息的方法划分，无刷直流电动机的控制方法可以分为有位置传

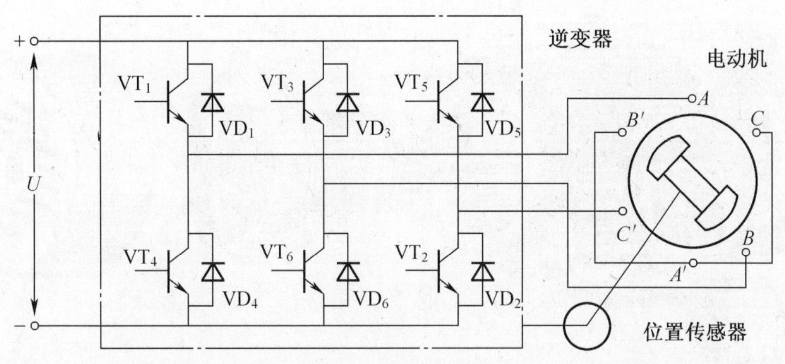

图 3.13　永磁无刷直流电动机的工作原理示意图

感器控制和无位置传感器控制两种。

有位置传感器控制方法是指在无刷直流电动机定子上安装位置传感器来检测转子旋转过程中的位置，将转子磁极的位置信号转换成电信号，为电子换相电路提供正确的换相信息，以此控制电子换相电路中的功率开关管的开关状态，保证电动机各相按顺序导通，在空间形成跳跃式的旋转磁场，驱动永磁转子连续不断地旋转。无刷直流电动机中常用的位置传感器有霍尔元件位置传感器、磁敏晶体管位置传感器、光电式位置传感器等。

无刷直流电动机的无位置传感器控制，无需安装传感器，使用场合广，相对于有位置传感器方法有较大的优势。因此，无刷直流电动机的无位置传感器控制近年来已成为研究的热点。无刷直流电动机的无位置传感器控制中，不直接使用转子位置传感器，但在电动机运转过程中，仍然需要转子位置信号，以控制电动机换相。因此，如何通过软硬件间接获得可靠的转子位置信号，成为无刷直流电动机无位置传感器控制的关键。为此，国内外的研究人员在这方面作了大量的研究工作，提出了多种转子位置信号检测方法，大多是利用检测定子电压、电流等容易获取的物理量实现转子位置的估算。检测方法可以分为反电动势法、电感法、状态观测器法、电动机方程计算法、人工神经网络法等。

3.4　异步电动机

异步电动机由于气隙旋转磁场与转子绕组感应电流相互作用产生电磁转矩，从而实现机电能量的转换，所以又被称为感应电动机。

3.4.1　三相异步电动机的基本结构和特点

1. 三相异步电动机的基本结构

异步电动机的结构如图 3.14 所示，它主要由定子和转子两大部分组成。转子装在定子腔内，定、转子之间有一缝隙，称为气隙。

1）定子部分

定子部分主要由定子铁芯、定子绕组和机座三部分组成。

定子铁芯是电机磁路的一部分，铁芯内圆上冲有均匀分布的槽，用以嵌放定子绕组，如图 3.15 所示。为减少铁芯损耗，一般用导磁性能良好的 0.5mm 厚的硅钢片叠成，并压装在机座内。

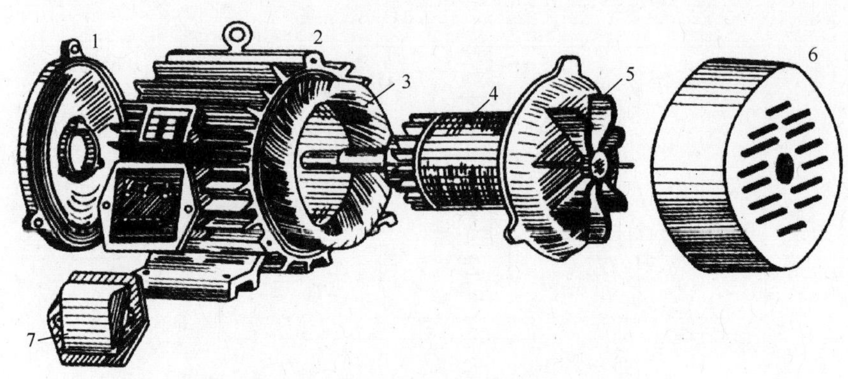

图 3.14　笼型三相异步电动机的结构

1—端盖;2—机座;3—定子绕组;4—转子导条;5—风扇;6—风罩;7—接线盒盖。

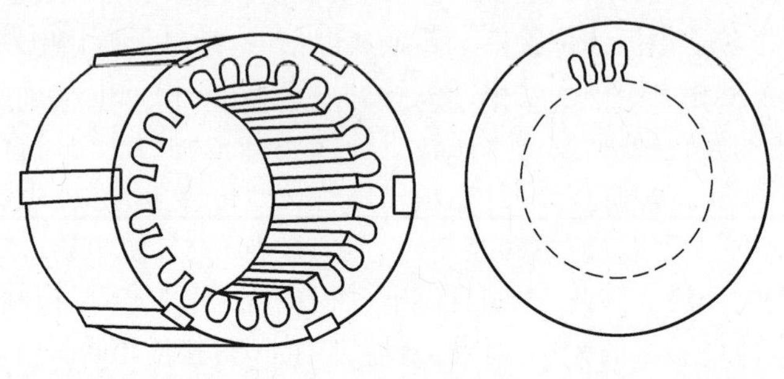

(a) 定子铁芯　　(b) 定子铁芯冲片

图 3.15　异步电机定子铁芯及冲片

定子绕组是电机的电路部分,定子绕组为三相对称绕组,嵌放在定子铁芯的内圆槽内。定子绕组分单层和双层两种。一般小型异步电动机采用单层绕组,大、中型异步电动机采用双层绕组。

机座的作用是固定和支撑定子铁芯及端盖,因此,机座应有较好的机械强度和刚度,同时它也是电动机磁路的一部分。中小型电动机一般用铸铁机座,大型电动机的机座则用钢板焊接而成。

2) 转子部分

转子主要由转子铁芯、转子绕组和转轴三部分组成。整个转子靠端盖和轴承支撑着。转子的主要作用是产生感应电流,形成电磁转矩,以实现机电能量转换。

转子铁芯是电机磁路的一部分,同样采用 0.5mm 厚的硅钢片叠成。转子铁芯叠片的外圆周冲有嵌放转子绕组的槽。转子铁芯固定在转轴(或转子支架)上,转轴用强度和刚度较高的低碳钢制成。

转子绕组有两种结构型式,即笼型转子和绕线转子,据此把异步电动机分为笼型异步电动机和绕线型异步电动机。

(1) 笼型转子。在转子铁芯的每一个槽中,插入一根裸导条,在铁芯两端分别用两个短路环把全部导条连接成一个整体,形成一个自身闭合的多相(一个槽为一相)对称短路绕组。如去掉转子铁芯,整个绕组犹如一个“松鼠笼子”,由此得名笼型转子,如图 3.16

所示。大型电动机的笼型转子绕组多用铜导条和铜端环组成，中小型电动机的笼型转子都采用铸铝绕组。

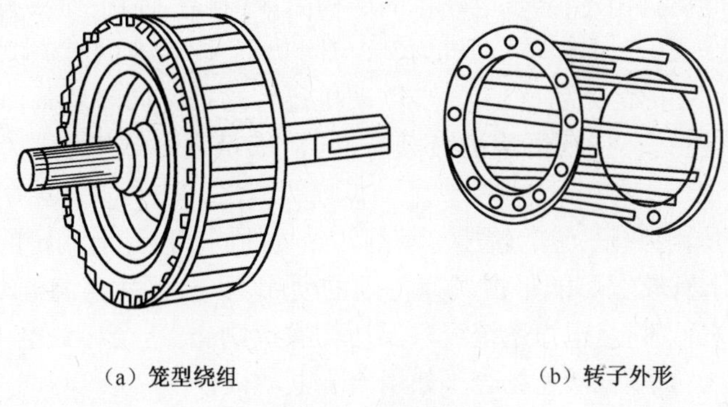

(a) 笼型绕组　　(b) 转子外形

图 3.16　笼型转子

(2) 绕线转子。绕线转子的绕组与定子绕组相似，它是在转子铁芯槽内嵌有绝缘导线组成的三相对称绕组，一般采用星形联结。三相绕组的出线端分别接在与转轴绝缘的三个滑环上，经一套电刷引出来，再经串联电阻后短接起来，在转子回路中串联电阻，可以改善电动机的起动性能或实现电动机调速。若仅用于起动，则为减少电刷的摩擦损耗，还装有提刷装置，同时将转子绕组短接起来，如图 3.17 所示。

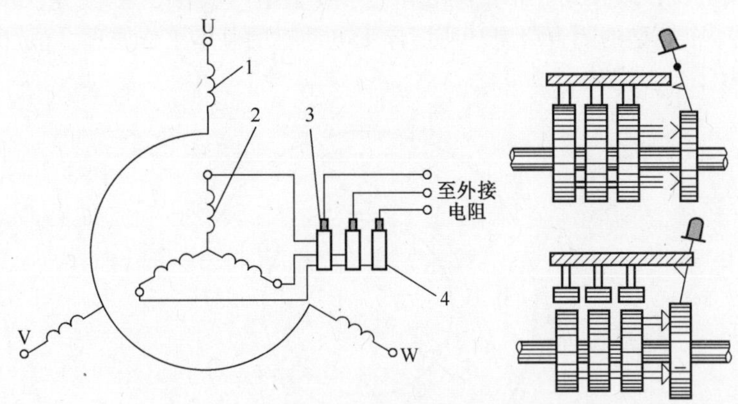

图 3.17　绕线转子回路接线及提刷装置

1—定子绕组；2—转子绕组；3—电刷；4—滑环。

3) 气隙

异步电动机的定子和转子之间的气隙大小，对电动机的性能影响很大。变压器的主磁路全部由铁芯构成，其磁阻很小，产生一定的主磁通所需要的励磁电流很小，一般为额定电流的 2%~10%。而异步电动机主磁路由定、转子铁芯和两段气隙构成，气隙虽然很小，但它的磁阻却很大，因此产生一定的主磁通所需要的励磁电流很大，一般为额定电流的 20%~50%。由于励磁电流中的大部分是无功电流，因此励磁电流过大是异步电动机功率因数较低的主要原因。为了提高异步电动机的功率因数，必须减小它的励磁电流，最有效的方法就是减小气隙长度。异步电动机的气隙大小往往受电机制造工艺限制的最小数值。中、小型电机的气隙长度一般为 0.2~1.5mm 左右。

2. 异步电动机的特点

异步电动机的基本特点是,转子绕组不需与其他电源相连,其定子电流直接取自交流电力系统;与其他电动机相比,异步电动机的结构简单,制造、使用、维护方便,运行可靠性高、重量轻、成本低。以三相异步电动机为例,与同功率、同转速的直流电动机相比,前者重量只为后者的1/2、成本仅为1/3。异步电动机还容易按不同环境条件的要求,派生出各种系列产品。它还具有接近恒速的负载特性,能满足大多数工农业生产机械拖动的要求。

异步电动机的局限性是,它的转速与其旋转磁场的同步转速有固定的转差率,因而调速性能较差,在要求有较宽广的平滑调速范围的使用场合,不如直流电动机经济、方便。此外,异步电动机运行时,从电力系统吸取无功功率以励磁,这会导致电力系统的功率因数变坏。所以,在大功率、低转速场合不如用同步电动机合理。

3.4.2 异步电动机的工作原理与运行特性

1. 三相异步电动机的基本工作原理

1) 基本工作原理

图3.18所示为一台三相笼型异步电动机的示意图。定子铁芯中嵌放着对称的三相绕组U1—U2、V1—V2、W1—W2,三相绕组可接成星形或三角形,并引出三根线,电动机工作时将引出的三根线接到三相交流电源上。转子槽内放有导条,导条两端用短路环短接起来,形成一个笼型的闭合绕组。所谓异步电动机的基本工作原理,就是指异步电动机接通电源后为什么会旋转。

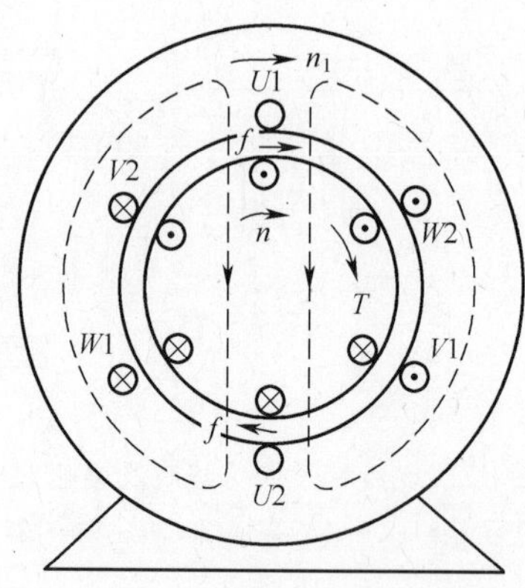

图3.18 异步电机工作原理图

(1) 定子产生旋转磁场。由旋转磁场理论分析可知,当定子三相对称绕组通入三相对称电流时,就会在电机的气隙中产生一个旋转的磁场。该磁场的转速称为同步转速,用 n_1 表示。同步转速 n_1 与电网的频率 f_1 和电机的磁极对数 p 的关系为:

$$n_1 = \frac{60f_1}{p} \tag{3-3}$$

旋转磁场的转向由三相电流相序决定,即由电流超前那一相往电流滞后那一相旋转。当定子绕组中通入U→V→W相序的三相电流时,定子旋转磁场就沿U1→V1→W1的方向旋转,如图 3.18 沿顺时针方向旋转。磁通和电流方向符合右手螺旋定则,在图 3.18 所示瞬间,定子旋转磁场的方向指向下。

(2) 转子导体产生感应电流。定子旋转磁场顺时针切割静止的转子导体,可以看成转子导体逆时针切割定子磁场。根据电磁感应定律,转子导体中将产生感应电动势,并在闭合的转子绕组内产生感应电流,其方向可由“右手定则”确定。在图 3.18 所示瞬间,转子上半周导体中的电流流出纸面,下半周导体中的电流流入纸面。

(3) 转子导体受到电磁转矩作用而使转子旋转。载有感应电流的转子导体处在定子磁场中,根据电磁力定律,转子导体将受到电磁力作用,受力方向由“左手定则”确定。如图 3.18 所示,上半周的导体受到向右方向的电磁力,下半周的导体受到向左方向的电磁力。它们对转轴形成一个转矩,称为电磁转矩,其作用方向与定子旋转磁场方向一致,为顺时针方向。在电磁转矩的作用下,转子便顺着旋转磁场的方向旋转起来。

综上所述,三相异步电动机的基本工作原理可归纳以下三个关键点:

① 定子三相对称绕组通入三相对称电流产生旋转磁场;

② 转子导体逆时针切割定子旋转磁场产生感应电动势,并产生感应电流;

③ 载有感应电流的转子导体在定子磁场中受到电磁力并形成电磁转矩,从而驱使电动机转子顺着定子磁场方向旋转起来。

由三相异步电动机的基本工作原理分析,可知:

① 改变电源相序,即可改变电动机的转向

因为异步电动机转子的转向始终与定子旋转磁场方向一致,而定子旋转磁场方向取决于定子三相电流的相序。因此,改变定子三相电流的相序,即可改变定子旋转磁场的方向,从而可改变转子的转向。实际中,只要任意对调三相异步电动机的两根电源线,便可使电动机反转。

② 异步电动机的转速恒小于同步转速

当异步电动机的转速 n 小于定子旋转磁场转速 n_1(同步转速)时,转子绕组与定子旋转磁场之间有相对运动,转子绕组中会产生感应电动势和感应电流,并产生电磁转矩,使电动机旋转。如果 $n = n_1$,转子绕组与定子磁场之间便无相对运动,转子绕组中就不会产生感应电动势和感应电流。可见异步电动机工作时,$n < n_1$。

由于电动机转速 n 与旋转磁场转速 n_1 不同步,故称为异步电动机。又因为异步电动机转子电流是通过电磁感应作用产生的,所以又称为感应电动机。

2) 转差率

同步转速与转子转速之差 $\Delta n = n_1 - n$ 称为转差,转差 Δn 和同步转速 n_1 的比值称为转差率,用字母 s 表示,即

$$s = \frac{n_1 - n}{n_1} \tag{3-4}$$

转差率 s 是异步电机的一个基本物理量,它能反映异步电机的各种运行状况。对异步电动机而言,在起动瞬间转子尚未转动时,$n = 0$,此时转差率 $s = 1$;当电动机空载运行时,转子转速接近同步转速,$n \approx n_1$,此时转差率 $s \approx 0$。由此可见,作为异步电动机,转速 n 在 $0 \sim n_1$ 范围内变化,其转差率 s 在 1~0 范围内变化。

异步电动机的负载越大,转速就越慢,其转差率就越大;反之,负载越小,转速就越快,

其转差率就越小。故转差率的大小直接反映了转子转速的快慢或电动机负载的大小。

异步电动机的转速可表示为

$$n = (1 - s)n_1 \tag{3-5}$$

异步电动机正常运行时，转差率的数值很小，一般在 0.01~0.06 之间，即异步电动机的转速略低于同步转速 1%~6%。空载运行时，可以近似认为转子转速等于同步转速。

2. 异步电动机的运行特性

异步电动机的运行特性包括工作特性和机械特性。

1）异步电动机工作特性

异步电动机的工作特性是指电动机在保持额度电压和额定频率不变的情况下，电动机的转速、电磁转矩、定子电流、效率和功率因数随输出功率变化的特性。一般通过负载试验来测取。图 3.19 是异步电动机的工作特性。

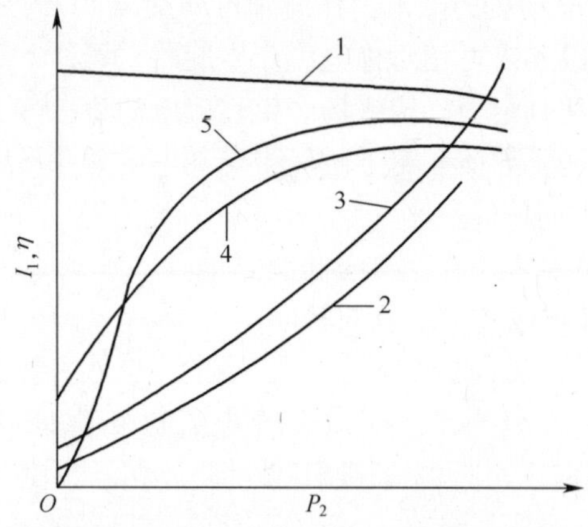

图 3.19　异步电动机的工作特性

1—转速特性；2—电磁转矩特性；3—定子电流特性；4—功率因数特性；5—效率特性。

工作特性是异步电动机的重要特性。转速特性和电磁转矩关系到电动机与机械负载匹配的合理性；定子电流特性可以表明电动机的温升发热情况，关系到电动机运行的可靠性和使用寿命；效率特性和功率因数特性关系到电动机运行的经济性。

2）异步电动机的机械特性

异步电动机的机械特性是指电动机在恒定电压和恒定频率的情况下，电动机的转速与转矩之间的关系，是电动机的重要特性。机械特性曲线一般包括异步电动机的起动转矩、起动过程的最小转矩、最大转矩、额定转矩、同步转速、额定转速等重要参数，以及电动机转速随转矩变化的情况。

3.4.3　异步电动机的控制策略

异步电动机是一个多变量多输入输出系统，其中变量电压（电流）、频率、磁通、转速之间又相互影响，所以是强耦合的多变量系统。如何对一个非线性、多变量、强耦合的复杂系统进行有效控制，是研究的重点。其主要是将自动控制理论中经典控制理论和现代控制理论相结合，形成了一些针对不同控制的控制策略和方法。目前对异步电动机的调速控制主要策略和方法有恒压频比开环控制(VVVF)、转差控制、矢量控制(VC)以及直接转矩控制(DTC)等。

恒压频比开环控制实际上只控制了电动机磁通而没有控制电动机的转矩,采用这样的控制系统对异步电动机来讲根本谈不上控制性能,通常只用于对调速性能要求一般的通用变频器上。

转差控制是根据异步电动机电磁转矩和转差频率的关系来直接控制电动机的转矩,可以在一定的转差频率范围内、一定程度上通过调节转差来控制电动机的电磁转矩,从而改善调速系统的控制性能。但其控制理论是建立在异步电动机的稳态数学模型基础上的,它适合于电动机转速变化缓慢或者对动态性能要求不高的场合。

3.5 开关磁阻电动机

开关磁阻电动机SRM(Switched Reluctance Motor)也可以称为磁阻电动机VRM(Variable Reluctance Motor),它的结构比其任何一种电动机都要简单,开关磁阻电动机功率密度高,转矩—转速特性好,有高起动转矩和低起动功率,效率也可以达到85%~93%。其转矩、转速在较宽的转速范围内,可以灵活的控制,调速控制简单。开关磁阻电动机结构坚固、可靠性好。因此,是一种具有发展潜力的新型电动机。

3.5.1 开关磁阻电动机的结构与特点

1. 开关磁阻电动机的结构

开关磁阻电动机是由双凸极的定子和转子组成,其定子、转子的凸极均由普通的硅钢片叠压而成。定子极上绕有集中绕组,把沿径向相对的两个绕组串联成一个两级磁极,称为“一相”;转子既无绕组又无永磁体,仅由硅钢片叠成。

开关磁阻电动机有多种不同的相数结构,如单相、二相、四相及多相等,且定子和转子的极数有多种不同的搭配。低于三相的开关磁阻电动机一般没有自起动能力。相数多,有利于减小转矩脉动,但结构复杂、主开关器件多、成本增高。目前应用较多的是四相8/6极结构和三相6/4极结构。本书主要针对开关磁阻电动机结构为四相8/6极结构进行介绍。

2. 开关磁阻电动机的特点

开关磁阻电动机与其他电动机相比,具有以下优点:

(1) 可控参数多,调速性能好。可控参数有主开关开通角、主开关关断角、相电流幅值、直流电源电压;控制方便,可四象限运行,容易实现正转、反转和电动、制动等特定的调节控制。

(2) 结构简单,成本低。开关磁阻电动机转子无绕组,也不加永久磁铁,定子为集中绕组,永磁电动机及感应电动机结构都简单,制造和维护方便;它的功率变换器结构也比较简单,主开关元件数较少,电子器件少。

(3) 损耗小,运转效率高。开关磁阻电动机的转子不存在励磁及转差损耗,功率变换器元器件少,相应的损耗也小;控制灵活,易于在很宽转速范围内实现高效节能控制。

(4) 起动转矩大,起动电流小。在15%额定电流的情况下就能达到100%的起动转矩。

由于开关磁阻电动机的特殊结构和工作方式,也存在一些缺点:

转矩脉动现象较大;振动和噪声相对较大,特别是在负载运行的时候;电动机的出线头相对较多,并有位置检测器出线端;电动机的数学模型比较复杂,其准确的数学模型较难建立;控制复杂,依赖于电动机的结构。

3.5.2 开关磁阻电动机工作原理与运行特性

1. 开关磁阻电动机的工作原理

以8/6极结构的开关磁阻电动机为例,工作原理示意图如图3.20所示,图中 S_1、S_2 电子开关,VD_1、VD_2 为二极管,U 为直流电源。电动机的定子和转子呈凸极形状,极数互不相等,转子由叠片构成,转子带有位置传感器以提供转子位置信号,使定子绕组按一定的顺序通断,保持电动机的连续运行。

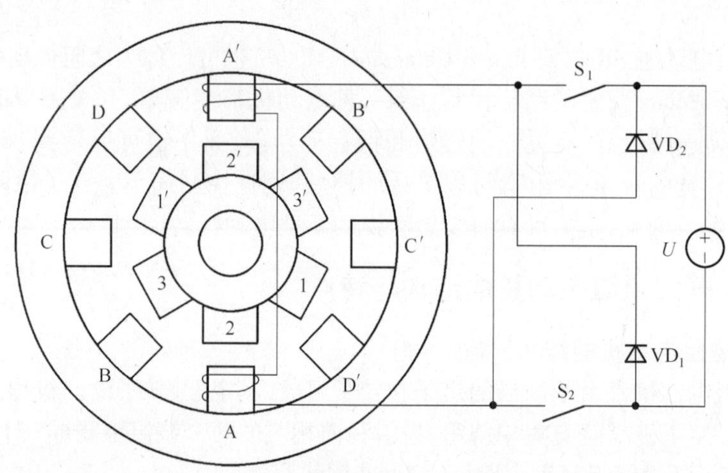

图3.20 开关磁阻电动机的工作原理示意图

开关磁阻电动机的磁阻随转子磁极和定子磁极的中心线对准错开一定角度而变化。因为电感与磁阻成反比,所以当转子磁极在定子磁极中心线位置时,相绕组电感最大;当转子磁极中心线对准定子磁极中心线时,相绕组电感最小。

因为开关磁阻电动机的运行原理遵循磁阻最小原理,即磁通总要沿着磁阻最小的路径闭合,所以具有一定形状的铁芯在移动到最小磁阻位置时,必须使自己的主轴线与磁场的轴线重合。从图3.20中可以看出,当定子 D—D′极励磁时,产生的磁力会促使转子旋转到转子极轴线 1—1′与定子极轴线 D—D′重合的位置,并使得 D 相励磁绕组的电感最大。如果以图中定、转子所处的相对位置作为起始位置,则依次给 D—A—B—C 相绕组通电,转子即会逆着励磁顺序以逆时针方向连续旋转;反之,若依次给 B—A—D—C 相通电,则电动机会沿着顺时针方向转动。

综上分析,开关磁阻电动机的转向与相绕组的电流方向无关,而仅仅取决于相绕组通电的顺序。

2. 开关磁阻电动机的运行特性

开关磁阻电动机经过控制调配与控制,可以获得电动汽车所需要的运行特性,其运行特性可分为3个区域:恒转矩区、恒功率区、自然特性区(串励特性区),如图3.21所示。

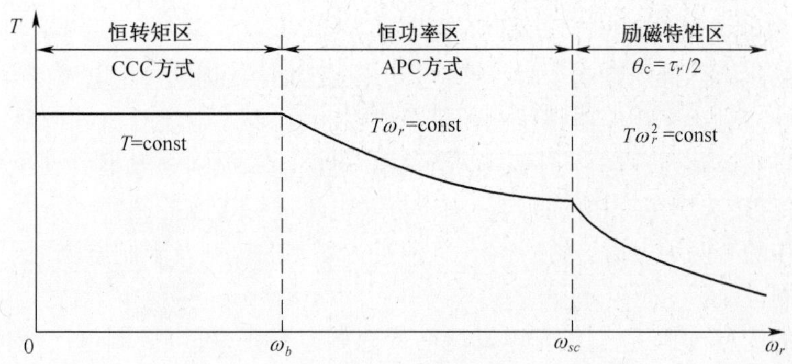

图 3.21 开关磁阻电动机的运行特性示意图

开关磁阻电动机一般运行在恒转矩区和恒功率区。在这两个区域内,电动机实际运行特性可控。通过控制条件,可以实现在运行曲线以下区域的任意实际运行特性。

在恒转矩区域,电动机转速较低、电动机反电动势小,所以需采用电流斩波控制(CCC)方式。

在恒功率区域,旋转电动势较大、开关器件导通的时间较短,所以电流较小。当外加电压和开关角一定的条件下,随着角速度的增加,转矩急剧下降,此时可采用角度位置控制(APC)方式,通过按比例增大导通角来补偿,延缓转矩的下降速度。

在自然特性区,电动机的可控条件已经达到极限,电动机的运行特性不再可控,电动机呈现自然串励运行特性,电动机一般不运行在此区域。

综上分析,电动机运行时存在着第一、第二两个临界运行点,将 ω_b(最大功率下的最低转速)和 ω_{sc}(最大功率下的最高转速)定义为"第一临界速度"和"第二临界速度"。采用不同的可控条件匹配可得到临界点的不同配置,从而得到各种所需要的机械特性。

3.5.3 开关磁阻电动机的控制

对开关磁阻电机进行控制需要建立相应的调速控制系统(Switched Reluctance Drive, SRD),主要由四部分组成:开关磁阻电机、功率电路、控制器和角位移传感器,如图3.22所示。

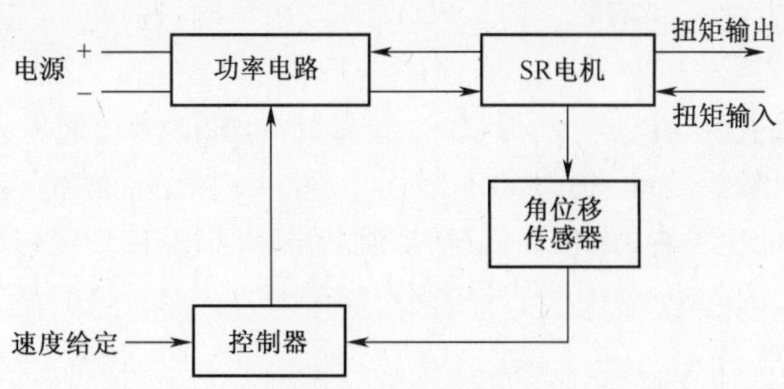

图 3.22 开关磁阻电机调速控制系统

针对开关磁阻电动机的自身参数如开通角、关断角进行控制,目前主要使用的几种基本控制方式为电流斩波控制(CCC)、角度位置控制(APC)和电压控制(VC)。除了以上控制方式之外,目前智能控制方法如模糊控制、神经网络控制等,可对功率变换单元进行控制,也可以实现速度的条件。

1. 电流斩波控制(CCC)

电动机低速运行特别是起动时,旋转电动势引起的压降很小,相电流上升快。为避免过大的电流脉冲对功率开关器件及电动机造成损坏,需要对电流峰值进行限定。因此,可采用电流的斩波控制,获取恒转矩的机械特性。电流斩波控制一般不会对开通、关断角进行控制,它将直接选择在每相的特定导通位置对电流进行斩波控制。

目前常用的有两种方案:对电流上、下限进行限制的控制及限制电流上限值和恒定关断时间的控制。

该控制的优点在于:它适用于电动机的低速调速系统,可以控制电流峰值的增长,并有很好的电流调节作用。其原因是每相电流波形会呈现出较宽的平顶状,使得产生的转矩比较平稳,转矩的波动相应地比其他控制方式要小。然而,由于电流的峰值受到了限制,当电动机转速在负载的扰动作用下发生变化时,电流的峰值无法做出相应的改变,使得系统的特性比较软,因此系统在负载扰动下的动态响应很缓慢。

2. 角度位置控制方式(APC)

角度位置控制是在加在绕组上的电压一定的情况下,通过改变绕组上主开关的开通角和关断角,来改变绕组的通、断电时刻,调节相电流的波形,实现转速闭环控制。

根据电动势平衡方程式可知,当电动机转速较高时,旋转电动势较大,则此时电流上升率下降,各相的主开关器件的导通时间较短,电动机绕组的相电流不易上升,电流相对较小,便于使用角度位置控制方式。

因为开通角和关断角都可调节,角度位置控制可分为:变开通角、变关断角和同时改变开通角及关断角三种方式。改变开通角,可改变电流波形的宽度、峰值和有效值的大小,还可改变电流波形与电感波形的相对位置,从而改变了电动机的转矩和转速。关断角一般不影响电流的峰值,但可改变电流波形的宽度及其与电感曲线的相对位置,进而改变电流的有效值。故一般采用固定关断角、改变开通角的控制方式。

根据SRM的转矩特性分析可知,当电流波形主要位于电感的上升区时,产生的平均电磁转矩为正,电动机运行在电动状态;当电流波形主要位于电感的下降段时,产生的平均电磁转矩为负,电动机工作在制动状态。而通过对开通角、关断角的控制,可以使电流的波形处在绕组电感波形的不同位置。因此,可以用控制开通角、关断角的方式来使电动机运行在不同的状态。

角度位置控制的优点在于:转矩调节的范围宽;可同时多相通电,以增加电动机的输出转矩,同时减小了转矩波动;通过角度的优化,能实现效率最优控制或转矩最优控制。但是该方式不适于低速场合,由于在低速时,旋转电动势较小,使电流峰值增大,必须采取相应措施进行限流,因此一般用于转速较高的场合。

3. 电压控制(VC)

电压控制方式是保持开通角、关断角不变的前提下,使功率开关器件工作在脉冲宽度调制(PWM)方式。通过调节PWM波的占空比,来调整加在绕组两端电压的平均值,进而改变绕组电流的大小,实现对转速的调节。

电压控制的优点在于:它通过调节绕组电压的平均值进而调节电流,因此可用在低速和高速系统,且控制简单,但它的调速范围有限。

在实际的SRD运用中，也可以采用多种控制方式相组合的方法。如高速角度控制和低速电流斩波控制组合，变角度电压斩波控制和定角度电压斩波控制等。这些组合方式各有优势及不足，所以必须针对不同的应用场合和不同的性能要求，合理地选择控制方式，才能使电动机运行于最佳状态。

3.6 轮毂电机

目前电动汽车的电机、电池性能已经能基本上满足车辆性能的要求，在新结构、新控制、新技术等方面展示出了巨大的发展潜力。在各种形式驱动的电动汽车中，轮毂电机将是电动汽车的最终驱动形式。轮毂电机的快速响应特性可提高电动汽车的动态控制能力，使汽车在驱动、制动、转向等多种行驶工况下均具有较好的表现。轮毂电机不但可以进行防抱死控制、牵引力控制、转矩矢量控制，还可以进行主动平顺性控制，因此轮毂电机可以替代传统汽车底盘中绝大部分执行机构。目前对轮毂电机来说，最重要的技术是将电动机、传动系统、制动系统和悬架系统共同嵌入到车轮中。体积过大是轮毂电机电动汽车普及的一个障碍。

3.6.1 轮毂电机的结构

轮毂电机驱动系统通常由电动机、减速机构、制动器与散热系统等组成。轮毂电机驱动系统根据电机的转子型式主要分成两种：内转子型和外转子型。如图3.23所示，外转子型采用低速外转子电机，电机的最高转速为1000~1500r/min，无减速装置，电机的外转子与车轮的轮辋固定或者集中在一起，车轮的转速与电机相同。内转子型则采用高速内转子电机，同时装备固定传动比的减速器。

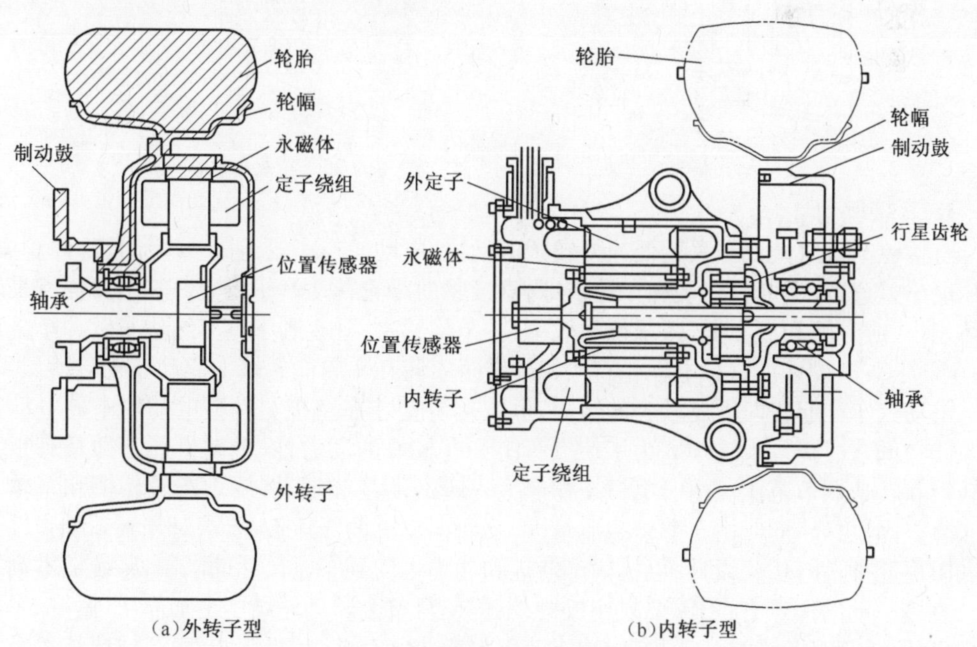

(a)外转子型　　(b)内转子型

图3.23　轮毂电动的结构示意图

轮毂电机系统的驱动电机按照电机磁场的类型分为轴向磁场和径向磁场两种类型。

轴向磁通电机的结构更利于热量散发,并且它的定子可以不需要铁芯;径向磁通电机定转子之间受力比较均衡,磁路由硅钢片叠压得到,技术更简单成熟。

轮毂电机的电机类型主要分为永磁、感应、开关磁阻式。其特点如下:

(1) 无刷永磁同步电机可采用圆柱形径向磁场结构或盘式轴向磁场结构,具有较高的功率密度和效率以及宽广的调速范围,发展前景十分广阔,已在国内外多种电动汽车中获得应用;

(2) 感应(异步)电机结构简单、坚固耐用、制造成本低廉、运行可靠,转矩脉动小、运行噪声低、不需要位置传感器、转速极限高;缺点是驱动电路复杂、成本高,相对永磁电机而言,异步电机效率和功率密度偏低;

(3) 开关磁阻式电机具有结构简单、制造成本低廉、转速/转矩特性好等特点,适用于电动汽车驱动;缺点是设计和控制非常困难和精细,运行噪声大。

3.6.2 轮毂电机的驱动方式

轮毂电机电动汽车电动轮的驱动方式可以分为直接驱动和减速驱动两大类,如图3.24和图3.25所示。这取决于是采用低速外转子还是高速内转子电动机。

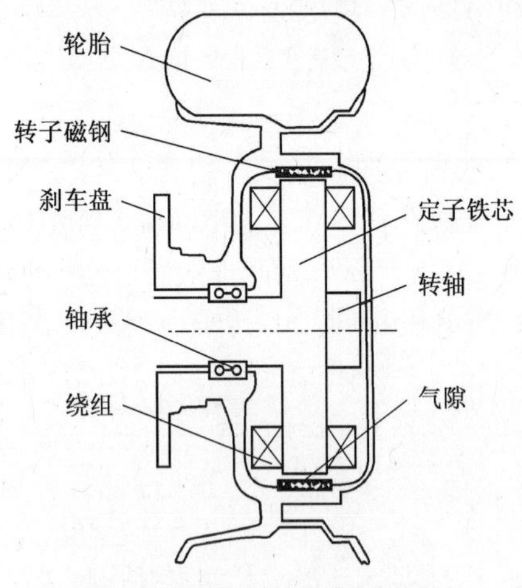

图3.24 轮毂电机直接驱动方式

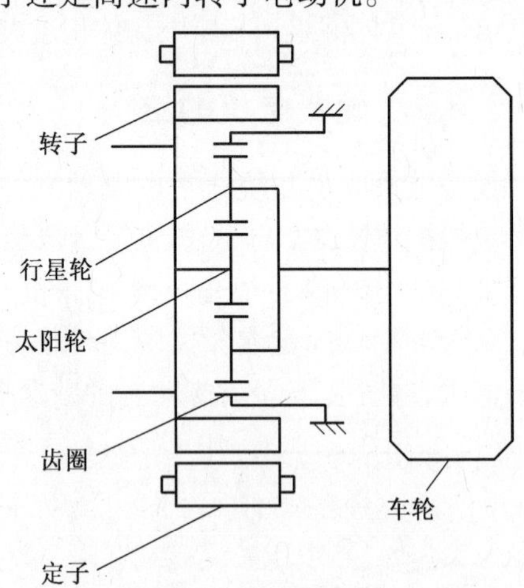

图3.25 轮毂电机减速驱动方式

1. 直接驱动

直接驱动式电动汽车采用低速外转子电动机,电动轮与车轮组成一个完整部件总成,采用电子差速方式,电机安装在车轮内部,直接驱动车轮带动汽车行驶。其主要优点是电机体积小、质量轻和成本低,系统传动效率高,结构紧凑,既有利于整车结构布置和车身设计,也便于改型设计。这种电动轮直接将外转子安装在车轮的轮辋上驱动车轮转动。

电动汽车在起步时需要较大的转矩,也就是说安装在直接驱动型电动轮中的电动机必须能在低速时提供大转矩。为了使汽车能够有较好的动力性,电动机还必须具有很宽的转矩和转速调节范围。由于电机工作产生一定的冲击和振动,要求车轮轮辋和车轮支承必须坚固、可靠,同时由于非簧载质量大,要保证车辆的舒适性,要求对悬架系统弹性元件和阻尼元件进行优化设计,电机输出转矩和功率也受到车轮尺寸的限制,系统成本高。

直接驱动的优点有:不需要减速机构,不但使得整个驱动轮结构更加简单、紧凑、轴向尺寸也减小,而且效率进一步提高,响应速度也变快。其缺点是:起步、顶风或爬坡等承载大扭矩时需大电流,易损坏电池和永磁体;电机效率峰值区域很小,负载电流超过一定值后效率急剧下降。因此,此方式适用于平路或负载较轻的场合。

2. 减速驱动

带轮边减速器轮毂电机电驱动系统采用高速内转子电动机，适合现代高性能电动汽车的运行要求，属于减速驱动类型。这种电动轮允许电动机在高速下运行，通常电动机的最高转速设计在4000~20000r/min，其目的是为了能够获得较高的比功率，而对电动机的其他性能没有特殊要求，可以采用普通的内转子高速电动机。减速机构布置在电动机和车轮之间，起到减速和增矩的作用，从而保证电动汽车在低速时能够获得足够大的转矩。电机输出轴通过减速机构与车轮驱动轴连接，使电机轴承不直接承受车轮与路面的载荷作用，改善了轴承的工作条件；采用固定速比行星齿轮减速器，使系统具有较大的调速范围和输出转矩，充分发挥驱动电机的调速特性，消除了电机输出转矩和功率受到车轮尺寸的影响。设计中主要应考虑解决齿轮的工作噪声和润滑问题，其非簧载质量也比直接驱动式电动轮电驱动系统的大，对电机及系统内部的结构方案设计要求更高。

减速驱动的优点是：电机运行在高转速下，具有较高的比功率和效率；体积小、重量轻，通过齿轮增力后，扭矩大、爬坡性能好；能保证在汽车低速运行时获得较大的平稳转矩。其不足之处是：难以实现液态润滑、齿轮磨损较快、使用寿命短、不易散热、噪声偏大。减速驱动方式适用于丘陵或山区，以及要求过载能力较大、旅游健身等场合。

3.6.3 轮毂电机驱动系统的特点

轮毂电机驱动系统可以灵活地布置于各类电动车辆的前轮、后轮，甚至于所有车轮中，直接驱动轮毂旋转。与内燃机、单电机等传统集中驱动方式相比，其在动力配置、传动结构、操控性能、能源利用等方面的技术优势和特点极为明显，主要表现为以下几个方面。

（1）动力控制由硬连接改为软连接，能通过电子控制器，实现各轮毂从零到最大速度之间的无级变速和轮毂间的差速要求。省却了传统的机械换挡、离合器、变速器、传动轴和机械差速器等装置，使得驱动系统和整车结构简约归一，可利用空间增大，传动效率提高（理论值为提高10%）。

（2）整车布局和车身造型设计的自由度大幅增加。以汽车为例，将底架的承载功能与传动功能分离后，桥架结构大为简化，更容易实现相同底盘不同车身造型的产品多样化和系列化，缩短新车开发周期、降低开发成本。

（3）由于电动轮与动力源之间采用软电缆连接，且占用空间很小。因此使电动汽车整车布置设计非常灵活，如有更多空间布置电池，APU（Auxiliary Power Unit 辅助动力装置）及其他混合动力或燃料电池等部件；容易实现汽车的低地板化；行李箱及乘客位置设计更灵活。整车质量分布设计自由度大，使轴荷分配更趋合理。

（4）各轮毂扭矩独立可控、响应快捷、正反转灵活，瞬时动力性能更为优越，显著提高了适应恶性路面条件的行驶能力。这对普遍采用多轴驱动的重型军用越野汽车是一个极具吸引力的特点，因此轮毂电机驱动技术为电动汽车或混合动力汽车技术在军用汽车上的应用提供了更大的发展空间。

（5）容易实现轮毂的电气制动、机电复合制动和制动过程中的能量回馈，还能对整车能源的高效利用实施最优化控制与管理，能有效节约能源。

（6）对轮毂电机驱动的电动汽车，若进一步导入四轮驱动转向技术，减小转向半径，还可能实现零半径转向，大大增加了转向灵便性。具有无级变速特性且便于实现汽车巡航控制功能。

3.6.4 轮毂电机驱动系统的关键技术

轮毂电机带来新的技术主要包括以下几个方面：

(1) 轮毂电机系统集驱动、制动、承载等多种功能于一体,优化设计难度大;

(2) 车轮内部空间有限,对电机功率密度性能要求高,设计难度大;

(3) 电机与车轮集成导致非簧载质量较大,恶化悬架隔振性能,影响不平路面行驶条件下的汽车操控性和安全性。同时,轮毂电机将承受很大的路面冲击载荷,电机抗振要求苛刻;

(4) 汽车大负荷低速爬长坡行驶工况下,容易出现冷却不足导致轮毂电机过热烧毁问题,需要重视电机的散热和强制冷却问题;

(5) 车轮部位水和污物等容易集存,导致电机的腐蚀破坏、寿命可靠性受影响;

(6) 轮毂电机运行转矩的波动可能会引起汽车轮胎、悬架以及转向系统的振动和噪声,以及其他整车声振问题。

综上所述,目前轮毂电机所用的低速外转子电动机和高速内转子电动机都是径向磁通永磁轮式电机。高速内转子电机的结构与传统的永磁同步电机或无刷直流电机基本相同。

电机驱动采用轴角变换技术,使用轴角变换芯片将旋转输出信号变换为数字位置信号,供相电流指令合成电路产生各相的电流指令。相电流指令与电流负反馈信号经电流调节器(CR)处理,控制SPWM型逆变功率电路,驱动电机运行。

轮毂式电动汽车一般有2个或4个轮毂电机,对多个电机实行协调控制。实现电动汽车驱动的关键技术是驱动电机的运行控制,其中包括车辆行驶的稳定性控制、转向差速控制、系统动力性能优化和节能控制等。在稳定性控制中,以牵引控制为主要研究方向,系统的综合节能策略在电池技术没有足够进步之前,也相当重要。为了更好地对车辆进行研究和优化设计,电动汽车的有效数学模型和快速有效的系统运行控制算法也是当今世界各国的攻关热点。

轮毂电机驱动系统是一种全新的驱动形式,具有明显优势,已成为电动交通工具发展的一个重要方向。目前,轮毂电机已在电动自行车的应用上取得巨大成功。可以预见,随着研究的不断深入,电机性能的不断提高,以及电池技术、动力控制系统和整车能源管理系统等相关技术的突破,轮毂电机也将在电动汽车上取得更大的成功。

思考题

1. 电动汽车电动驱动系统的组成有哪几部分？说明各部分的功能作用。
2. 电动汽车对电动机有哪些要求,并指出电动机需要的额定指标？
3. 直流电动机有哪些类型？
4. 永磁同步电动机的运行原理与特性是什么？
5. 永磁无刷直流电动机的工作原理是什么？
6. 试阐述异步电动机的工作原理？
7. 开关磁阻电机的工作原理是什么？
8. 轮毂电机驱动方式有几种？其驱动系统的特点有哪些？

第 4 章　纯电动汽车

教学目标

通过本章的学习，要求读者能够了解纯电动汽车的历史和现状，掌握纯电动汽车的类型、结构原理和特点等，并通过对不同类型的典型纯电动汽车的认知，理解其工作模式。

教学导入

纯电动汽车(EV)采用电机为牵引装置，并应用化学蓄电池组、超级电容器组或飞轮组为其相应的能源。

电动汽车具有胜过传统内燃机车辆(ICEV)的许多优点，例如零排放、高效率、与石油无关以及安静、平稳地运行。电动汽车和内燃机车辆的运行和基本原理是类似的。两者的差异在于，汽油箱对应于蓄电池组、内燃机对应于电机的应用以及传动装置的要求有所不同。目前，因为日益严峻的能源、环境的压力给电动汽车带来了新的发展机遇。

4.1　纯电动汽车概述

4.1.1　纯电动汽车历史与现状

电动汽车的历史并不比内燃机汽车短，它也是最古老的汽车之一，甚至比柴油机和汽油机还要早。1839 年，苏格兰人罗伯特 · 安德森给四轮马车装上了电池和电动机，将其成功改造为世界上第一辆靠电力驱动的车辆。世界第一辆铅酸电池电动汽车于 1881 年诞生，发明人为法国工程师古斯塔夫 · 特鲁夫，这是一辆用铅酸电池为动力的三轮车，也被认为是世界上第一辆电动汽车。

(1) 1885 年~1915 年是电动车的第一次黄金时期。这一期间，电动车创造了许多速度和行驶距离的记录。例如，1891 年，A. L. Ryker 研发出电动三轮车，William Morrison 制造了六座电动厢式客车,电动车开始得到美国人的重视。Camille Jenatzy 在 1899 年 4 月 29 日用自行研发的电动车突破了 100km/h,创造了 105.88km/h 的极速。19 世纪 90 年代到 20 世纪初期,由于车用内燃机技术还相当落后,远远不及电动车,行驶里程短、故障多、维修困难,因此电动车在这一时期被普遍认可。

电动车最初因为缺乏充电配套设施而阻碍了发展,但是随着电网的高速发展,这一问题得到解决。到了 1912 年,很多美国家庭都已经通电,从而能够在家中完成电动车充电。在 19 和 20 世纪之交,有 40%的美国汽车采用蒸汽机,38%的汽车采用电力驱动,22%的汽车使用汽油动力,美国的电动车保有量达到 33842 辆。电动车在 19 世纪 20 年代大获成功,销量在 1912 年达到了顶峰。

但从 20 世纪 20 年代开始,由于内燃机汽车技术的发展和大批量的生产以及一些大油田的发现,内燃机汽车速度更快,续航里程更长,价格以及使用成本更低。电动汽车因而逐渐被内燃机汽车替代。

(2) 1967 年美国通用汽车公司与福特汽车公司分别研发了新型电动汽车,成为 20 世纪后电动车再次迎来黄金时期的开端。此后,美国通用汽车在底特律附近的兰辛市建成 EV-1 电动轿车总装厂;雪铁龙、标致汽车公司则将现有车型改装成小型电动汽车。以此为契机,全球掀起了电动车热潮。

(3) 20 世纪 90 年代以来,国内外电动车的研发有了质的飞跃,而最为关键的是电池技术的突破。人们改变了一直使用铅酸蓄电池的习惯,在电动车上应用氢镍电池、铁电池、锂离子和锂聚合物电池,这些新型电池可以有效地增加蓄电池的容量,从而确保汽车拥有足够的动力和续航能力,而大幅下降成本也使得现代电动车得以逐渐成型并量产。

目前,因为日益严峻的能源、环境的压力给电动汽车带来了新的发展机遇,如日产 LEAF、雪佛兰 VOLT、特斯拉等车型以及国内的北汽新能源 E 系列、比亚迪纯电动汽车、江淮纯电动汽车等发展势头迅猛。全球电动汽车迎来了新的黄金时期。

4.1.2 纯电动汽车的概念与种类

纯电动汽车是指以车载电源为动力,用电机驱动车轮行驶,符合道路交通、安全法规各项要求的车辆。纯电动汽车一般采用高效率充电蓄电池为动力源,无需再用内燃机。因此,纯电动汽车的电动机相当于传统汽车的发动机,蓄电池相当于原来的油箱。电能是二次能源,可以来源于风能、水能、热能、太阳能等多种方式。

纯电动汽车可分为两种类型,即用纯蓄电池作为动力源的纯电动汽车和装有辅助动力源的纯电动汽车。

1. 用纯蓄电池作为动力源的纯电动汽车

用单一蓄电池作为动力源的纯电动汽车,只装置了蓄电池组,它的电力和动力传输系统如图 4.1 所示。

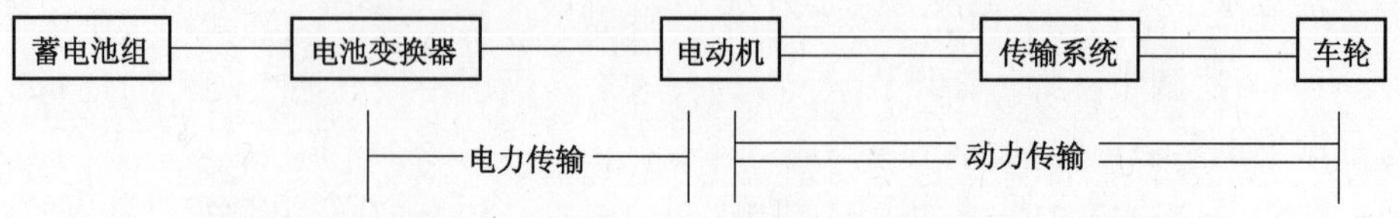

图 4.1 单一蓄电池作为动力源的纯电动汽车电力与动力传输系统

2. 装有辅助动力源的纯电动汽车

用单一蓄电池作为动力源的纯电动汽车,蓄电池的比能量和比功率较低,蓄电池组的质量和体积较大。因此,在某些纯电动汽车上增加辅助动力源,如超级电容器、发电机组、太阳能电池板等,改善纯电动汽车的启动性能和增加续航里程。装有辅助动力源的纯电动汽车的电力和动力传输系统如图 4.2 所示。

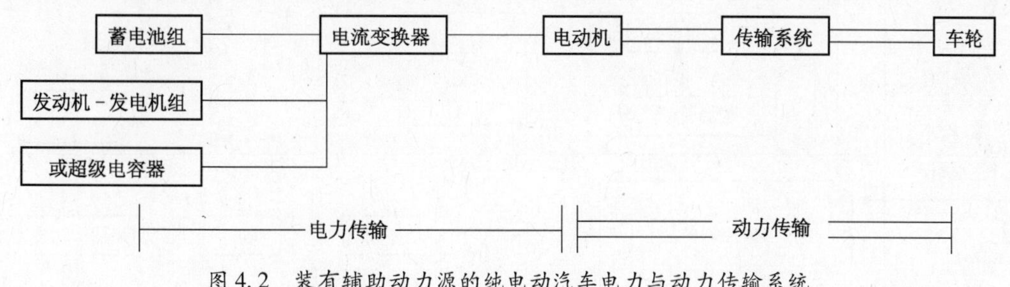

图 4.2　装有辅助动力源的纯电动汽车电力与动力传输系统

4.1.3　纯电动汽车的特点

(1) 无污染、噪声低。纯电动汽车不产生排气污染,对环境保护和空气的洁净是十分有益的,有“零污染”的美称;电动汽车无内燃机产生的噪声,电动机噪声小。

(2) 能源效率高、多样化。电动汽车的能源效率已超过汽油机汽车,特别是在城市运行。电动汽车停止时不消耗电量,在制动过程中,电动机可自动转化为发电机,实现制动减速时能量的再利用。

另一方面,电动汽车的应用可有效地减少对石油资源的依赖,可将有限的石油用于更重要的领域。向蓄电池充电的电力可以由煤炭、天然气、水力、核能、太阳能、风力、潮汐等能源转化。除此之外,如果夜间向蓄电池充电,还可以避开用电高峰,有利于电网均衡负荷,减少费用。

(3) 结构简单,使用维修方便。电动汽车较内燃机汽车结构简单,运转、传动部件少,维修保养工作量小,当采用交流感应电动机时,电动机无需保养,更重要的是电动汽车易操纵。

(4) 动力电源使用成本高,续航里程短。目前电动汽车尚不如内燃机汽车技术完善,尤其是动力电池的寿命短、使用成本高。电池的储能量小,一次充电后续航里程不理想,电动车的价格较贵。但随着电动汽车技术的发展,电动汽车存在的缺点会逐步得到解决。

4.2　纯电动汽车基本结构与原理

4.2.1　纯电动汽车基本结构

燃油汽车主要由发动机、底盘、车身和电气四大部分组成。纯电动汽车的结构与燃油汽车相比,主要增加了电力驱动控制系统,而取消了发动机。电力驱动控制系统的组成与工作原理如图 4.3 所示,它由电力驱动主模块、车载电源模块和辅助模块三大部分组成。

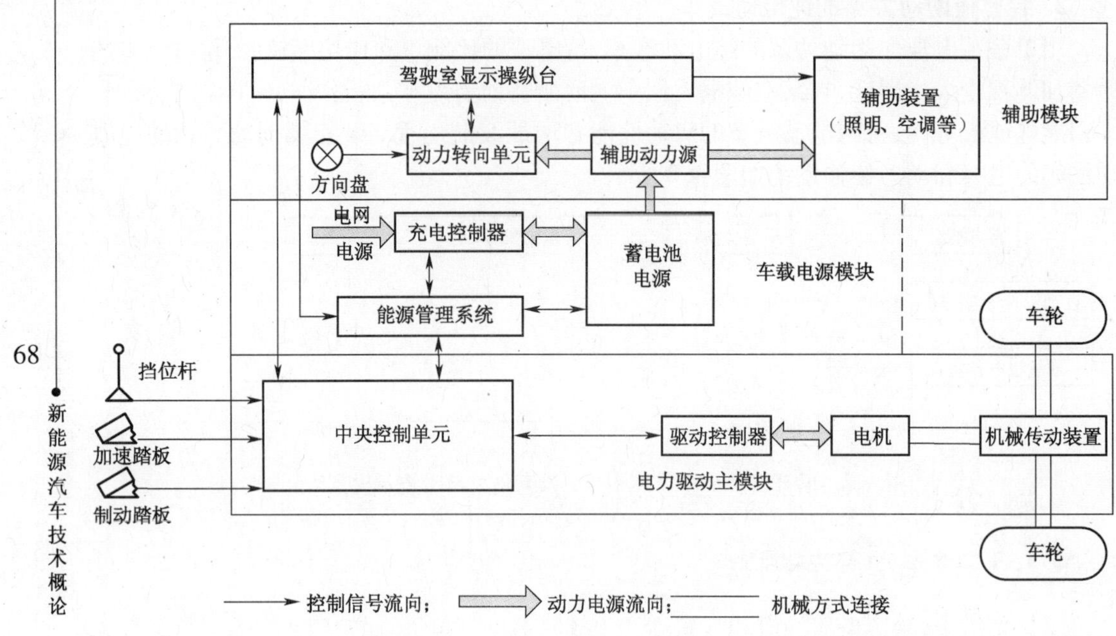

图 4.3　纯电动汽车基本组成与原理

当汽车行驶时，由蓄电池输出电能（电流）通过控制器驱动电动机运转，电动机输出的转矩经传动系统带动车轮前进或后退。电动汽车续航里程与蓄电池容量有关，蓄电池容量受诸多因素限制。要提高一次充电续航里程，必须尽可能地节省蓄电池的能量。

1. 电力驱动主模块

电力驱动主模块主要包括中央控制单元、驱动控制器、电机、机械传动装置和车轮等。它的功用是将存储在蓄电池中的电能高效地转化为车轮的动能，并能够在汽车减速制动时，将车轮的动能转化为电能充入蓄电池。

中央控制单元根据加速踏板和制动踏板的输入信号，向驱动控制器发出相应的控制指令，对电动机进行起动、加速、减速、制动控制。

驱动控制器是按中央控制单元的指令和电动机的速度、电流反馈信号，对电动机的速度、驱动转矩和旋转方向进行控制。驱动控制器必须和电动机配套使用。

电机在电动汽车中被要求承担电动和发电的双重功能，即在正常行驶时发挥其主要的电动机功能，将电能转化为机械能；在减速和下坡滑行时又被要求进行发电，将车轮的惯性动能转化为电能。

机械传动装置是将电动机的驱动转矩传输给汽车的驱动轴，从而带动汽车车轮行驶。

2. 车载电源模块

车载电源模块主要包括蓄电池电源、能量管理系统和充电控制器等。它的功用是向电动机提供驱动电能、监测电源使用情况以及控制充电机向蓄电池充电。

纯电动汽车的常用电源有铅酸电池、镍镉电池、镍氢电池、锂离子电池等。

纯电动汽车的能量管理主要是指电池管理系统，它的主要功用是对电动汽车使用电池单体及整组进行实时监控、充放电、巡检、温度监测等。

充电控制器是把交流电转化为相应电压的直流电，并按要求控制其电流。

3. 辅助系统

辅助系统主要包括辅助动力源、动力转向系统、驾驶室显示操纵台和各种辅助装置等。辅助系统除辅助动力源外,依据不同车型而不同。

辅助动力源主要由辅助电源和DC/DC功率转换器组成,其功用是供给电动汽车上其他各种辅助装置所需要的动力电源,一般为12V或24V的直流低压电源。它主要给动力转向、制动力调节控制、照明、空调、电动窗门等各种辅助装置提供所需的能源。

动力转向系统是为实现汽车的转弯而设置的,它由转向盘、转向器、转向机构和转向轮等组成。作用在转向盘上的控制力,通过转向器和转向机构使转向轮偏转一定的角度,实现汽车的转向。

驾驶室显示操纵台类同于传统汽车驾驶室的仪表盘,不过其功能根据电动汽车驱动的控制特点有所增减,其信息指示更多地选用数字或液晶屏幕显示。

辅助装置主要有照明、各种声光信号装置、车载音箱设备、空调、刮水器、风窗除霜清洗器、电动门窗、电控玻璃升降器、电控后视镜调节器、电动座椅调节器、车身安全防护装置控制器等。它们主要是为提高汽车的操控性、舒适性、安全性而设置的,根据需要进行选用。

4.2.2 纯电动汽车驱动系统布置形式

电动汽车的驱动系统是电动汽车的核心部分,其性能决定着电动汽车运行性能的好坏。电动汽车的驱动系统布置取决于电机驱动系统的方式,可以有多种多样。常见的驱动系统布置形式如图4.4所示。

(1) 传统的驱动模式。图4.4(a)与传统汽车驱动系统的布置方式一致,带有变速器和离合器,只是将发动机换成电动机,属于改造型电动汽车。这种布置可以提高电动汽车的起动转矩,增加低速时电动汽车的后备功率。

(2) 电动机—驱动桥组合式驱动模式。图4.4(b)和4.4(c)取消了离合器和变速器,但具有减速差速机构,由1台电动机驱动两车轮旋转。优点是可以继续沿用当前发动机汽车中的动力传动装置,只需要一组电动机和逆变器。这种方式对电动机的要求较高,不仅要求电动机具有较高的起动转矩,而且要求具有较大的后备功率,以保证电动汽车的起动、爬坡、加速超车等动力性。

(3) 电动机—驱动桥整体式驱动模式。图4.4(d)是将电动机装到驱动轴上,直接由电动机实现变速和差速转换。这种传动方式同样对电动机有较高的要求,不但要求大起动转矩和后备功率,而且要求控制系统有较高的控制精度、良好的可靠性,从而保证电动汽车行驶的安全、平稳。

(4) 轮毂电机驱动模式。图4.4(e)和4.4(f)同图4.4(d)布置方式比较接近,都将电动机直接装到了驱动轮上,由电动机直接驱动车轮行驶。

4.2.3 电动汽车的关键技术

1. 电池及管理技术

电池是一直制约电动汽车发展的关键因素。要使电动汽车能与燃油汽车相竞争,关键就是要开发出比能量高、比功率大、使用寿命长、成本低的高效电池。

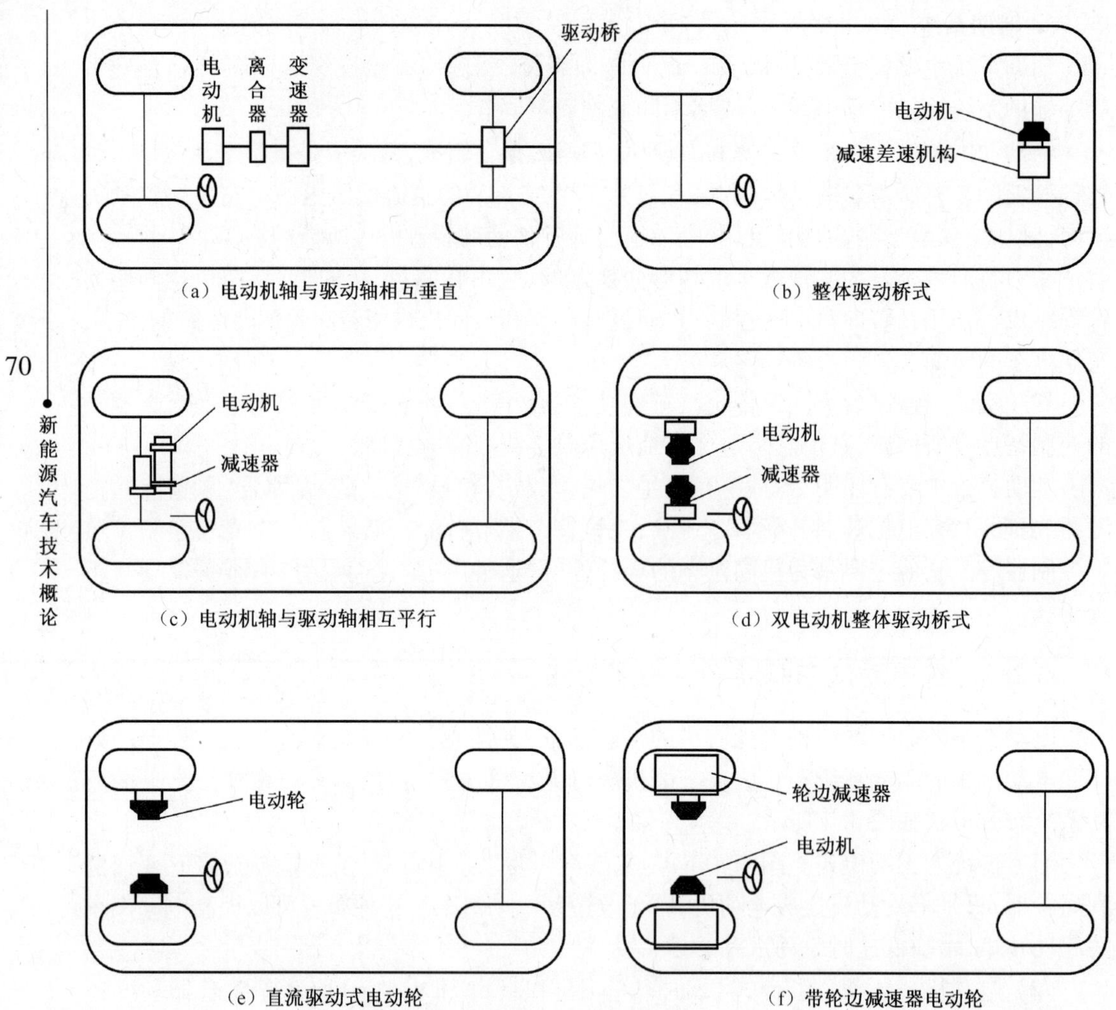

图 4.4　纯电动汽车常见的驱动系统布置形式

电池组性能直接影响整车的加速性能、续航里程以及制动能量回收的效率等。电池的成本和循环寿命直接影响车辆的成本和可靠性,所有影响电池性能的参数必须得到优化。为了达到最佳的性能和寿命,需将电池包的温度控制在一定范围内,减小包内不均匀的温度分布以避免模块间的不平衡,以此避免电池性能下降,且可以消除相关的潜在危险。

能量管理系统是电动汽车的智能核心。在电动汽车上实现能量管理的难点在于如何根据每个电池单元的电压、温度和充放电电流的历史数据,建立能够精确计算电池单元瞬时能量的数学模型。

2. 电机及控制技术

电动汽车的驱动电机是电动汽车的关键部件。要使电动汽车有良好的使用性能,驱动电机应具有较宽的调速范围及较高的转速,足够大的起动转矩,体积小、质量轻、效率高且有动态制动强和能量回馈的性能。电动汽车所用的电动机正在向大功率、高转速、高效率和小型化方向发展。

随着电机及驱动系统的发展,控制系统趋于智能化和数字化。变结构控制、模糊控制、神经网络、自适应控制、专家系统、遗传算法等非线性智能控制技术,都将各自或结合应用于电动汽车的电动机控制系统。它们的应用将使系统结构简单、响应迅速、抗干扰能力强,参数变化具有鲁棒性,可大大提高整个系统的综合性能。

3. 整车控制技术

整车控制系统由整车控制器、通信系统、部件控制器以及驾驶员操纵系统构成,主要功能是根据驾驶员的操作和当前的行驶工况,在保证安全和动力性要求的前提下选择尽可能优化的工作模式。新型纯电动汽车整车控制系统是两条总线的网络结构,即驱动系统的高速 CAN 总线和车身系统的低速总线。高速 CAN 总线每个节点为各子系统的 ECU,低速总线按物理位置设置节点,基本原则是基于空间位置的区域自治。

实现整车网络化控制,其意义不只是解决汽车电子化中出现的线路复杂和线束增加的问题,也是网络化实现的通讯和资源共享能力成为新的电子与计算机技术在汽车上应用的一个基础,同时也为 X-by-Wire 技术提供有力的支撑。

4. 整车结构优化与节能措施

电动汽车是高科技综合性产品,除电池、电动机外,车体本身也包含很多高新技术,有些节能措施比提高电池储能能力还易于实现。

采用轻质材料如镁、铝、优质钢材及复合材料优化结构,可使汽车自身质量减轻 30%~50%;采用高弹滞材料制成的高气压子午线轮胎,可使汽车的滚动阻力减少 50%;汽车车身特别是汽车底部更加流线型化,可使汽车的空气阻力减少 50%。

4.3 纯电动汽车车型实例

4.3.1 北汽 E 系列纯电动汽车

北汽 E 系列纯电动汽车是目前国内纯电动汽车市场占有率最大的车型之一,其 E 系列主导产品有 E150EV/EV160/EV200 等,如图 4.5 所示。

图 4.5 北汽 E 系列纯电动汽车外形

北京新能源汽车股份有限公司(简称“北汽新能源公司”)是由世界 500 强企业北京汽车集团有限公司发起并控股,联合北京工业发展投资管理有限公司、北京国有资本经营管理中心、北京电子控股有限责任公司共同设立的新能源汽车产业发展平台,规模最大、产业链最完整的新能源汽车企业,如表 4-1。

表 4-1　北汽 E 系列纯电动汽车技术参数

EV160 电动汽车技术参数		EV200 电动汽车
电动机	永磁同步电机:最大功率:53kW 最大转矩:180N · m	
蓄电池	25.6kW · h 磷酸铁锂离子电池	304kW · h 三元锂电池
续航里程	160km(NEDC) 200km 等速续航	200km(NEDC) 245km 等速续航
充电时间	标准模式,6-8h 快速模式,30min 充电 80%	标准模式,8-9h 快速模式,30min 充电 80%
最高车速	125km/h	
整备质量	1295kg	

1. 电机系统构成

北汽 E 系列电动汽车电机系统中,电机的输出主要是靠控制单元给定命令执行,即控制器输出命令。如图 4.6 所示,控制器主要是将输入的直流电逆变成电压、频率可调的三相交流电,供给配套的三相交流永磁同步电机使用。

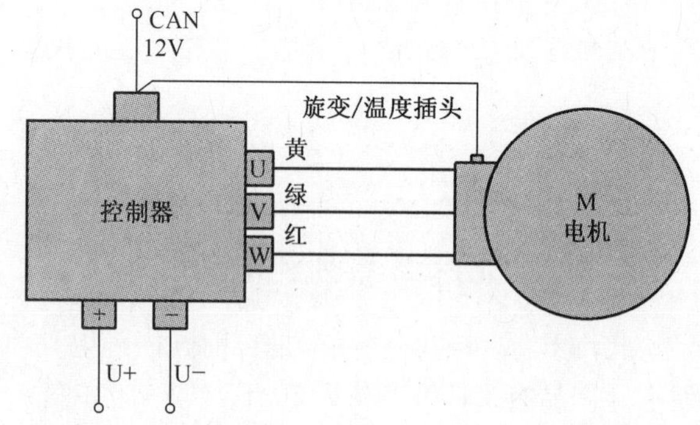

图 4.6　电机系统外形结构及原理

1) 永磁同步电机

永磁同步电机是系统的重要执行机构,是电能转与机械能转化的部件,并将自身的运行状态的信息发送给电机控制器。

电机使用了一些传感器来提供电机的工作信息。这些传感器包括:

(1) 旋转变压器:用以检测电机转子位置,图 4.7 为旋转变压器工作原理示意图。旋转变压器简称旋变,是一种输出电压随转子转角变化的信号元件。当励磁绕组以一定频率的交流电压励磁时,输出绕组的电压幅值与转子转角成正弦、余弦函数关系,或保持某一比例关系,或在一定转角范围内与转角成线性关系。

(2) 温度传感器:用以检测电机的绕组温度。

2) 电机控制器

电机控制器是电机系统的控制中心。它对所有的输入信号进行处理,并将电机控制

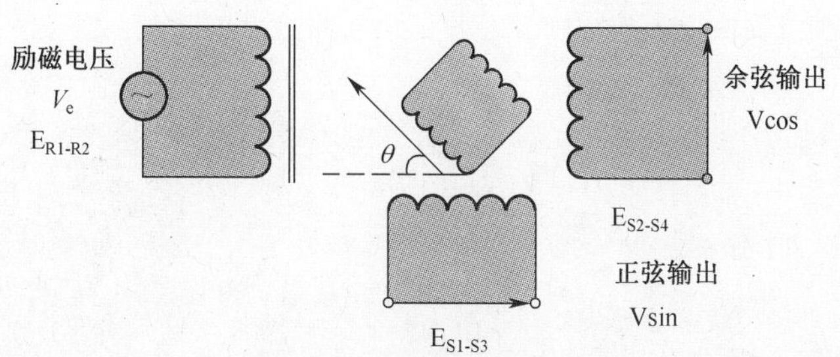

图 4.7 旋转变压器工作原理图

系统运行状态的信息发送给整车控制器。电机控制器内含功能诊断电路,当诊断出异常时,它将会激活一个错误代码,发送给整车控制器,电机控制系统使用了如下传感器来提供电机的工作信息,包括:

(1)电流传感器:用以检测电机工作的实际电流(包括母线电流、三相交流电流)。

(2)电压传感器:用以检测供给电机控制器工作的实际电压(包括高压电池电压、蓄电池电压)。

(3)温度传感器:用以检测电机控制系统的工作温度(包括模块温度、电机控制器温度)。

2. 动力电池系统

1)动力电池系统组成与功能

动力电池系统的功能为接收和储存由车载充电机、发电机、制动能量回收装置和外置充电装置提供的高压直流电,并且为驱动电机控制器、DC/DC、电动空调、PTC 等高压元件提供高压直流电。

动力电池模组放置在一个密封并且屏蔽的动力电池箱里面,动力电池系统使用可靠的高低压接插件与整车进行连接。系统内的 BMS 实时采集各电芯的电压值、各温度传感器的温度值、电池系统的总电压值和总电流值、电池系统的绝缘电阻值等数据,并根据 BMS 中设定的阈值判定电池系统工作是否正常,并对故障实时监控。动力电池系统通过 BMS 使用 CAN 与 VCU 或充电机之间进行通信,对动力电池系统进行充放电等综合管理。图 4.8 所示为动力电池系统及组成。

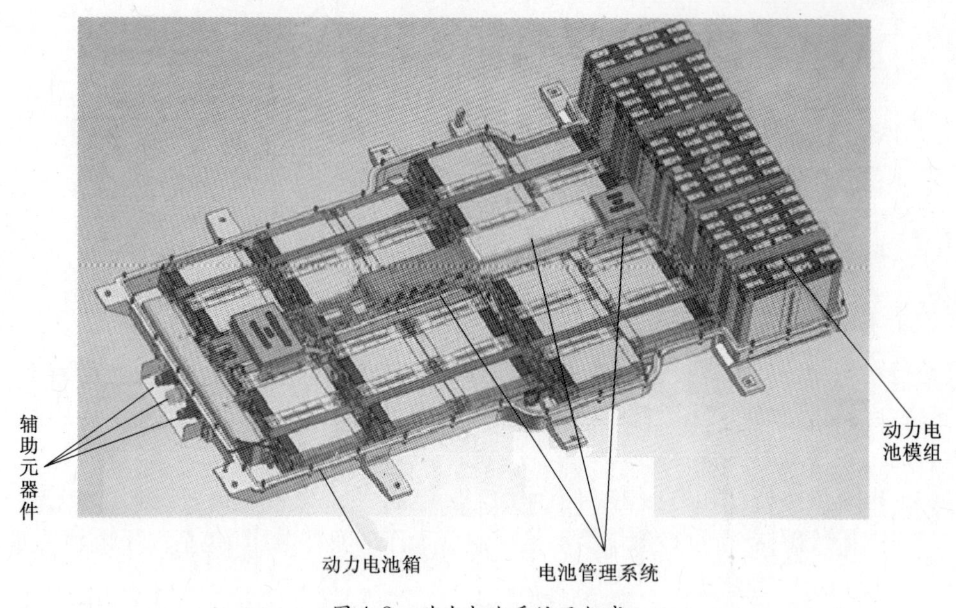

图 4.8 动力电池系统及组成

2）动力电池系统主要故障及解决措施,如表 4-2 所示。

表 4-2 北汽 E 系列纯电动汽车动力电池主要故障及解决措施

序号	故障描述	常规解决办法(按照序号进行操作)
1	SOC 异常:如无显示,数值明显不符合逻辑	1. 停车或者关闭车钥匙后重新启动 2. 检查仪表显示其他故障报警有无点亮,并做好现象记录 3. 联系专业售后人员进行复查,维修人员确认无误后正常使用
2	续航里程低于经验值	1. 联系维护人员,检查充放电过程,容量是否衰减,BMS 控制是否正常
3	电池过热报警/保护	1. 10s 内减速,停车观察 2. 检查报警是否消除,检查是否有其他故障,并做好记录 3. 若报警或保护消除,可以继续驾驶,否则,联系售后人员 4. 运行中若连续 3 次以上出现停车,减速故障消除时,联系售后人员
4	SOC 过低报警/保护	1. SOC 低于 30%报警出现时减速行驶,寻找最近的充电站进行充电 2. 停车休息 3~5min 后行驶,检查故障是否能自动消除 3. 若故障不能自行解除,且仍未驶达充电站的,联系售后人员解决
5	电压/电流明显异常	1. 关闭车钥匙,迅速下车并保存适当距离 2. 联系专业技术人员处理
6	钥匙打 ON/START 后不工作	1. 检查并维护低压电源 2. 若打 ON 后能工作,检查仪表盘上故障显示,并记录 3. 若打 START 后仍不能工作,联系专业人员
7	不能充电	1. 检查 SOC 当前数值 2. 检查充电线缆是否按照正确方法连接 3. 若由环境温度超出使用范围,终止使用 4. 联系维修人员
8	运行时高压短时间丢失	检查系统屏蔽层是否有效,检查继电器是否能正常动作,检查主回路是否接触良好
9	电池外箱磨损破坏	联系专业人员维护

4.3.2 日产聆风(NISSAN LEAF)电动汽车

日产聆风是在日产骐达车型的基础上开发的新一代电动车平台,具有电动车特殊设计的底盘布局,采用锂离子电池驱动电动机,提供超过160公里的续航距离。日产聆风,是一款5座掀背两厢纯电动汽车,也是世界上首款投入量产的纯电动汽车,其外形如图4.9所示。

图4.9 聆风(LEAF)纯电动汽车外形

1. 日产聆风整车结构组成及技术参数

日产聆风整车的核心功能部件是控制单元(含逆变器)、驱动电机、动力电池组,如图4.10所示。聆风汽车在正常行驶时通常由锂离子电池输出电能经由逆变器转化后,输送到驱动电机,驱动电机继而驱动车轮转动,带动整车行驶。当汽车减速时,电机回收能量进行发电,通过逆变器对动力电池组进行充电。表4-3日产聆风电动汽车技术参数。

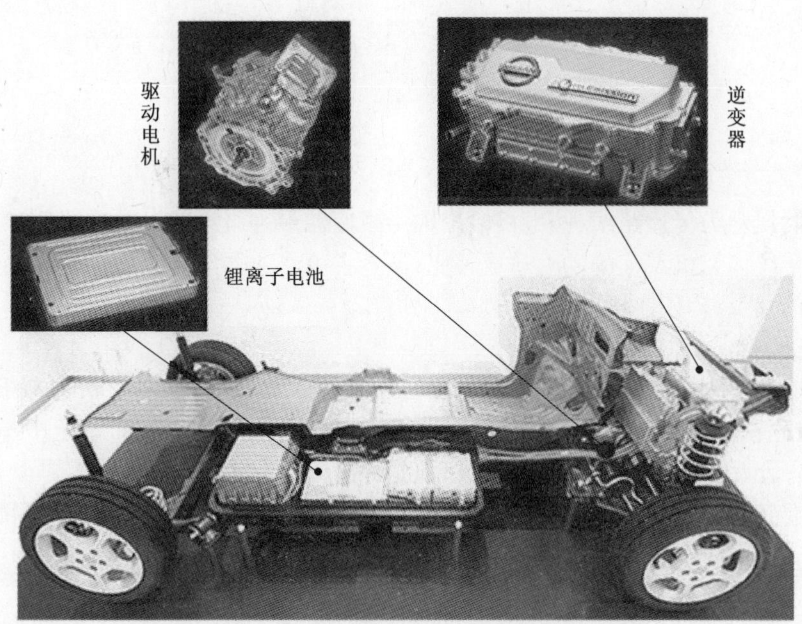

图4.10 日产聆风整车结构组成

表4-3 日产聆风（NISSAN LEAF）电动汽车技术参数

日产聆风电动汽车技术参数	
电动机	嵌入钕系永久磁铁的3相交流同步电机 最大功率:80kW 最大转矩:280N·m
蓄电池	24kW·h 锂离子电池
结构布置	电机前置前轮驱动
续航里程	160km
充电时间	标准模式,8h 快速模式,30min 充电 80%
最高车速	145km/h
整备质量	1520kg

2. 驱动总成

日产聆风采用电机前置前轮驱动方案,其驱动总成由驱动电机和减速器两部分组成（图4.11）,安装在相当于传统汽车的发动机舱内。

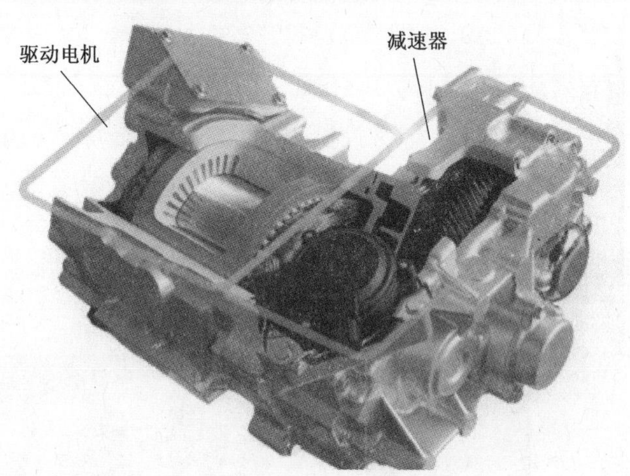

图4.11 日产聆风驱动总成

日产聆风动力传递路线为:电机输出轴→减速器→终级齿轮→差速器→车轮驱动轴。与同类型传统内燃机汽车的动力总成相比,虽然省去变速器等传动部件,但是逆变器和电池等部件的增加,却使车辆的整备质量大约增加了200kg。

1）电机总成

日产聆风驱动电机为采用嵌入钕系永久磁铁的3相交流同步电机,由9极磁铁的转子和12极磁铁的定子构成。工作电压为345V;最大输出功率为80kW（109ps）/2730～9800r/min;最大转矩280N·m（28.6kgf·m）/0～2730r/min。

其主要特点有:将空气间隙缩小至0.5mm;为了减少电力损失和发热源部件的电涡流,采用了0.3mm厚的超薄型磁钢板;把构成每一个磁极的磁铁分割,通过每个磁极的小型化来抑制电涡流的产生。

通过先进的电机控制技术,实现了任意加速的性能需求（图4.12）。其中最为突出的特性为:

（1）快速的起动与加速。精确控制只有电机才有的特有驱动转矩，通过抵消驱动系统的扭转振动，实现了相当于3L排量汽油车的起动与加速性能。

（2）任意调整车速。利用只有电机才具有的响应性和控制性，根据加速器角度和车速精确控制转矩，使加速器角度和转矩特性成为线性的同时，赋予加速器根据车速变化的转矩变化，由此实现在驾驶中安全、及时地随意调整车速。

（3）持续加速的感觉。驾驶时如果超过设定值时，继续踩下加速踏板时，可以进入持续加速度控制状态。

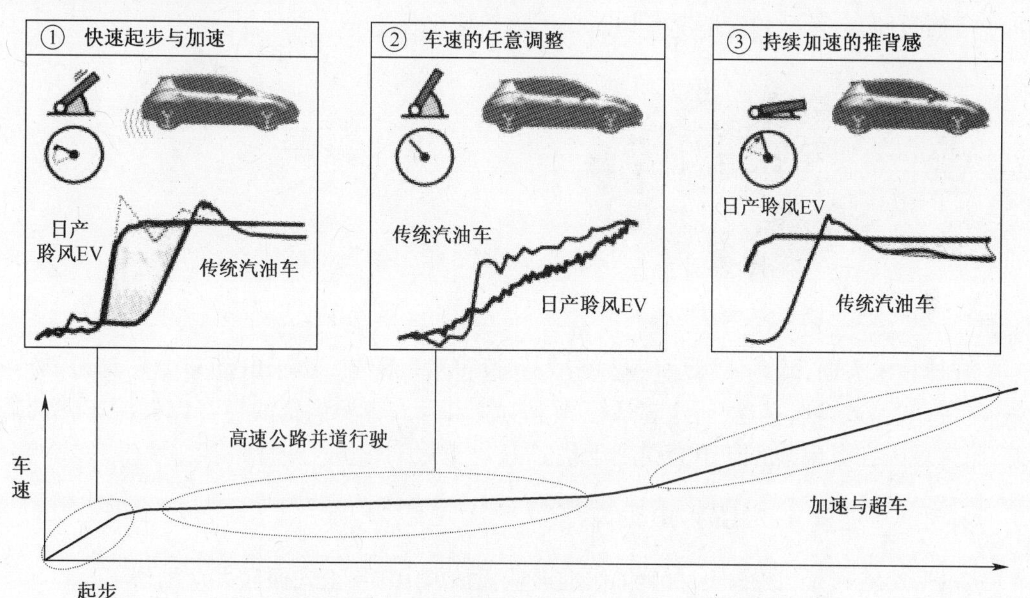

图4.12　日产聆风驱动电机特性比较示意图

2）减速器

日产聆风驱动总成没有变速器，只有减速器（采用二级减速），驱动电机的动力输出轴直接与一级减速器主动齿轮连接。其减速器的作用旨在弥补电机转速升高后的转矩下降，并满足汽车使用工况和驱动电机的工作特性，减速器的总减速比接近于7.937。

图4.13为减速器各传动齿轮组的断面图。减速器的输入轴主动齿轮的齿数是17，被动齿轮齿数为31，故一级减速比为31/17＝1.8235。一级减速的输出齿轮，即二级减速的主动齿轮齿数为17，被动（终级）齿轮齿数为74，所以二级减速比为74/17＝4.3529。减速器的总减速比为这两个减速比数值的乘积。二级减速器被动（终极）齿轮的保持架内，装有与传统汽车相同的行星齿轮差速器，通过左右传动轴（半轴）驱动前轮转动。

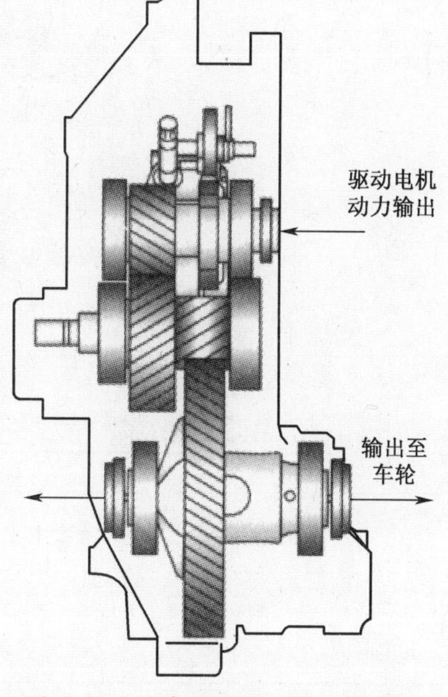

图4.13　日产聆风驱动总成减速器

3. 动力电池

如图 4. 14,4. 15 所示日产聆风电动车采用薄型化锂电池模块,蓄电池组总容量为 24kW · h,由日产与 NEC 合资的 AESC 汽车能源公司所生产供应,其最大输出功率可以达到 90kW,能量密度 140Wh/kg,功率密度 2. 5kW/kg。

首先聆风电池采用层叠式结构,在能量存储密度提高 2 倍的情况下也可以有效控制电池温度的上升,同时防止异常耗电。其次,蓄电池在负极上使用了结晶结构稳定的锰元素。聆风在蓄电池单元管理上,通过分别管理电池组内单元的充电情况,可以确保蓄电池的持续稳定性,在发生异常情况时切断单元电路以确保安全。

图 4. 14　日产聆风动力电池组

图 4. 15　日产聆风单体电池

其他技术方面,聆风还标配一套“行人靠近警示”系统。由于电动车无发动机噪声,车辆行进间行人难以察觉,而这套系统能主动发出行人容易识别的声音以提醒车辆的靠近,而驾驶人和车内乘客却不会受到干扰。

4. 3. 3　三菱 i-MiEV 电动车

如图 4. 16 所示,该车于 2009 年作准商业投放,2010 年正式面向大众销售。

图 4. 16　三菱 i-MiEV 纯电动汽车外形

其主要参数如表 4-4 所示。

表 4-4　三菱 i-MiEV 电动汽车技术参数

三菱 i-MiEV 电动汽车技术参数	
电动机	最大功率:47kW;最大转矩:180N · m
蓄电池	16kW · h 锂离子电池
续航里程	160km
充电时间	普通模式,AC200V,8h;AC100V,14h 快速模式,30min 充电 80%
最高车速	100km/h

如图 4.17 所示,三菱 i-MiEV 采用电力驱动,动力完全来自电动机,排放物为零。没有发动机的振动和噪声,舒适性相比汽油型更高。i-MiEV 采用高效能锂离子蓄电池组。该蓄电池组输出电压为 330V,额定容量 16kW·h,由 88 个锂离子蓄电池单元组成,使用 200V 家用电源充电约需 8h、使用 100V 家用电源充电需要 14h、若使用充电站的三相 200V 动力电则能在 30min 内使电量达到 80%。i-MiEV 搭载一台体积小、质量轻的永磁电动机,最大功率 47kW,最大转矩 180N·m。

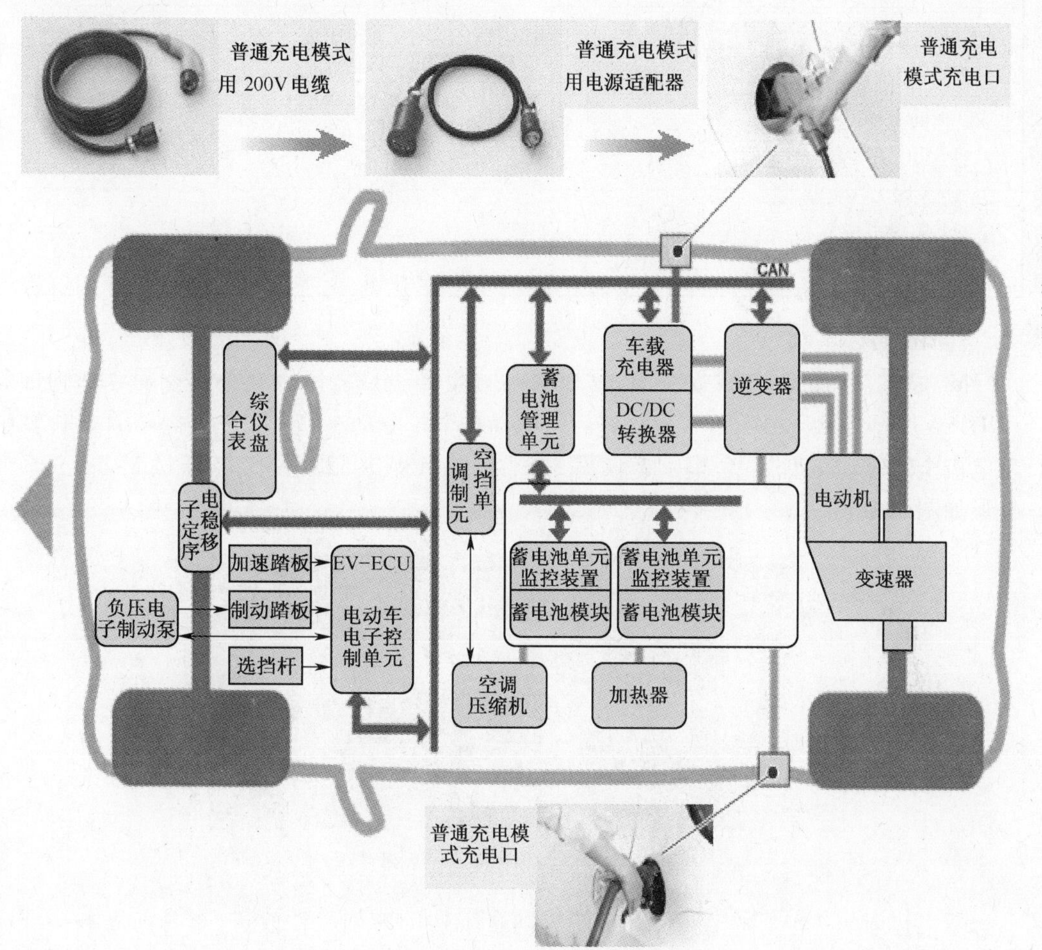

图 4.17 三菱 i-MiEV 电动汽车结构图

4.3.4 特斯拉(Tesla)电动汽车

特斯拉(Tesla)汽车公司成立于 2003 年,总部设在美国加州的硅谷。这家汽车公司的特点是投资者并非汽车行业巨头,而是硅谷的 IT 巨头。因此,特斯拉的产品最大的特色是全部采用电动驱动,完全摒弃了传统的内燃机。并且,特斯拉先前投放市场的均为高性能的跑车及汽车,完全颠覆了电动车给人们带来的动力不足的印象。在传统汽车品牌委靡不振的时候,特斯拉却显示出其旺盛的生命力。

自 2008 年特斯拉首款纯电动跑车 Roadster 上市以来,先后开发了 Model S(后驱、全驱)、Model X(全驱)系列车型,奠定了在高端电动汽车领域的领先地位。表 4-5 为特斯拉(Tesla)电动汽车部分型号的技术参数。

表 4-5　特斯拉(Tesla)电动汽车技术参数

Model S 85		Model S P85D	Model X P90D
结构布置	后置电机后轮驱动	前后电机全轮驱动	前后电机全轮驱动
电动机	最大功率:382PS 最大总扭矩:440N · m	最大功率:259PS(前)503PS (后)最大扭矩:967N · m	最大功率:259PS(前)503PS (后)最大扭矩:967N · m
蓄电池	85kW · h 锂离子电池	85kW · h 锂电池	90kW · h 锂电池
续航里程	502km(NEDC)	491km(NEDC)	4501km(NEDC)
充电时间	标准模式,6~8h 快速模式,30min 充电 80%,	标准模式,8~9h 快速模式,30min 充电 80%	标准模式,8~9h 快速模式,30min 充电 80%
最高车速	225km/h	250km/h	250km/h
0-100km/h 加速时间	5.6s	3s	3.4s
整备质量	约 2100kg		

1. Model S 系列

Model S 获得欧洲新车安全协会(ECAP)五星评级及美国国家公路交通安全管理局(NHTSA)五星评级。Model S 配置有后轮驱动和全轮驱动车型,采用三相感应电机,其中双电机全轮驱动车型,百公里加速仅需 3.0s,续航里程达 528 公里,特斯拉 Model S 系列外形如图 4.18 所示。

图 4.18　特斯拉 Model S 系列外形

双电机 Model S 车型是对传统全轮驱动系统的一项创新性改进,车身前后各搭载一台电动机,通过对前后轮扭矩分别进行数字化独立控制,实现了在各种路况下的全天候牵引力控制。

传统全轮驱动汽车通过复杂的机械联动装置,将动力从单一发动机传送到全部四个车轮,虽然实现了全时四驱,却是以牺牲效率为代价。与此相反,Model S 全驱型的两部电机都更轻、更小、更高效,因此提升了续航里程并拥有更好的加速表现。Model S Performance 标配高性能后置电机与高效率前置电机联动,实现了超跑级别的加速性能。

1) 动力电池

Model S 使用大约 7000 节略大于普通 5 号电池的 Panasonic-18650 型钴酸铝锂电池。其采用分层次管理办法,每 69 个电池单元并连成一个电池组,而 9 个电池组又串联成一个电池方块,最后再串联成整块电池板。每个电池单元、电池组和电池方块都有保险丝,每个层级都会有电流、电压和温度的监控，一旦电流过大立刻熔断，因而保证了车辆的安全性，如图 4.19 所示，即为特斯拉动力电池。

图 4.19 特斯拉动力电池

2）隐藏式充电接口

Model S 的流线型车身上甚至看不到充电接口。当感应到充电连接器靠近驾驶员一侧的尾灯时，隐藏的充电接口会自动打开。开始充电后，只有解锁 Model S 才能断开充电连接器。

3）触摸屏

Model S 的 17 英寸触摸屏能够控制车辆的大部分功能。无论打开玻璃全景天窗，还是设置自动温控系统，或者给广播电台换一个频道，只需在触摸屏上点击或轻划一下即可。触摸屏、数字化组合仪表和方向盘按键，无缝集成了多媒体、导航、通信、驾驶室控制系统和车辆数据。

2. Model X 系列

如图 4.20 所示，Model X 是迄今为止在纯电动汽车领域中最高端的 SUV 运动型多用途车。标配全轮驱动，90kW · h 电池，最高续航里程可达 450 公里，百公里加速仅需 3.4s。Model X 拥有宽敞的驾乘空间和储物空间，足以容纳 7 位成人及其随行装备。

图 4.20 特斯拉 ModelX 系列外形

思考题

1. 纯电动汽车有哪些类型？其特点是什么？
2. 简要分析纯电动汽车驱动系统的布置形式。
3. 简述日产聆风纯电动汽车的结构特点和工作模式。
4. 简述纯电动汽车的关键技术。
5. 你认为我国纯电动汽车的发展前景如何？

第5章 混合动力电动汽车

教学目标

通过本章的学习，要求读者能够了解混合动力电动汽车的历史和现状，掌握混合动力电动汽车的类型、结构原理和特点等，并通过对几种典型混合动力电动汽车的认知，理解混合动力电动汽车的工作模式。

教学导入

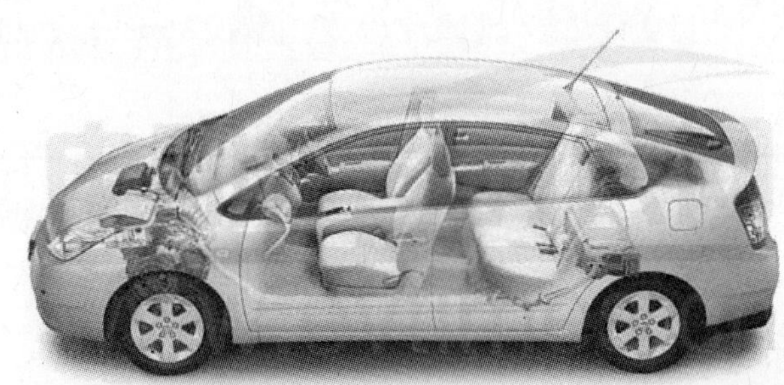

传统内燃机（ICE）车辆提供了良好的运行性能，并利用石油燃料高能量密度的优点实现远距离的行驶。然而，传统内燃机车辆含有不良的燃油经济性和污染环境的缺点。形成其不良燃油经济性的主要原因在于：①发动机燃油效率特性和实际的运行要求不相匹配；②制动期间车辆动能的消耗，当车辆在市区运行时尤其明显；③在采用液力变矩器的停车—起动运行模式的现代汽车中，其液力传动的低效率等。另一方面，配置蓄电池的电动汽车（EV）具有一些优于传统内燃机车辆的优点，例如高能量效率和零环境污染。但相比于汽油的能量密度，蓄电池组较低的能量密度使电动汽车远不能与内燃机车辆性能相竞争，尤其体现在它的续航里程性能（蓄电池每次充电所对应的行驶里程）上。

混合动力电动汽车（HEV）利用了两个能源——一个基本能源和一个辅助能源，它具有内燃机车辆和电动汽车两者的优点，并克服了它们的缺点。那么，混合动力电动汽车到底是如何工作的呢？

5.1 混合动力电动汽车概述

5.1.1 混合动力电动汽车历史与现状

混合动力汽车的基本概念可追溯到100多年前汽车发明之初。19世纪末，道路上的大部分汽车为纯电动的，通过电池供电，由电动机驱动车辆行驶，但是人们希望能够驾驶汽车行驶更远的距离。

在纯电动汽车成为道路之王的同时,一种新的汽车,即由内燃机驱动的汽车逐渐崭露头角。这些内燃机驱动的汽车虽然比电动汽车行驶更远的距离,但在当时却不如电动汽车应用广泛,因为1900年时汽油比电更难获取。

1905年一位美国工程师(H. Piper)第一个在美国提交了混合动力电动汽车设计专利申请。他的设想是通过将强大的电动机和小型的汽油机驱动相结合,同时获得汽油机驱动可提供的行驶距离以及电动机的优越性能。但是几年后他的专利获批时,内燃机的性能已经大幅提升,且汽油供应量加大,导致他的混合动力设计再无用武之地。这之后纯电动汽车和混合动力汽车同步继续使用,直到20世纪20年代中期,日益强大和实用的内燃机汽车数量已超过纯电动和混合动力汽车数百倍。

1920年至今,内燃机驱动汽车一直主导着整个运输业,但内燃机驱动的车辆的污染与高油价一直困扰着车辆的进一步发展。在20世纪80年代,出现了高动力/高速发动机控制器。这些高效的开关晶体管使得混合动力与电动汽车的现代化发展成为可能。

现阶段,由于内燃机车辆带来的环境污染与燃油短缺问题的日益严重,但是由于电池技术迟迟没有重大突破,燃料电池的大范围应用还有待时日,纯电动汽车在相当长的时间内还无法取代传统的燃油汽车。混合动力电动汽车由于兼有燃油汽车优良的动力性和电动汽车的低排放污染的优点,同时通过功率辅助和再生制动来提高燃油经济性,从而成为这一过渡时期各国政府和汽车制造商的最佳选择。

在20世纪90年代,德国的奥迪公司、宝马公司、奔驰公司,美国克莱斯勒公司、福特公司、通用公司,日本的本田公司、三菱公司、日产公司、丰田公司,以及意大利的菲亚特公司、瑞典的沃尔沃公司,法国的标致公司等都先后开发研制了混合动力电动汽车。其中以1997年底,丰田推出的Prius车型,开创了大规模生产的混合动力汽车的先河,截至2014年底,已累计销售达700多万辆。

目前,国内的各大自主汽车品牌公司和设有汽车专业院校也都在开展混合动力汽车的研究,部分车型已经投放市场,如比亚迪系列混合动力汽车、一汽奔腾B70混合动力汽车、奇瑞A5- ISG混合动力汽车、荣威550-PLUG-IN等都已上市。

5.1.2 混合动力电动汽车的概念与种类

本质上,任何车辆的动力系统都要求:①产生足够的动力以满足车辆性能的需要;②配置充分的车载能量以保证车辆行驶足够的路程;③低环境污染物的排放。一般来说,一台车辆可有不只一个的动力系统。动力系统可解释为能源和能量变换器或功率源的组合,例如汽油(或柴油)热机系统、氢燃料电池—电机系统、化学蓄电池—电机系统等。配置有两个或更多动力系统的车辆被称为混合动力车,配置有电气的动力系的混合动力车被称为混合动力电动汽车。

1. 什么是混合动力电动汽车

从广义上来讲,混合动力电动汽车是指能根据特定行驶要求,从两种或两种以上的能量源、能量储存器或转化器获取驱动力的汽车,在运行中至少有一种能量储存器或转化器直接驱动汽车,并且至少有一种能量源,能量储存器或转化器能够传递电能。如内燃机与蓄电池混合、蓄电池与燃料电池混合、蓄电池与超大容量电容器混合、蓄电池与超高速飞轮混合等。

从狭义上讲,混合动力电动汽车是指同时装备两种动力源——热动力源(由传统的汽油机或柴油机产生)与电动力源(电池与电动机)的汽车。通过在混合动力电动汽车上使用电机,使得动力系统可以按照整车的实际运行工况要求灵活调控,而发动机保持在综合性能最佳的区域内工作,从而降低油耗与排放。也可以认为混合动力电动汽车通常是指既有电池提供电力驱动,又装有一个相对小型内燃机的汽车。

混合动力电动汽车与传统汽车的最大区别在于其动力系统,混合动力电动汽车通常至少拥有两个动力源和两个能量储存系统。尽管不能实现零排放,但其动力性、经济性以及排放等性能,能够在一定程度上缓解汽车发展与环境污染、能源危机的矛盾。

2. 混合动力电动汽车的分类

混合动力电动汽车分类方法较多,这里主要介绍三种分类方法。

1) 按照动力系统结构形式的不同进行分类

因混合动力电动汽车各个组成部件、布置方式及控制策略的不同,形成了各式各样的结构形式。混合动力电动汽车系统结构形式分为串联型、并联型、混联型三大类,如图5.1所示。

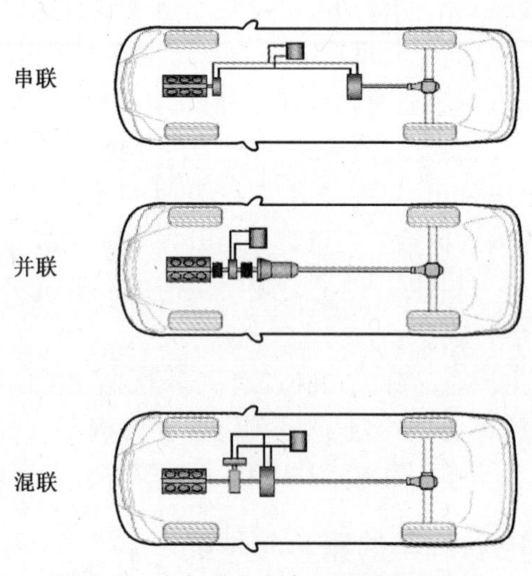

图5.1 混合动力汽车按结构类型分类

(1) 串联型混合动力电动汽车是指车辆系统的驱动力只来源于电动机的混合动力电动汽车。它的结构特点是发动机带动发电机发电,电能通过电机控制器输送给电动机,由电动机驱动汽车行驶。另外,动力电池也可以单独向电动机提供电能驱动汽车行驶。

(2) 并联型混合动力电动汽车是指车辆系统的驱动力由电动机及发动机同时或单独供给的混合动力电动汽车。它的结构特点是并联式驱动系统可以单独使用发动机或电动机作为动力源,也可以同时使用电动机和发动机作为动力源驱动汽车行驶。根据动力组合方式的不同又可分为发动机轴动力组合式、动力耦合器动力组合式、驱动轮动力组合式三种。

(3) 混联型混合动力电动汽车是指具备串联式和并联式两种混合动力系统结构的混

合动力电动汽车。它的结构特点是可以在串联混合模式下工作，也可以在并联混合模式下工作，同时兼顾了串联式和并联式的特点。根据动力组合方式的不同可分为动力耦合器动力组合式、驱动轮动力组合式两种。

2）按照能量搭配的比例的不同进行分类

根据在混合动力系统中，电动机的输出功率在整个系统输出功率中占的比重，也就是常说的混合度的不同，混合动力系统可以分为六种类型。

（1）微混合，有时也叫“起—停混合”。微混合型混合动力汽车是指以发动机为主要动力源，不具备纯电动行驶模式的混合动力汽车。一般情况下，微混合型混合动力汽车的混合度在5%以下。

目前国内开发的典型车型有风神 S30-BSG、奇瑞 A5-BSG、骏捷 FSV 启停版。它们采用的是在传统内燃机上的启动电机（一般为 12V）上加装了皮带驱动启动电机（也就是常说的 Belt-alternator Starter Generator，BSG 系统）。该电机为发电启动一体式电动机，用来控制发动机的启动和停止，从而取消了发动机的怠速，降低了油耗和排放。其与混合动力其他技术相比，优点在于结构简单，和普通燃油车型一样，没有另外的电机系统。从严格意义上来讲，这种微混合动力系统的汽车不属于真正的混合动力汽车，因为它的电机并没有为汽车行驶提供持续的动力。

（2）轻度混合。轻度混合型混合动力系统指的是：采用了集成启动电机的系统（Integrated Starter Generator，ISG 系统）。其除了能够实现用发电机控制发动机的启动和停止，还能够实现：在减速和制动工况下，对部分能量进行吸收；在行驶过程中，发动机等速运转，发动机产生的能量可以在车轮的驱动需求和发电机的充电需求之间进行调节。其混合度一般在5%~15%。

轻度混合型混合动力系统代表车型有奇瑞旗云 3-ISG。奇瑞旗云 3-ISG 混合动力汽车利用 1.3L 发动机和 10kW 电机扭矩叠加方式进行动力混合。其以发动机为整车主动力源，电机辅助发动机驱动起“补峰平谷”的作用，实现了最优的驱动效率，既能达到 1.6L 常规汽油车的动力性，又能节省燃油消耗。

（3）中度混合。中度混合型混合动力系统以发动机为主要动力源，电动机作为辅助动力，同样采用了 ISG 系统。其与轻度混合动力系统不同，中混合动力系统采用的是高压电机。另外，中混合动力系统还增加了一个功能：在汽车处于加速或者大负荷工况时，电动机能够辅助驱动车轮，从而补充发动机本身动力输出的不足，从而更好地提高整车的性能。这种系统的混合程度较高一般在 15%~40%。

中度混合型混合动力系统代表车型有本田思域混合动力版。

（4）全混合。强混指的是混合程度更高的混合动力系统，该系统采用高功率、高压启动电机，混合程度更高。一般情况下，强混的混合度超过 40%。

全混合型混合动力系统代表车型有丰田 Prius 普锐斯

（5）插电式混合动力。插电式混合动力车和普通的混合动力车的区别在于，插电式混合动力车配有电池充电装置，在电池没电时，可通过外接电源给蓄电池充电。另外由于电池蓄电能量高出以往的油电混合动力车，因此在短途行驶时，主要以 EV 模式为主，在长途行驶时则可兼用发动机，更好的发挥了油电混合动力的优势。

插电式混合动力代表车型有荣威 550 PLUG-IN。

(6) 增程式电动车。驱动方式:完全靠电力驱动。在起步或者短途行驶时,由电池经过逆变器为电机提供动力,电机带动车辆行驶;而当电池组的电力耗尽或后者电力不充足时,则可以通过车载的汽油或其他形式能源使发动机带动电机为车辆电驱系统继续提供电能。值得注意的是,其和插电式混合动力车型的区别在于,这类型的车辆的发动机都偏小,并且只为发电机提供动力,而不直接参与驱动车辆。

增程式电动车代表车型有通用雪佛兰 Volt。

3) 按照与发动机混合的可再充电能量储存系统的不同进行分类

可以分为动力蓄电池式混合动力电动汽车、超级电容式混合动力电动汽车、机电飞轮式混合动力电动汽车、动力蓄电池与超级电容组合式混合动力电动汽车。

5.2 混合动力电动汽车基本结构与原理

5.2.1 串联式混合动力电动汽车

1. 串联式混合动力电动汽车的组成

如图 5.2 所示,串联式混合动力电动汽车由发动机、发电机和电动机三个动力总成,以串联方式组成其动力单元系统。发动机仅仅用于发电,发电机所发出的电能供给电动机,电动机驱动汽车行驶。发电机发出的部分电能向电池充电,延长混合动力电动汽车的行驶里程。另外电池还可以单独向电动机提供电能驱动电动汽车,使混合动力电动汽车在零污染状态下行驶。

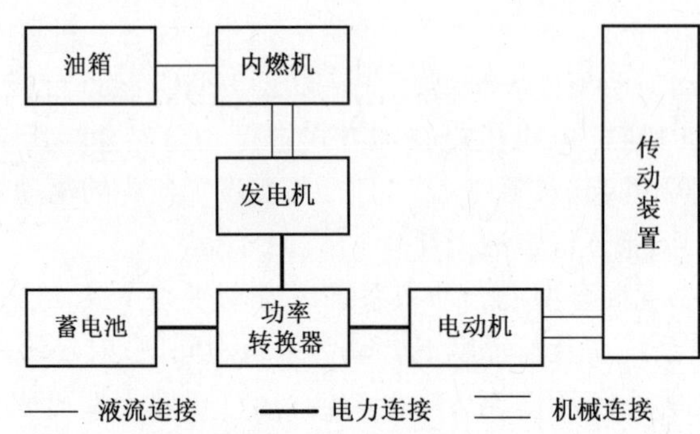

图 5.2 串联式混合动力电动汽车的功能原理图

组成串联式混合动力电动汽车的功能部件如图 5.3 所示。其中整流器和 DC/DC 变换器担负电功率耦合器的作用,并且两种电功率被相加在一起。它控制从蓄电池组合发电机到电动机的功率流,或反向控制从电动机到蓄电池组的功率流。燃油箱、内燃机和发电机组成基本能源,而蓄电池组则起到能量缓冲器的作用。

2. 串联式混合动力电动汽车的工作模式

串联式混合动力电动汽车的工作模式通常有四种:纯电动模式、纯发动机牵引模式、混合牵引模式和再生制动模式。

(1) 纯电动模式:即发动机关闭,车辆行驶完全依靠电池组供电、驱动。

在车辆行驶之初,蓄电池组处于电量饱和状态,其能量输出可以满足车辆要求,蓄电

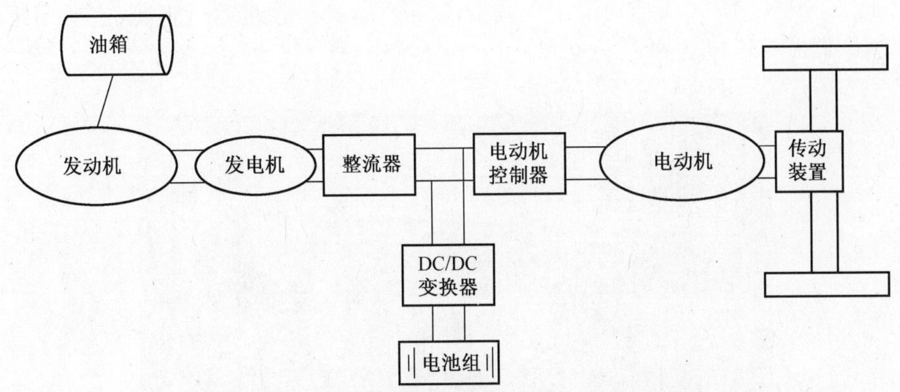

图 5.3　串联式混合动力电动汽车功能部件分布

池输出的直流电经控制器变为交流电后供入驱动电动机、驱动电动机输出的转矩经变速器、传动轴及驱动桥驱动车轮。但如果蓄电池组电量低于 60%时,发动机-发电机组工作,为驱动系统提供能量的同时,还给蓄电池组进行充电。

(2) 纯发动机牵引模式:车辆牵引功率仅源于发动机-发电机组。蓄电池电力充足时作为储备不供电,蓄电池电力不足时,发动机同时为其充电。

(3) 混合牵引模式:车辆牵引功率由发动机-发电机组和电池组两者在耦合器中交汇,共同提供充电。

当车辆能量需求较大时,辅助动力系统与蓄电池组同时为驱动系统提供能量。发动机-发电机组产生的交流电,经整流器变为直流电和电池输出的直流电,经控制器变为交流电后输入驱动电动机。由于蓄电池组的存在,使发动机工作在一个相对稳定的工况,使其排放得到改善。

(4) 再生制动模式:制动或减速时,发动机不工作,而牵引电机运行如同一台发电机,将动能转化为电能,通过功率转换器给蓄电池充电。

3. 串联式混合动力电动汽车的特点

1) 串联式混合动力电动汽车的优点

(1) 因为发动机与驱动轮之间没有机械上的连接,发动机工况可以避免受道路阻力的影响,所以能够在转矩-转速图上的一个最大效率区附近工作,在这个狭小区域,发动机处于最高效率和较低排放下工作。也由于发动机与驱动轮之间没有机械上的连接,相比于其他结构,串联式混合动力电动汽车的控制策略得以简化。

(2) 因电动机具有用于牵引近乎理想转矩-转速特性,其驱动系不需要多挡的传动装置。所以,驱动系结构大为简化,且成本下降。

(3) 因为安装了发动机-发电机组,所以源源不断地将电能输送给牵引电机,与纯电动汽车相比行驶里程有显著的提高。

2) 串联式混合动力电动汽车的缺点

(1) 能量传递需要两次转换(机械能——电能——机械能),增加了中间环节,其总体效率较低。

(2) 发动机、发电机、电动机三大部件质量较大,外形也较大,在中小型车辆上布置有一定的困难。

由于以上特点,串联式结构适用于城市内频繁起步和低速运行工况,主要用于客车。图 5.4 为串联式混合动力电动公交车。

图 5.4 串联式混合动力电动公交车

5.2.2 并联式混合动力电动汽车

1. 并联式混合动力电动汽车的组成

并联式混合动力系统有两套驱动系统:传统的内燃机系统和电机驱动系统。其主要由发动机、发电/电动机和蓄电池组等部件组成。如图 5.5 所示,可以单独使用发动机或电动机作为动力源,也可以同时使用电动机和发动机作为动力源来驱动汽车。

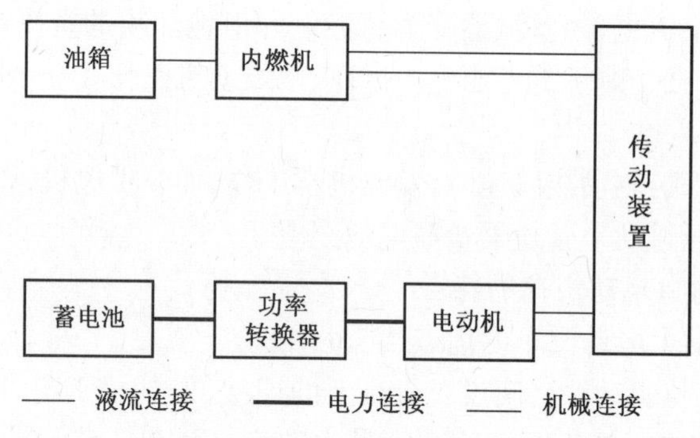

图 5.5 并联式混合动力电动汽车的功能结构图

这种系统适用于多种不同的行驶工况,尤其适用于复杂的路况。该联结方式结构简单、成本低。本田的 Accord 和 Civic 采用的是并联式联结方式。

发动机和电机是两个相互独立的系统,即可实现纯电动行驶,又可实现内燃机驱动行驶,在功率需求较大时还可以实现全混合动力行驶,在停车状态下可进行外接充电。但以何种方式将两处动力得到融合呢?并联式混合动力电动汽车可以两动力源的转矩、转速、功率为对象进行耦合。按耦合对象不同,可分为转矩耦合、转速耦合、转速与转矩耦合。从结构上而言,则主要有两轴式、单轴式结构。

1) 转矩耦合

在转矩耦合中,发动机和电动机的转矩相加在一起,并将总转矩传递给车轮,发动机和电动机的转矩可分别独立控制。但发动机转速、电动机转速及驱动轮转速以一定关系耦合在一起,不能独立控制。

(1) 两轴式结构。如图 5.6 所示,在这种结构中,传动装置通常设计在电动机后端,电动机通过离合器与发动机相连。其要实现同步调节,电动机与发动机的转速范围必须一致,因此仅适用于小型电动机。

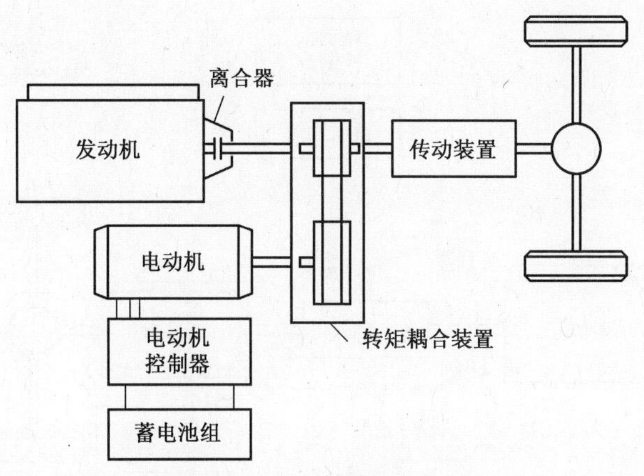

图 5.6 两轴式转矩耦合结构

另一种转矩耦合两轴结构形式为分离轴设计,如图 5.7 所示,电动机与发动机分别为车辆提供动力。其发动机传动系统结构形式与常规汽车一样,仅是将电动机作为另一动力源对车辆输出转矩。此种结构会减少车辆的乘座空间,且不能实现发动机对蓄电池充电。

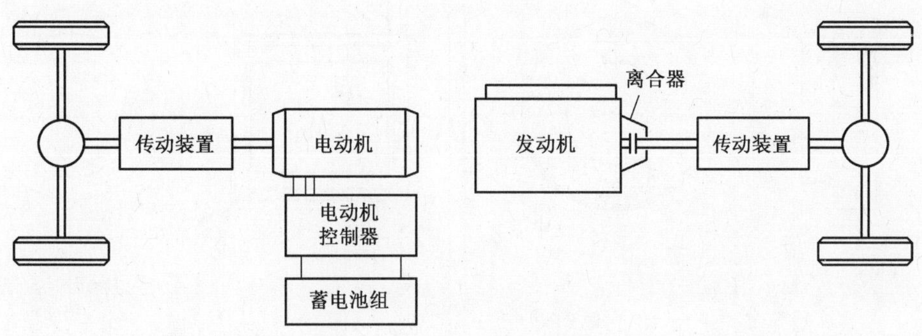

图 5.7 分离轴式转矩耦合结构

(2) 单轴式结构。转矩耦合的单轴式并联混合动力电动汽车,通常有两种结构形式,如图 5.8 所示。两种结构形式最大的区别在于电动机与传动装置的位置关系,且此时采用的电动机兼具发电机功能,其转子起着转矩耦合的作用。

2) 转速耦合

在转速耦合中,发动机和电动机的转速可相加在一起,二者的转速是可以自由地进行调节。但所有转矩以一定关系被耦合在一起,不能独立控制。

对于转速耦合的并联式混合动力电动汽车而言,其关键的两种转速耦合部件(图 5.9):一是行星齿轮机构,二是具有浮动定子的电动机(也称为传动电动机)。

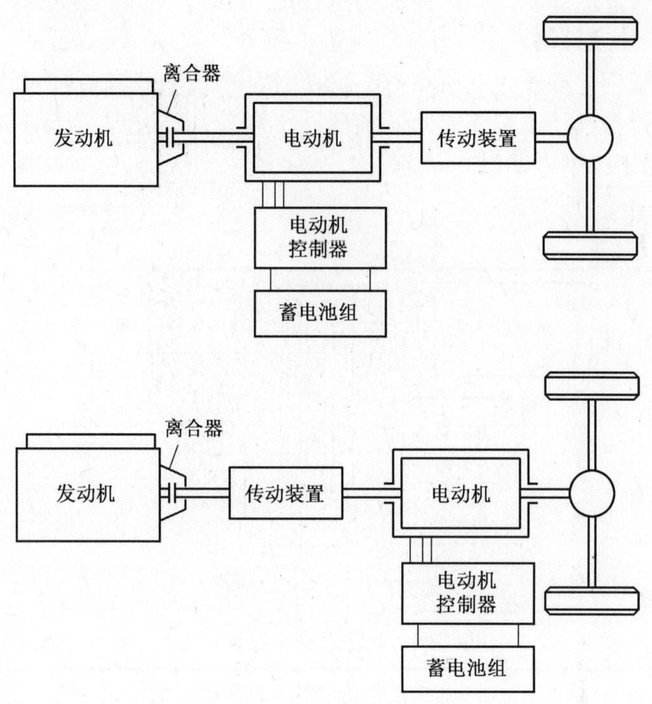

图 5.8　单轴式转矩耦合结构

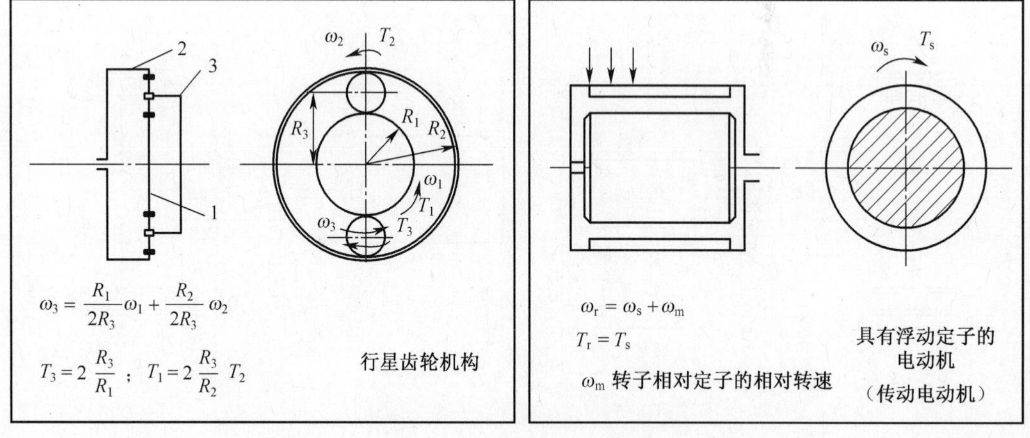

图 5.9　两种转速耦合部件

（1）行星齿轮机构转速耦合并联式混合动力电动汽车结构，如图 5.10 所示。

（2）传动电动机转速耦合的混合动力电动汽车结构，如图 5.11 所示。

3）转速耦合与转矩耦合

将转矩耦合与转速耦合相结合，形成复合型混合动力驱动系统。这种驱动系统下转矩耦合与转速耦合状态可交替运行。

（1）配置行星齿轮机构的复合型混合动力驱动系结构，如图 5.12 所示。

（2）配置传动电动机的复合型混合动力驱动系统结构，如图 5.13 所示。

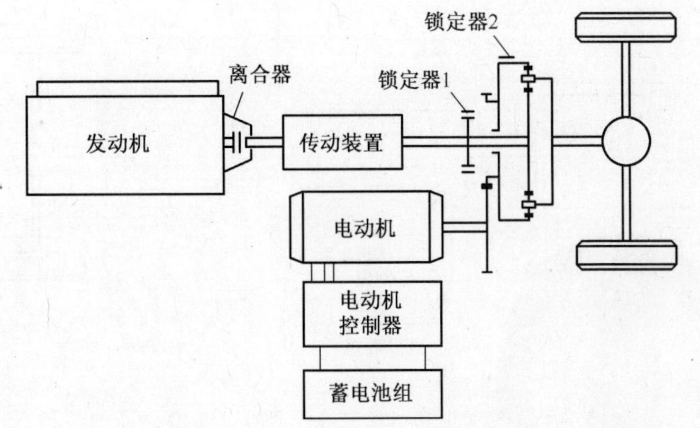

图 5.10 行星齿轮机构转速耦合并联式混合动力电动汽车结构

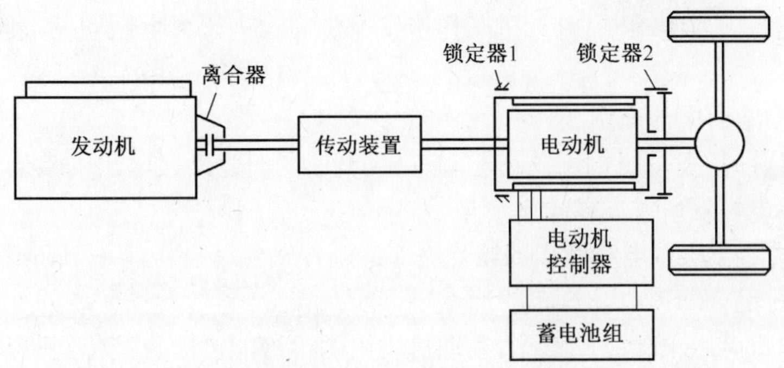

图 5.11 传动电动机转速耦合的混合动力电动汽车结构

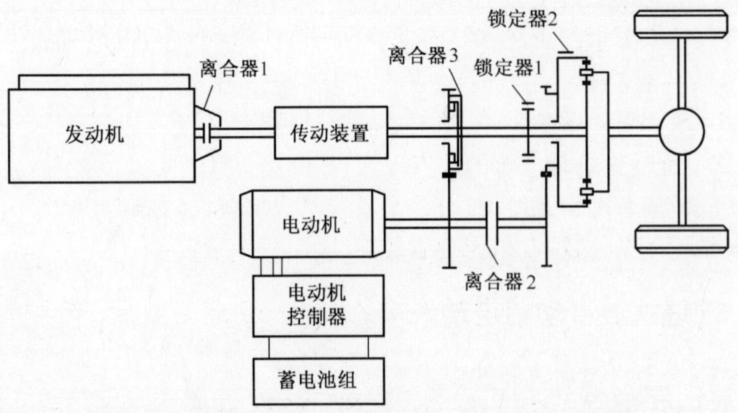

图 5.12 配置行星齿轮机构的复合型混合动力驱动系结构

2. 并联式混合动力电动汽车的工作模式

1）启动/加速模式

车辆启动或节气门全开加速时，发动机和电动机共同工作，共同分担驱动车辆所需的动力。

2）正常行驶模式

车辆正常行驶时，电动机关闭，仅由发动机工作提供车辆行驶所需动力。

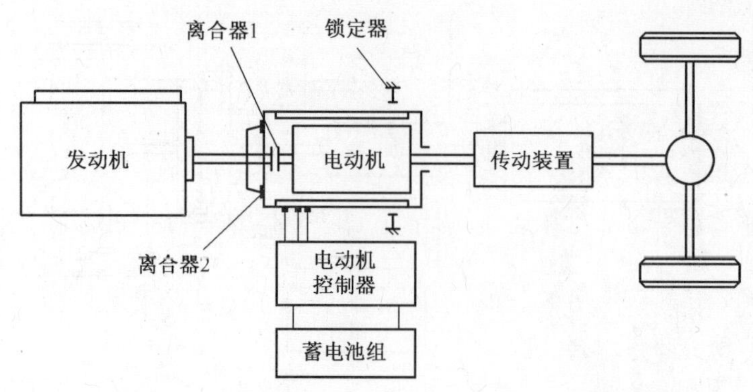

图 5.13　配置传动电动机的复合型混合动力驱动系统结构

3）减速/制动模式

车辆减速行驶或制动时，电动机工作于发电机模式进行再生制动，通过功率转换器给蓄电池充电。

4）行驶中给蓄电池充电模式

当车辆轻载时，发动机输出功率驱动车辆行驶，同时发动机输出的多余功率驱动以发电状态工作的电机发电并向蓄电池充电。

3. 并联式混合动力电动汽车的特点

1）并联式混合动力电动汽车的优点

(1) 发动机可以单独驱动汽车，发动机发出的机械能可以直接传到驱动桥，所以效率较高，燃油消耗也较低。

(2) 与串联混合动力传动系统相比，行驶里程更长。

(3) 在较大功率要求的工况，两套系统可以同时驱动汽车，由电机提供额外功率，发动机工作于理想工况区域。

(4) 两套系统都可以单独工作，因而系统整体可靠性较高。

2）并联式混合动力电动汽车的缺点

(1) 由于安装两套动力系统，整个传动系统的质量较大。

(2) 系统结构复杂，对控制单元要求较高，因而成本昂贵。

5.2.3　混联式混合动力电动汽车

1. 混联式混合动力电动汽车的组成

混联式混合动力电动汽车为转矩与转速耦合复合型的动力系统，是串联式与并联式的综合，它具有优于串联式和并联式（单一转矩或转速耦合）混合动力驱动系统的优点。其发动机发出的功率一部分通过机械传动输送给驱动桥，另一部分则驱动发电机发电。发电机发出的电能输送给电动机或蓄电池，电动机产生的驱动力通过动力复合装置送给驱动桥。混联式混合动力电动汽车的功能结构如图 5.14 所示。

2. 混联式混合动力电动汽车的工作模式

混联式混合动力电动汽车的工作模式有两种方式：一是发动机主动型混联混合动力电动汽车，车辆运行时主要由发动机驱动车辆，如尼桑 Tin。二是电力主动型混联混合动

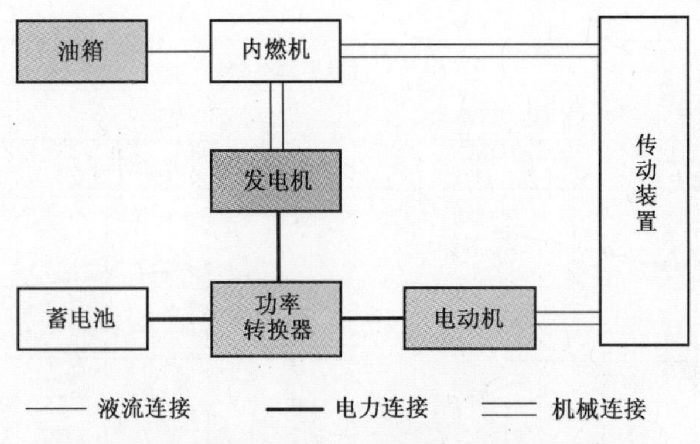

图 5.14　混联式混合动力电动汽车的功能结构图

力电动汽车,车辆运行时主要由电动机驱动车辆,如丰田 Prius。下面将主要通过丰田 Prius 来阐述混联式混合动力电动汽车的工作模式。

3. 混联式混合动力电动汽车的特点

1）混联式混合动力电动汽车的优点

（1）具有独特的结构,兼有串联式和并联式混合动力电动汽车的优点,通过动力分配器,优化了发动机和发电机之间的动力分配,效率比传统的内燃机汽车提高 80%。

（2）因为行星齿轮机构的传动特点类似于无级变速器,所以能够使得各种驱动模式的动力传递十分协调和平稳。

（3）动力传递路线增加,导致动力传动系统能够更好地与路面工况相匹配,燃油经济性和动力性能都获得了提高。

2）混联式混合动力电动汽车的缺点

（1）要求精确的实时电子计算机控制过程,对结构设计和制造工艺要求很高。

（2）动力传递路线增加,控制技术复杂,成本昂贵。

5.3　混合动力电动汽车车型实例

5.3.1　丰田普锐斯混合动力汽车

1. 丰田第一代普锐斯

1997 年 12 月,丰田首先在日本市场上推出了世界上第一款批量生产的混合动力汽车:普锐斯(Prius)。普锐斯混合动力系统由汽油发动机和电动机组成,采用一种折中的方式弥补了汽油发动机车和纯电动车两者之间的缺陷。2000 年,普锐斯经过细微的改动之后推向美国市场,随后进入欧洲,开始了其世界第一混合动力车型的历程。表 5-1 为丰田第一代普锐斯技术参数,图 5.15 为丰田第一代普锐斯透视图。

表 5-1　丰田第一代普锐斯技术参数

丰田第一代普锐斯技术参数			
动力源	类型	最大功率	最大转矩
发动机	1.5L 直列 4 缸汽油内燃机 (阿特金森循环)	50kW	110N·m

（续）

丰田第一代普锐斯技术参数			
电动机	274V 永磁同步交流型	30kW	165N·m
蓄电池	6.5Ah,40 个镍氢电池串联		

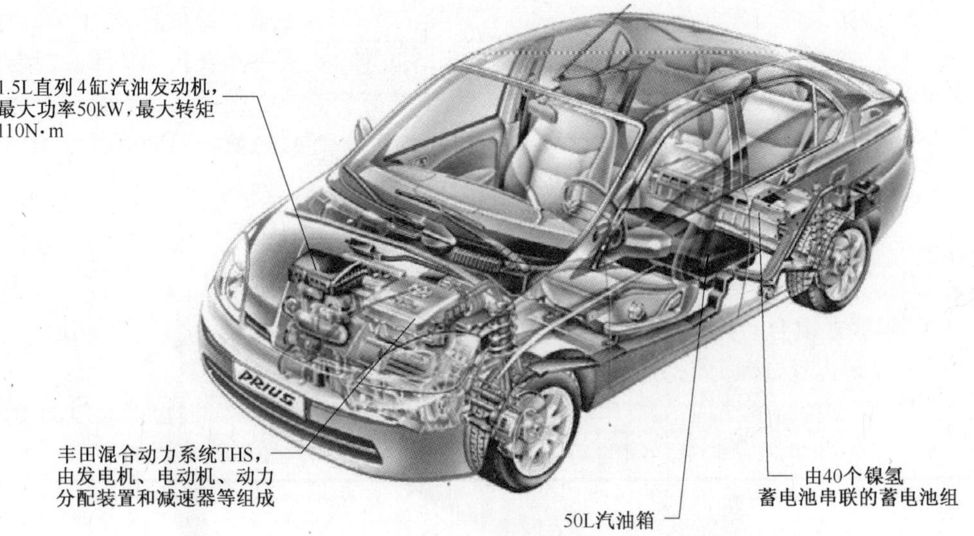

图 5.15　丰田第一代普锐斯透视图

2. 丰田第二代普锐斯

2003 年 9 月，丰田在日本首先上市了全新第二代普锐斯，除了外表的改进外，最重要的是引入了第二代丰田混合动力系统 THS-Ⅱ。THS-Ⅱ是在 HSD（混合动力协同驱动）的概念下开发出来的，即电动机、发动机在车辆各种状态中，采用不同的方式协同工作，来适应各种驾驶模式。THS-Ⅱ与 THS 基本理论相同，不过使用的电动机在同类电动机中性能较高。另外，为了更好地进行能源消耗管理，THS-Ⅱ使用一种新型的线路和制动能量回收系统，与高效的蓄电池组合，可以在制动的时候更好地对制动能量进行回收。THS-Ⅱ最大的改进在于使用了高电压线路——发动机、电动机和蓄电池之间的电压高达 500V，而上一代 THS 的电压只有 274V。表 5-2 是丰田第二代普锐斯技术参数。

表 5-2　丰田第二代普锐斯技术参数

丰田第二代普锐斯技术参数			
动力源	类型	最大功率	最大转矩
发动机	1.5L 直列 4 缸汽油内燃机	52kW	110N·m
电动机	500V 永磁同步交流型	50kW	400N·m
蓄电池	6.5Ah,28 个镍氢电池串联		

3. THS-Ⅱ丰田混合动力系统

1）THS-Ⅱ动力系统结构原理

普锐斯是第一辆混联型的混合动力电动汽车（HV），它的混合动力系统叫做 Toyota Hybrid System（THS），如图 5.16 所示，它利用汽油发动机和电动机两种动力系统，通过串联和并联相结合的形式进行工作。丰田混合动力系统在行车过程中可以不断检测车辆行驶工况,然后通过管理控制系统,对车辆动力分配装置的工作模式进行调整,从而达到省油减排的目的。

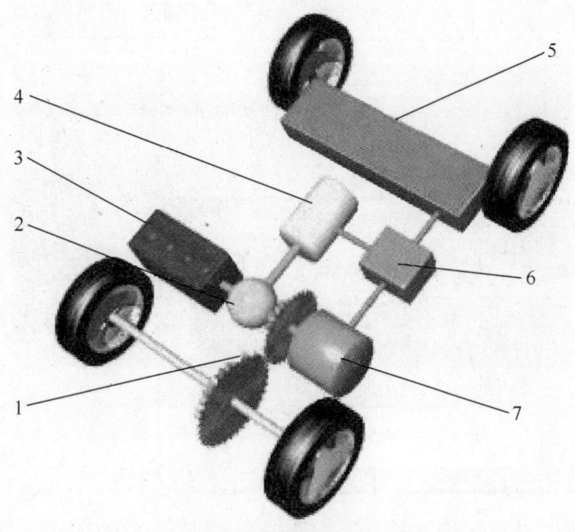

图 5.16 THS-Ⅱ组成简图

1—减速器;2—行星齿轮机构;3—发动机;4—MG1(发电机);
5—HV(混合动力汽车)蓄电池;6—变频器;7—MG2(电动机)。

THS-Ⅱ分为发动机、带转换器的变频器、带马达的压缩机、动力管理控制单元总成、动力电池总成、传动桥、电机、发电机等功能总成。图 5.17 为普锐斯动力系统的结构原理图。结构上,在电动机和发电机之间采用 AC500V 高压电路传输,可以极大地降低动力传输中的电能损耗,高效地传输动力。采用大功率电机输出,可以提高电机的利用率。当发动机工作效率低时,此系统可以将发动机停机,车辆依靠电机动力行驶。THS-Ⅱ动力系统极大地增加了减速和制动过程中的能量回收,提高了能量的利用率。

(1) 阿特金森循环发动机。普锐斯配备了采用了阿特金森循环的发动机,阿特金森循环是 1882 年由阿特金森(James Atkinson)发明的一种内燃机形式。

如图 5.18 所示,传统汽车发动机是按照奥托循环的规律工作的,即一个工作循环包括吸气、压缩、做功和排气四个冲程。在奥托循环发动机里,在吸气冲程中油气混合物被吸入汽缸,当活塞到达下死点后,进气门关闭;在压缩冲程中油气混合物被封闭在汽缸中;在做功冲程中被压缩的混合气点燃做功,推动活塞带动曲轴旋转,这种配气正时决定了发动机膨胀比和发动机的压缩比几乎相等,很难提高膨胀过程中能量的利用率。与此相对应,在阿特金森循环中,在活塞到达下死点后上升一段时间,进气门仍然开放,这样就使得有一部分混合气体被推回到进气歧管,如图 5.18 所示的进气反流阶段,也就是说有效气体压缩行程变短,而做功行程不变,相对增加了膨胀比,就提高了爆炸的膨胀冲程后端的能量利用,利于提高燃油效率。但由于气缸实际工作的容积缩小了,此时发动机的输出功率和扭矩必然有所下降。

(2) 普锐斯控制系统原理。如图 5.19 所示,HV ECU 采用 32 位计算机,通过加速踏板传感器来检测驾驶者的驾驶需求,HV ECU 还要接受有关行车速度和变速器档位的信息,并通过 CAN 网络与其他 ECU(发动机 ECU、HV 蓄电池 ECU、制动防滑控制 ECU、电动

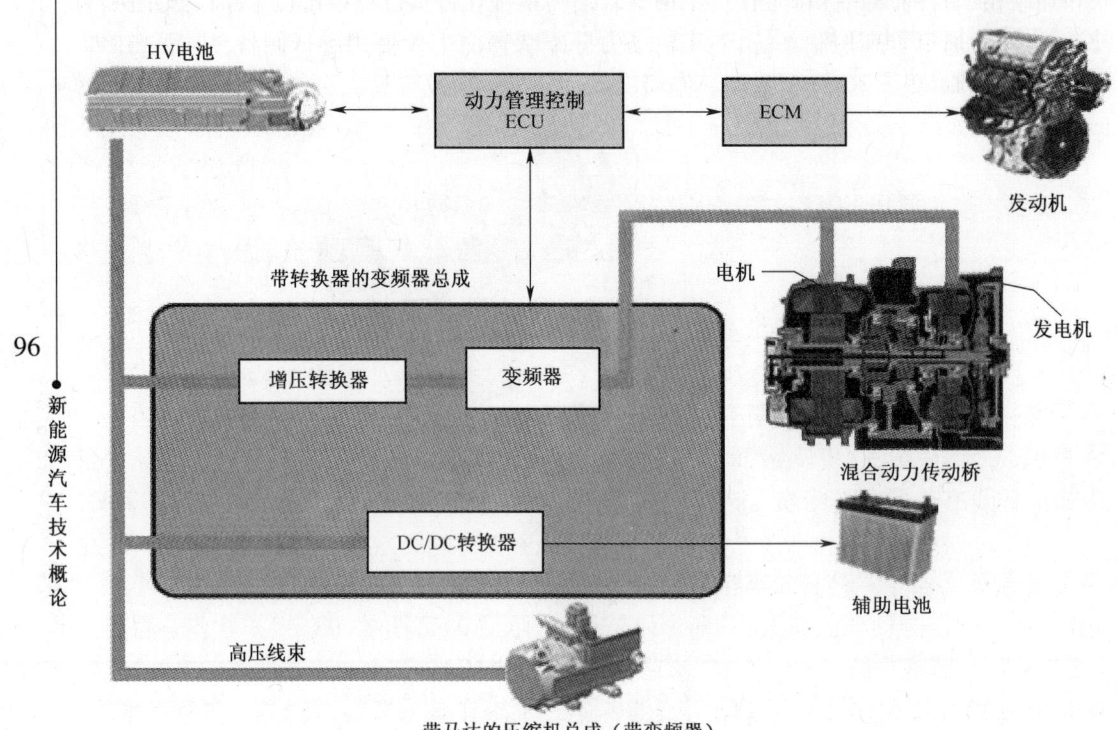

图 5.17 THS-Ⅱ动力系统结构原理图

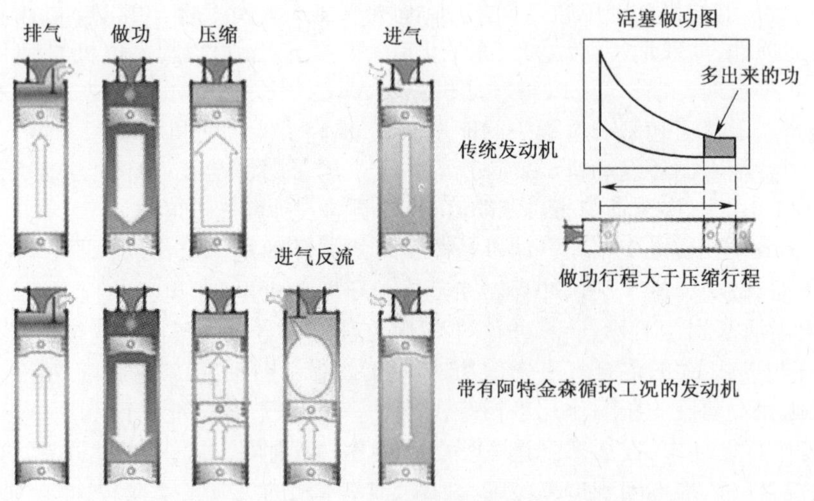

图 5.18 阿特金森循环与奥拓循环相比较

转向 ECU）进行通信，获取相关信息。利用这些信息，HV ECU 就能确定车辆的行驶状况，计算车辆所需的扭矩和功率，将计算结果发送给发动机 ECU、变频器总成、蓄电池 ECU 和制动防滑控制 ECU。

（3）普锐斯变频器。变频器（Variable-frequency Drive，VFD）是应用变频技术与微电

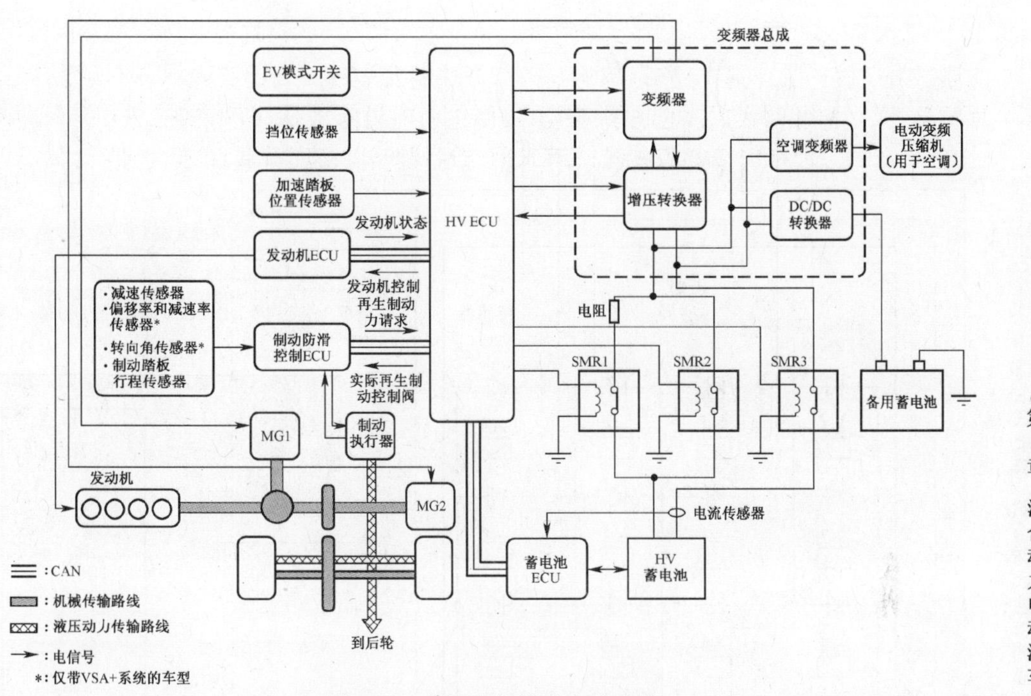

图 5.19　普锐斯控制系统原理图

子技术,通过改变电机工作电源频率方式来控制交流电动机的电力控制设备。如图 5.20(a)所示,普锐斯变频器主要由增压转换器、逆变整流器、直流转换器、空调变频器组成和驱动单元等组成。图 5.20(b)所示为普锐斯变频器总成原理图。变频器靠内部功率晶体管 IGBT 的开断来调整输出电源的电压和频率,根据电机的实际需要来提供其所需要的电源电压,进而达到节能、调速的目的。

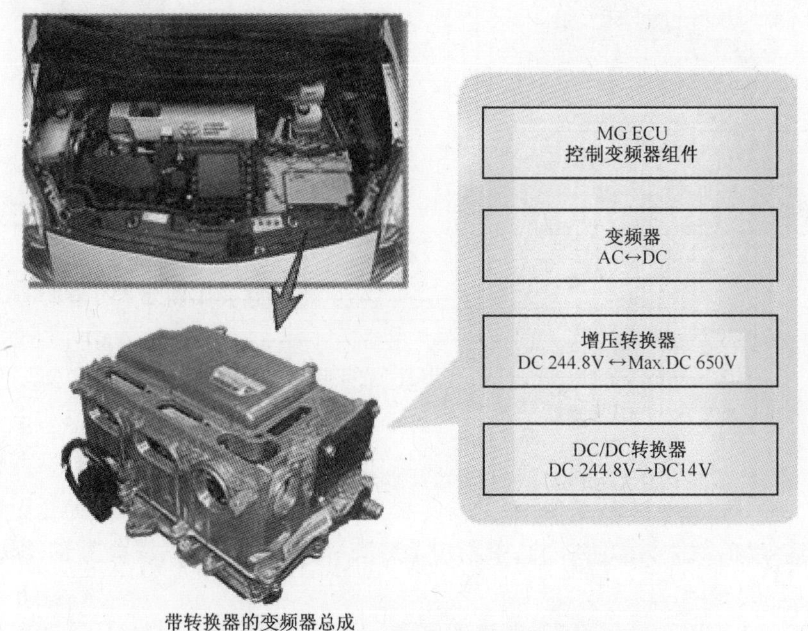

图 5.20(a)　普锐斯带转换器的变频器总成功能组成

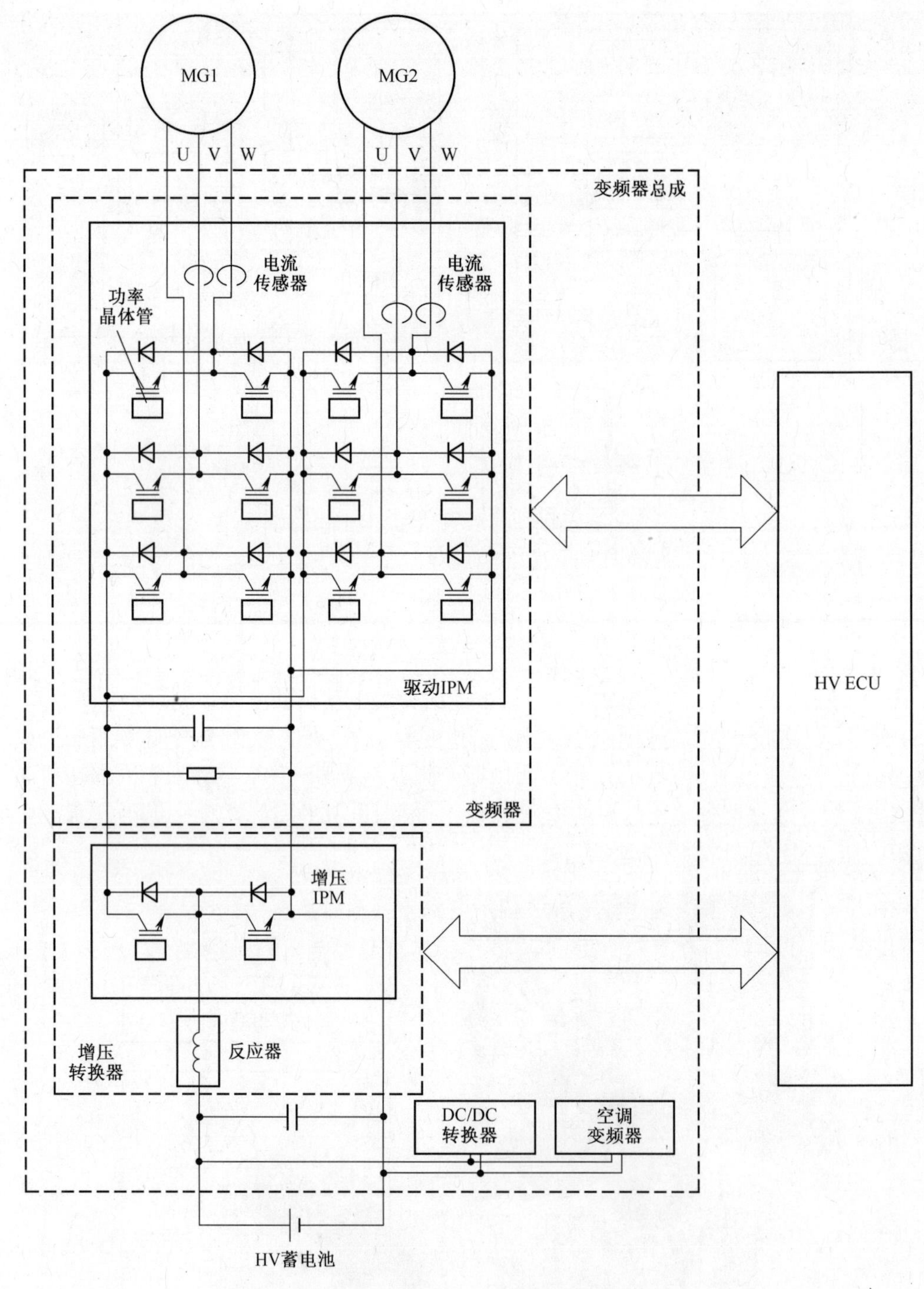

图 5.20(b) 普锐斯带转换器的变频器总成原理图

①增压转换器:将 HV 蓄电池 DC201.6V 电压增压到 DC500V,反之从 DC500V 降压到 DC201.6V。

②逆变整流器:将 DC500V 转换成 AC500V,给电动机 MG2 供电。反之将 AC500V 转

换成 DC500V，经降压后，给 HV 蓄电池充电。

③直流转换器：将 HV 蓄电池 DC201.6V 降为 DC12V，为车身电器供电，同时为备用蓄电池充电。

④空调变频器：将 HV 蓄电池 DC201.6V 转换成 AC201.6V 交流电，为空调系统中电动变频压缩机供电。

（4）普锐斯传动桥总成。普锐斯传动桥总成结构如图 5.21 所示，采取双电机设计，其中 MG1 主要用于启动发动机，以及作为发电机对电池充电，当 MG2 工作时为其提供电力，此外，还可以通过控制转矩保持传动系统的正常工作。MG2 主要用于在低速时提供牵引力，在高速时又可以补充动力，让发动机与汽车协调运作，发挥最优越的性能，并可以在制动时回收能量。

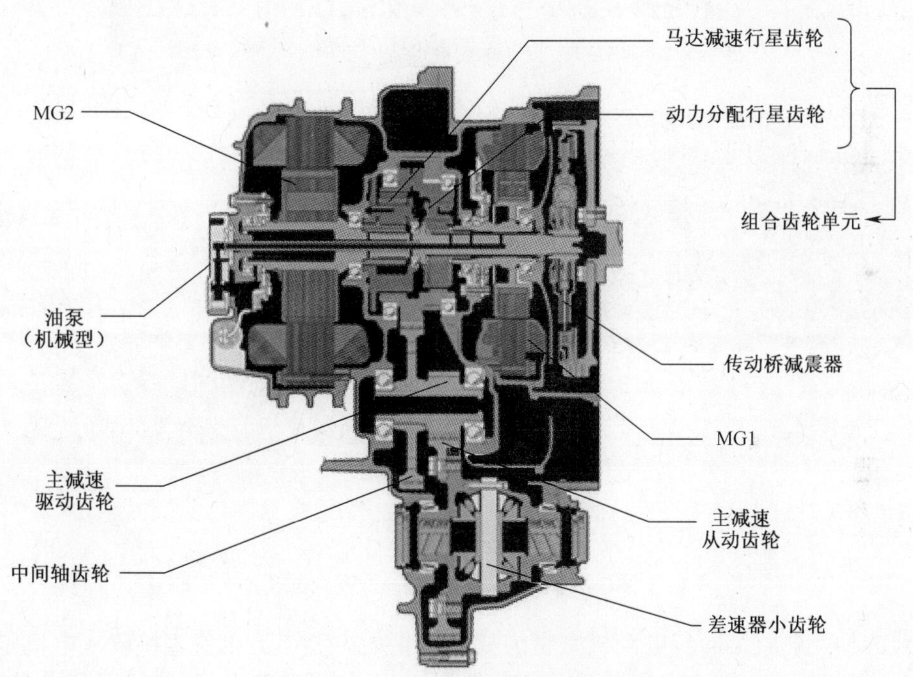

图 5.21　普锐斯传动桥总成结构

发动机与两台电机通过行星齿轮机构相互连接，其对应的连接关系为：太阳齿-MG1、环齿轮-MG2、行星架-发动机输出轴，如图 5.22 所示。

（5）普锐斯动力电池总成。普锐斯使用的电池包括动力电池与辅助电池，如图 5.23 所示，其主要作用除了作为驱动动力能源外，还要向空调系统、动力转向系统、点火系统、照明、信号系统、刮水器和喷淋器，以及车载娱乐和通信设备等装备提供低压电源。

2）THS-Ⅱ系统电机工作原理

交流伺服驱动系统中，应用的交流永磁驱动电机有两大类。一类称为无刷直流同步电动机，另一类称为三相永磁同步电动机，THS-Ⅱ系统的电机（MG1、MG2）属于无刷直流同步电动机类型的驱动电机。无刷直流同步电动机用装有永磁体转子代替了有刷直流电动机的定子磁极。有刷直流电动机依靠机械换向器，将直流电流转换成近似梯形波的交

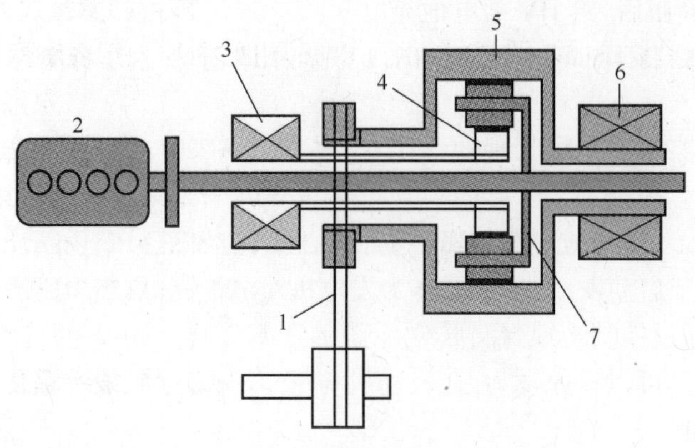

图 5.22 行星齿轮组与发动机、MG1 和 MG2 连接关系

1—驱动链；2—发动机；3—MG1；4—太阳轮；5—环齿圈；6—MG2；7—行星架。

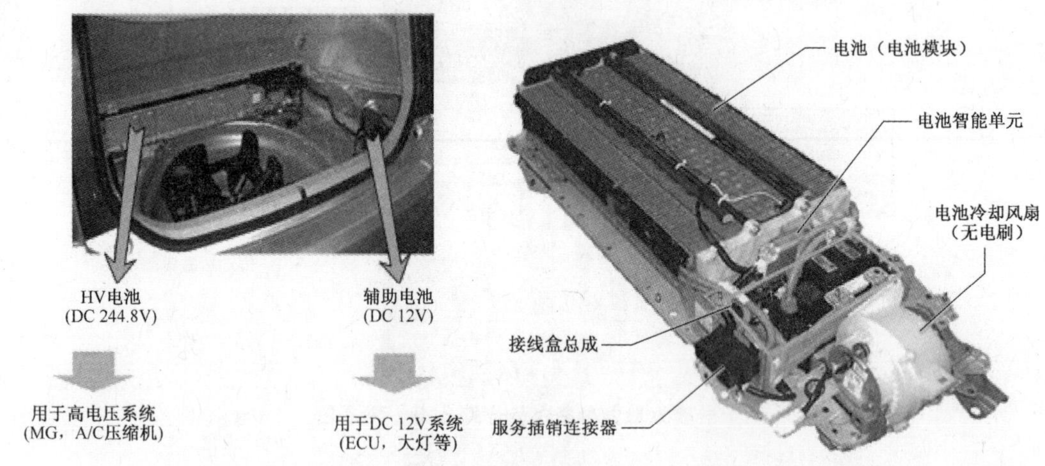

图 5.23 普锐斯电池布置及动力电池结构组成

流电流。而无刷直流同步电动机是将逆变器产生的方波交流电流直接输入电机定子绕组，省去了机械换向器和电刷。无刷直流同步电动机定子绕组中通入三相方波交流电流。定子绕组上会产生感应电动势，生成与永磁转子磁场在空间位置成正交的电枢反应磁场。在转子永磁铁磁场的作用下，电枢反应磁场以反作用电磁力驱动永磁转子同步旋转（如图 5.24 所示）。

3）THS 的工作模式

如图 5.25 所示，普锐斯低油耗行驶能量分配原则：第一，在起动及低速行驶时，THS 仅利用电动机的动力来行驶，因为这时发动机的效率不高。第二，在一般行驶时发动机效率很高，发动机产生的动力不仅是车轮的驱动力，同时也用来发电带动电动机，并给 HV 蓄电池充电。第三，在减速或制动时，THS 油电混合动力系统以车轮的旋转力驱动电动机发电，将能量回收到 HV 蓄电池中。

根据以上原则，具体工作模式如下：

（1）MG1 作电动机时的发动机起动工况。如图 5.26（a）所示，HV-ECU 起动 MG1 从而起动发动机。运行期间，为了防止环齿轮转动并驱动车轮，MG2 处于电动状态以施加

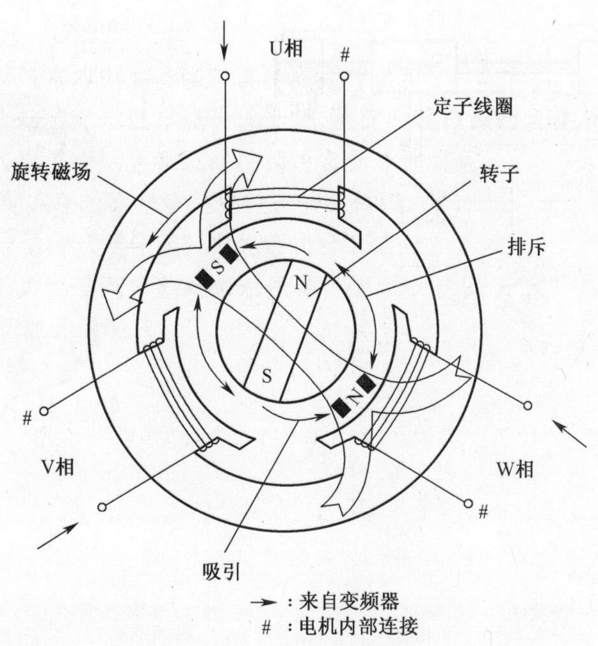

图 5.24 THS-Ⅱ系统电机工作原理

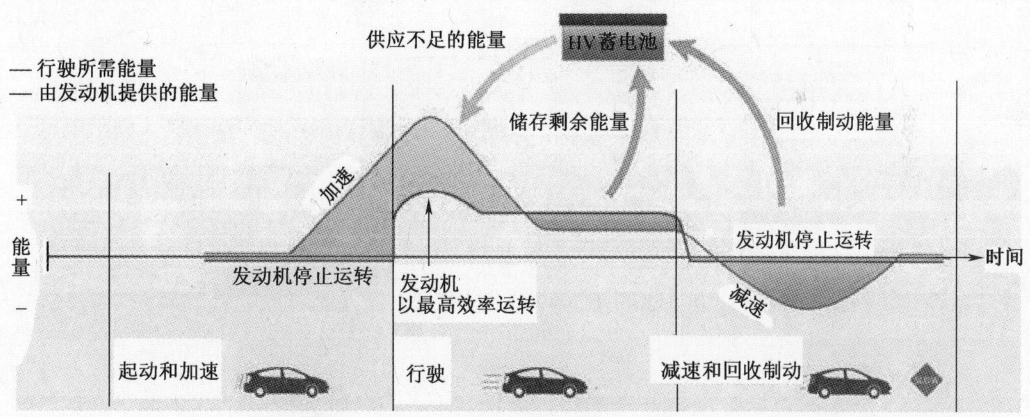

图 5.25 普锐斯低油耗行驶能量分配图

制动，这个功能叫做"反作用控制"或叫"起动控制"。起动控制时行星齿轮中太阳轮、内齿圈、行星架三者的速度关系如图 5.26(b)所示。

注：行星齿轮中太阳轮、内齿圈、行星架三者的速度关系永远满足：

$$n_1 + \alpha n_2 = (1 + \alpha) n_3, \alpha = z_2/z_1$$

n_1为太阳轮转速，n_2为内齿圈转速，n_3为行星架转速

z_2/z_1为内齿圈齿数和太阳轮的齿数比，通常用α表示，是一个大于 1 的数

(2) MG1 作发电机的发电工况。在图 5.27(a)和图 5.27(b)中，在行驶中发动机转动带动太阳轮转动，此时 MG1 作发电机为 HV 蓄电池充电。

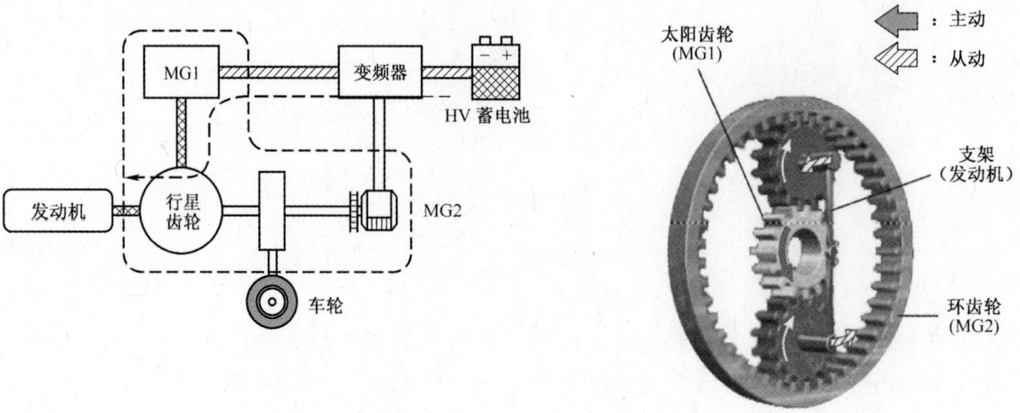

MG1
变频器
HV 蓄电池
发动机
行星
齿轮
MG2
车轮
太阳齿轮
(MG1)
：主动
：从动
支架
（发动机）
环齿轮
(MG2)

图 5.26(a)　启动状态能量流动图

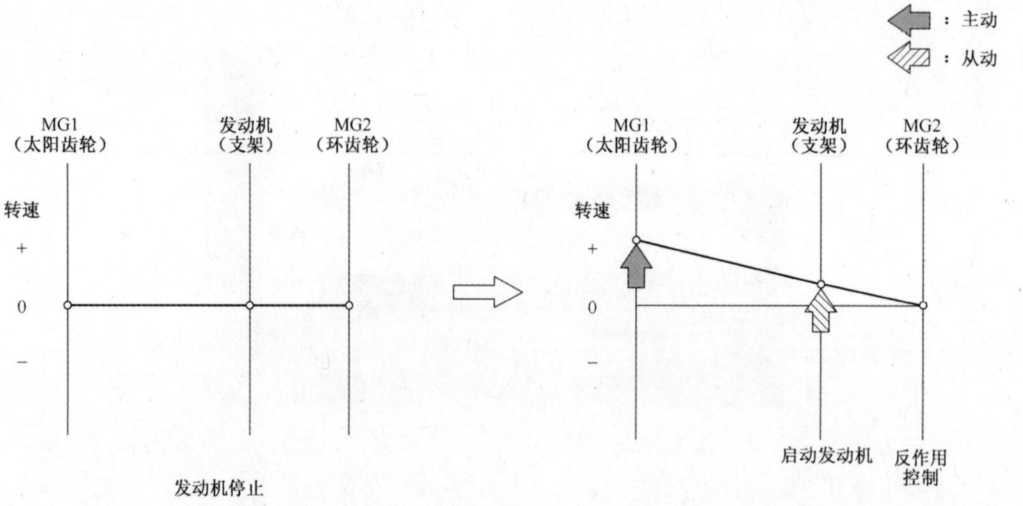

：主动
：从动
MG1
（太阳齿轮）
发动机
（支架）
MG2
（环齿轮）
转速
+
0
–
发动机停止
MG1
（太阳齿轮）
发动机
（支架）
MG2
（环齿轮）
转速
+
0
–
启动发动机
反作用
控制

图 5.26(b)　启动状态行星齿轮速度图

MG1
变频器
HV 蓄电池
发动机
行星
齿轮
MG2
车轮
太阳齿轮
(MG1)
：主动
：从动
支架
（发动机）
环齿轮
(MG2)

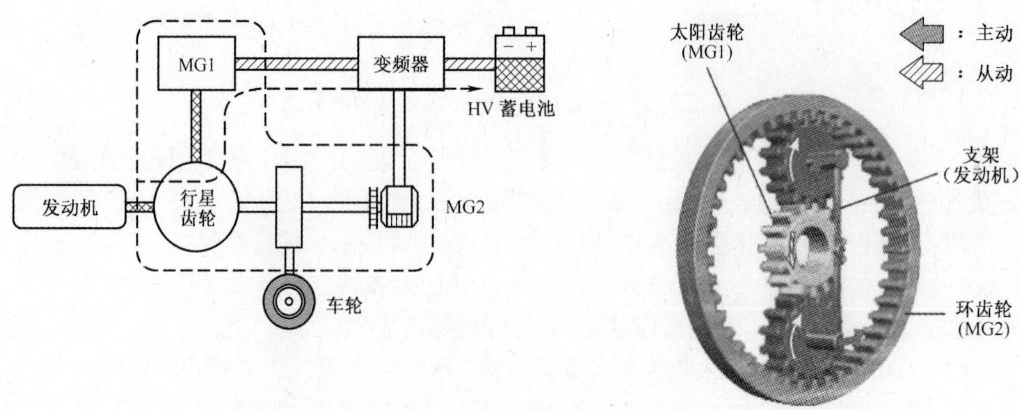

图 5.27(a)　发动机拖动 MG1 发电时能量流动图

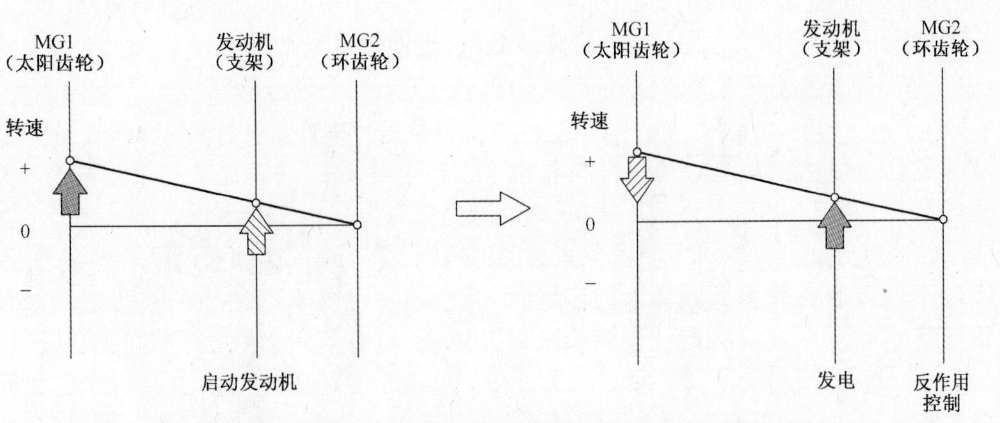

图 5.27(b) 发动机拖动 MG1 发电时行星齿轮速度图

(3) 纯电动工况起动状态。如图 5.28(a)和图 5.28(b)所示，MG2 驱动车辆起步后，车辆仅由 MG2 驱动。这时发动机保持停止状态，MG1 以反方向旋转而不发电。

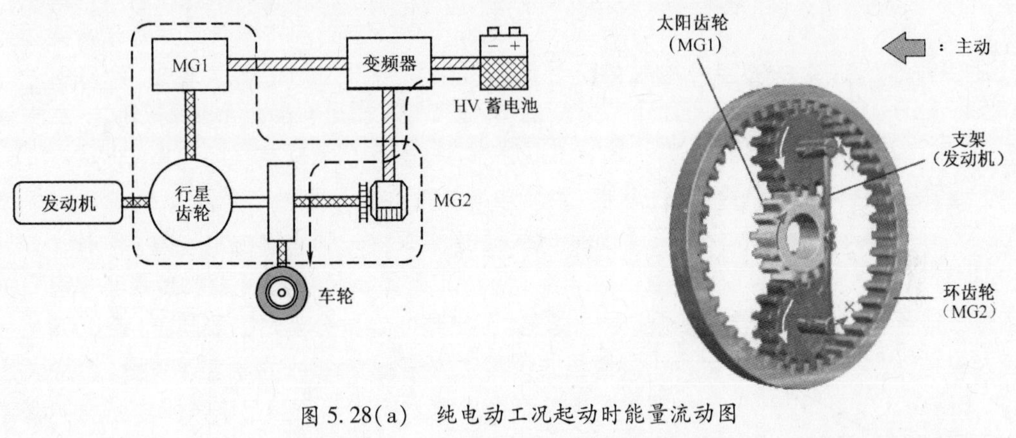

图 5.28(a) 纯电动工况起动时能量流动图

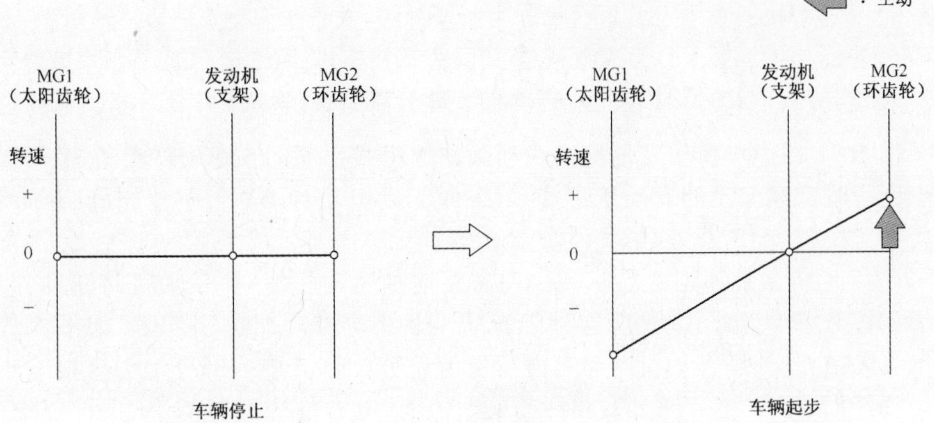

图 5.28(b) 纯电动工况起动时行星齿轮速度图

（4）纯电动转混合动力时的发动机起动控制。如图5.29(a)和图5.20(b)所示，纯电动工况只有MG2工作时，如果增加所需驱动转矩，MG1将被起动，拖动发动机起动。在纯电动工况不需增加转矩时，但HV ECU监视的项目如SOC状态、蓄电池温度、水温和电载荷状态与规定值有偏差，MG1也将被起动，进而起动发动机。

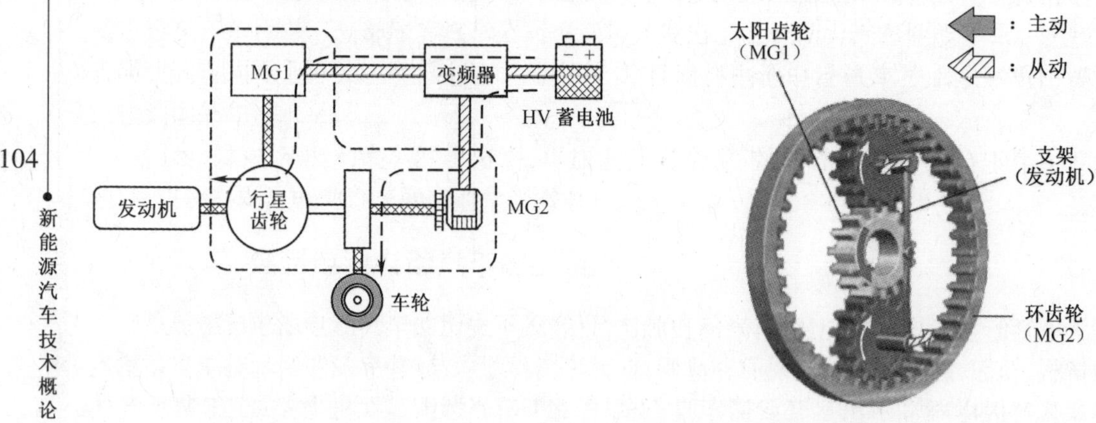

图5.29(a)　纯电动工转混合动力时的能量流动图

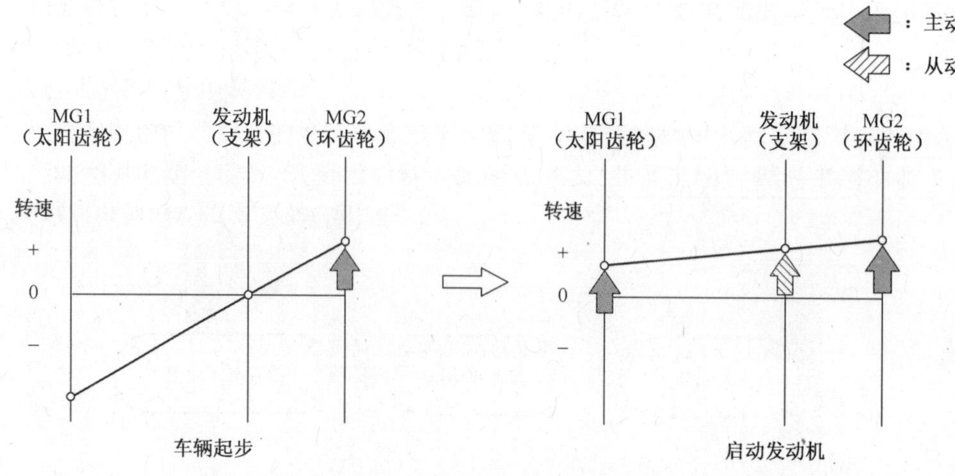

图5.29(b)　纯电动工转混合动力时行星齿轮速度图

（5）MG1在小负荷作发电机模式和微加速模式。如图5.30(a)和图5.30(b)所示，小负荷时已经起动的发动机将使MG1作为发电机为HV蓄电池充电，并向MG2供电。

（6）发动机微加速工况。车辆出现需要增加驱动扭矩时，发动机将起动作为发电机的MG1并转变为电动机，这种工况也叫“发动机微加速”模式。如图5.31所示，发动机微加速时，发动机的动力由行星齿轮分配。其中一部分动力直接输出，剩余动力用于MG1发电。通过变频器的电动传输，电力输送到MG2用于作为MG2的输出动力。

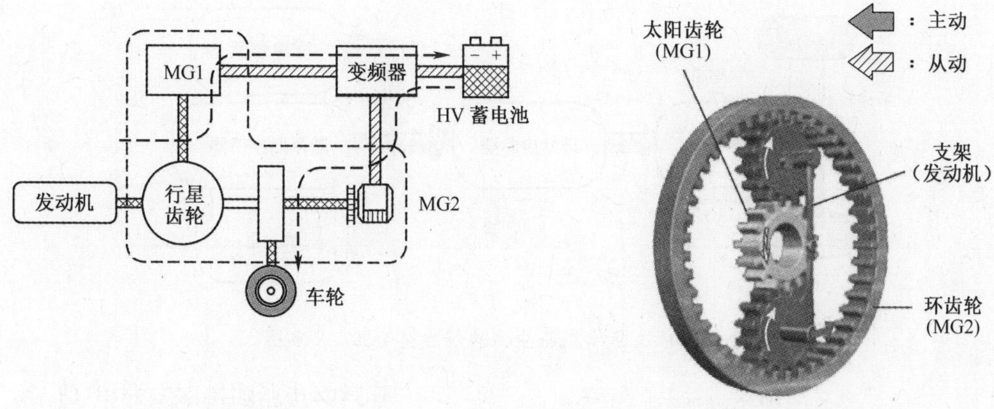

图 5.30(a) MG1 在小负荷作发电机时的能量流动图

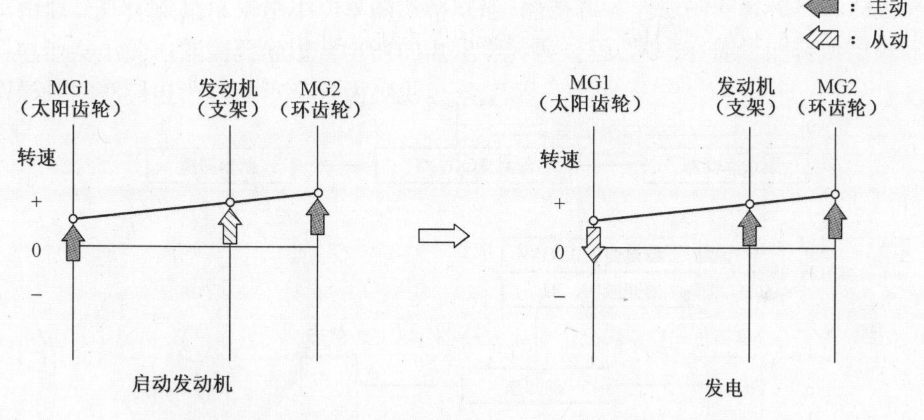

图 5.30(b) MG1 在小负荷作发电机时的行星齿轮速度图

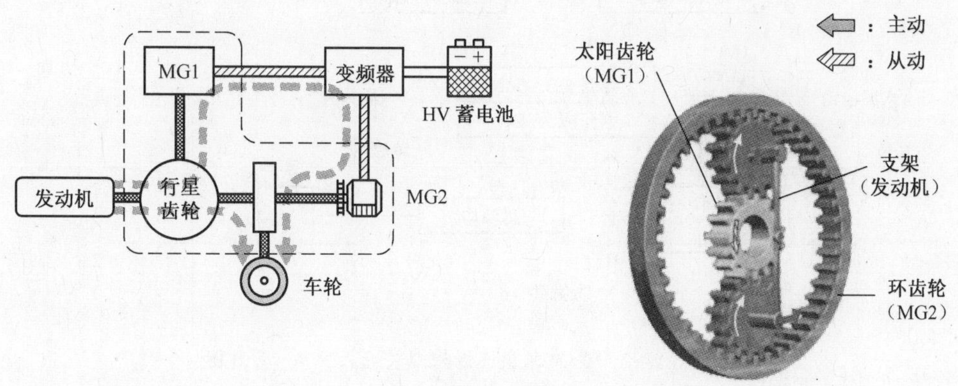

图 5.31(a) 发动机微加速工况时的能量流动图

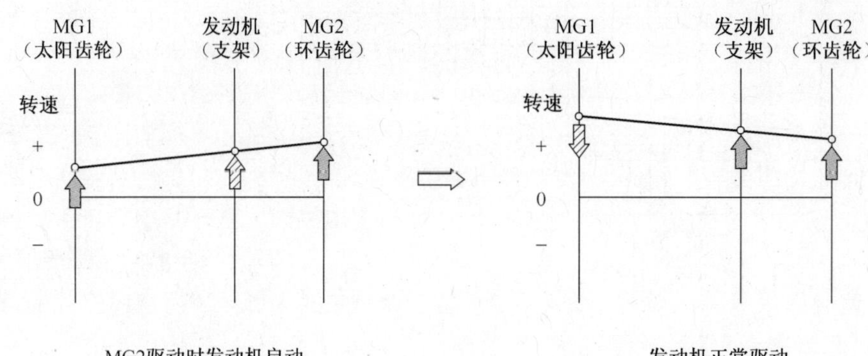

图 5.31(b) 发动机微加速工况时行星齿轮速度图

(7) 低载荷巡航时。如图 5.32(a)和图 5.32(b)所示，车辆以低载荷巡航时，发动机的动力由行星齿轮分配。其中一部分动力直接输出，剩余动力用于 MG1 发电。通过变频器的电动传输，电力输送到 MG2 用于作为 MG2 的输出动力。

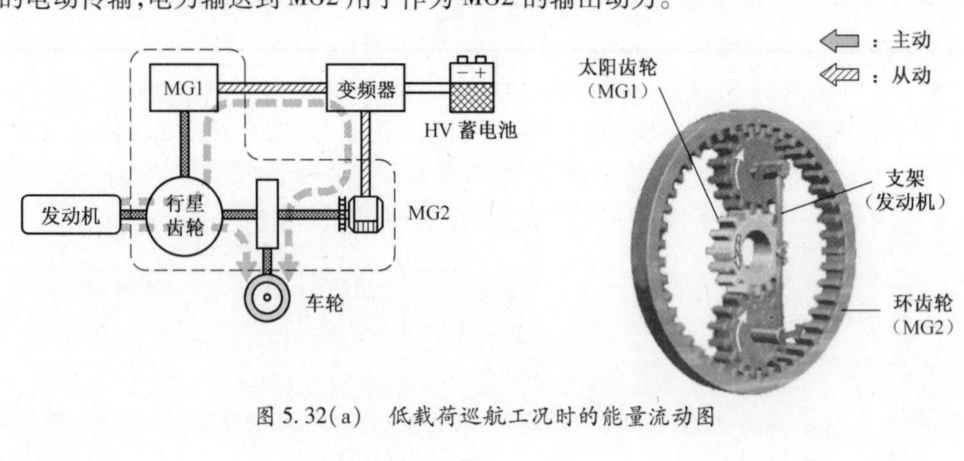

图 5.32(a) 低载荷巡航工况时的能量流动图

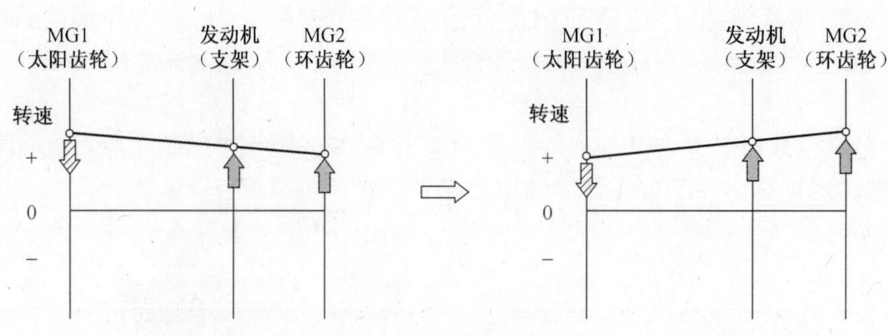

图 5.32(b) 低载荷巡航工况时行星齿轮速度图

(8) 节气门全开加速时。如图 5.33(a)和图 5.33(b)所示,车辆从低载荷巡航转换为节气门全开加速模式时,系统将在保持 MG2 动力的基础上,再增加 HV 蓄电池的能量,此时发动机、MG1、MG2 全部给汽车加力以产生加速转矩。

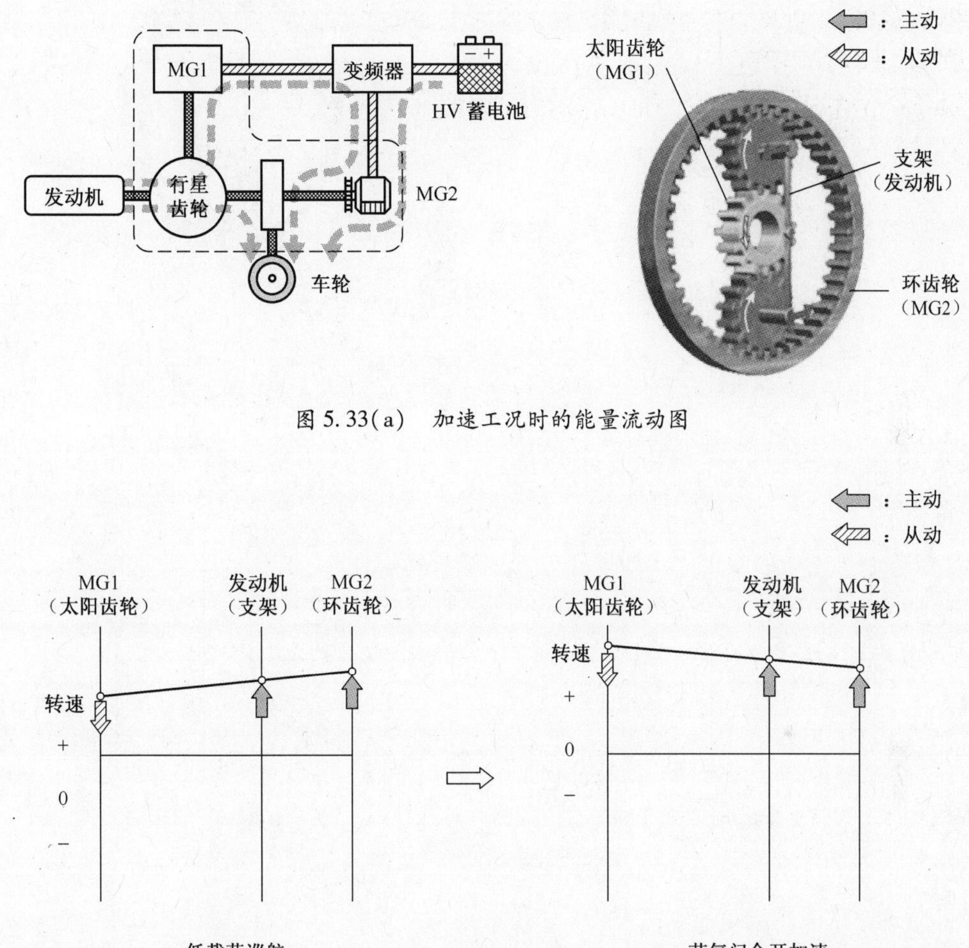

图 5.33(a) 加速工况时的能量流动图

图 5.33(b) 加速工况时行星齿轮速度图

(9) 减速行驶时。如图 5.34(a)和图 5.34(b)所示,分为 D 档减速和 B 档减速行驶两种情况。

①车辆以 D 档较低车速减速行驶时,发动机停止工作,动力为零。这时,车轮驱动 MG2,使 MG2 作为发电机运行并为 HV 蓄电池充电,太阳轮反转,MG1 不进行发电控制,从而不发电。另外当车辆从较高速度开始减速时,发动机以预定速度继续工作保护行星齿轮组,防止行星轮转速过高烧毁行星轮轴承。

②如图 5.35(a)和图 5.35(b)所示,车辆以 B 挡减速行驶时,车轮能量一部分驱动 MG2,使 MG2 作为发电机工作并为 HV 蓄电池充电,为 MG1 供电,这样 MG1 处于电动机状态带动太阳轮转正转,齿圈转动能量的另一部分经发动机转速并施加发动机制动。这时,发动机燃油供给被切断。

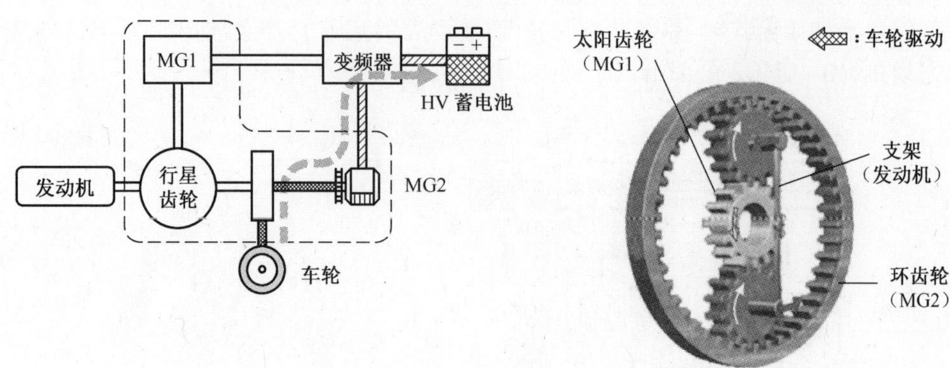

图 5.34(a)　D 档减速时的能量流动图

：主动
：从动
：车轮驱动

MG1（太阳齿轮）　发动机（支架）　MG2（环齿轮）

转速
+
0
–

低载荷巡航　　减速行驶

图 5.34(b)　D 档减速时行星齿轮速度图

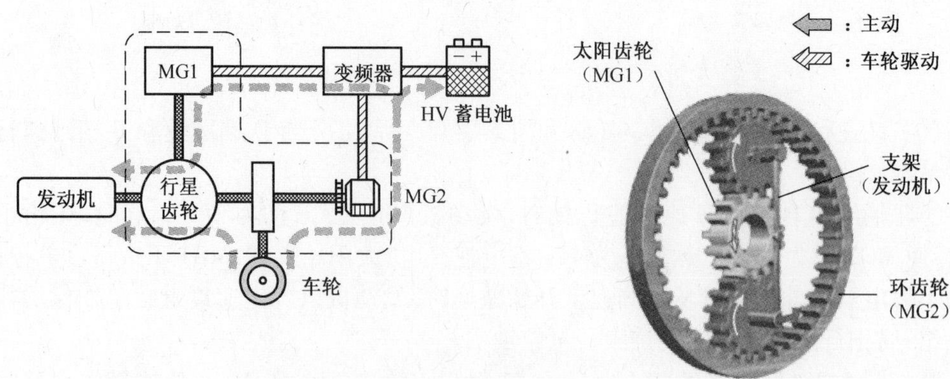

图 5.35(a)　B 档减速时的能量流动图

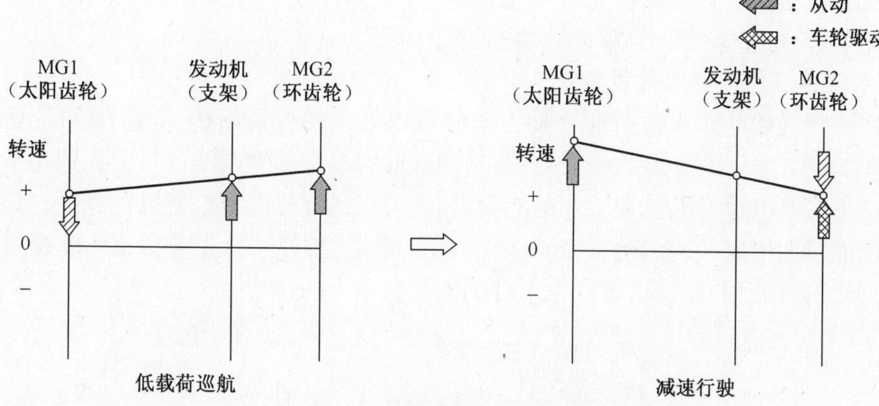

图 5.35(b)　B 档减速时行星齿轮速度图

如果驾驶员踩下制动踏板,制动防滑控制 ECU 计算所需的再生制动力并发送信号到 HV-ECU,HV-ECU 接收到信号后在符合所需再生制动力的范围内增加再生制动力。这样就可以控制 MG2 产生充足的电量。

(10) 倒车工况。如图 5.36(a)和图 5.36(b)所示,MG2 驱动车辆倒车时,仅 MG2 为车辆提供动力。这时 MG2 反向旋转,发动机不工作,MG1 正向旋转但并不发电。若 MG2

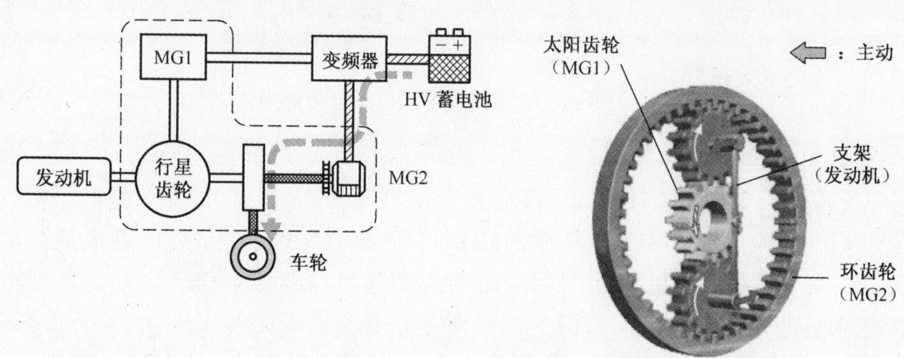

图 5.36(a)　倒车工况时的能量流动图

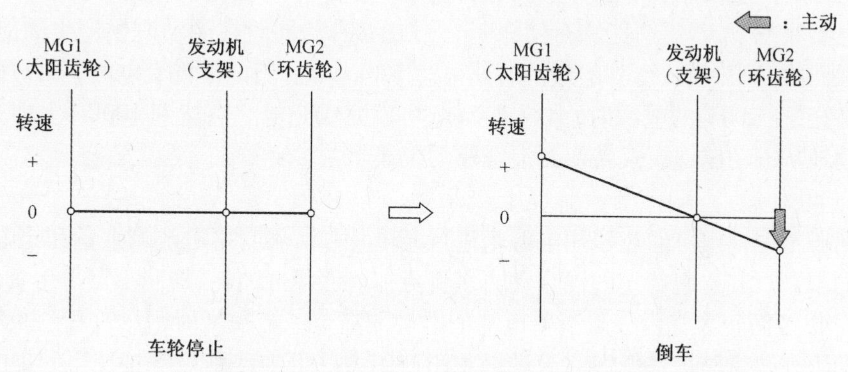

图 5.36(b)　倒车工况时行星齿轮速度图

驱动车辆倒车时需要起动发动机时,如果 HV-ECU 监视到如 SOC 状态、蓄电池温度、冷却液温度和电载荷状态与规定值有偏差,MG1 将被带动进而起动发动机。倒车时,发动机带动 MG1 作为发电机工作为 HV 蓄电池充电。

3. 丰田第三代插电式普锐斯

丰田第三代插电式普锐斯混合动力车型是以第三代普锐斯为原型,增加了插电口。如图 5.37 所示,采用的也是混联式结构,其和普通的混合动力电动汽车的区别在于,插电式混合动力配有电池充电装置。在电池没电时,可通过外接电源给蓄电池充电,另外由于电池蓄电能量高出以往的油电混合动力车,因此在短途行驶时,主要以 EV 模式为主,在长途移动时则可兼用发动机,更好地发挥油电混合动力的优势。

图 5.37　第三代普锐斯插电版混合动力电动汽车

1）动力系统组成和性能

第三代普锐斯车型搭载 1.8L 阿特金森发动机和 650V 永磁同步交流电动机。其中 1.8L 发动机型号为 2ZR-FXE,最高输出功率为 73kW/5200(r/min),电动机最高输出功率为 60kW,发动机和电动机的动力耦合时的最高输出功率为 100kW。动力蓄电池为锂离子型式,额定电压为 345.6V(3.6V×96 个单元),容量为 5.2kW · h。官方公布的 EC 工况下油耗为 2.6L/100km,二氧化碳的排量为 59g/km。

2）工作状态

起步时,普锐斯只用电动机进行驱动,能量来自于车载电池,发动机完全处于停止状态。纯电动状态下,普锐斯能够行使 20km 左右的距离,同时在制动时候产生的能源作为电力能源回收。EV 模式行驶的最高时速可达 100km/h。当电池没有电时,可以通过外接电源来补充,在 200V 的电源时,大约 100min 可以完成充电。当达到 100km/h 时速以后,可以自动地从电动驱动模式转变到混合驱动模式。

3）充电方式

锂离子蓄电池组可通过家用电源来进行充电,因此,不受蓄电池剩余量和充电设施完善情况的限制。其比起传统的混合动力车将更加能够降低油耗、抑制不可再生资源消耗、减排 CO_2 以及防止大气污染。当蓄电池的电量下降至一定程度时,系统就会自动地切换为混合动力模式行驶。在低温时起动以及用户用力踩下加速踏板等情况下,如果系统判断电池提供的功率较低时,就会起动发动机驱动行驶。

5.3.2 雪佛兰 Volt 混合动力电动汽车

雪佛兰 Volt 是通用汽车公司开发的一款串联插电式混合动力车(通用汽车称为增程式电动车),如图 5.38 所示,2010 年底在美国上市,2011 年正式进入中国。

图 5.38 串联插电式雪佛兰 Volt 混合动力电动汽车

1）动力系统组成和性能

如图 5.39 所示,雪佛兰 Volt 混合动力车采用一台额定功率为 45kW(峰值输出功率为 120kW)电动机驱动前轮的驱动方式,配合 1.0L 三缸涡轮增压汽油发动机以及最大输出功率为 53kW 的发电机共同工作。车载电池采用的是容量为 16kW·h 的锂离子充电电池。

其电力系统可以产生大约 110kW,370N·m 的扭矩输出,最高车速能达到 161km/h,百公里加速时间约为 9s。当行驶里程在约 64km 以内时,雪佛兰 Volt 电动车可以完全只依靠车载 16kW·h 时的锂离子电池所储备的电力来驱动。

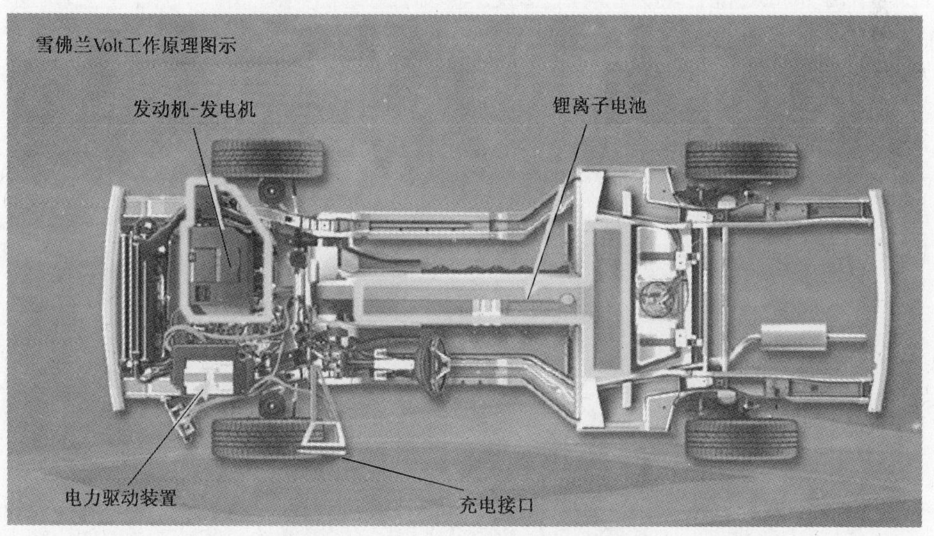

图 5.39 雪佛兰 Volt 动力系统组成

2）工作状态

从“增程”的字面上可理解为这是一款能够“增加行驶里程的”电动车,其驱动方式为完全靠电力驱动。在起步或者短途行驶时,由电池经过逆变器为电机提供动力,电机带动车辆行驶。而当电池组的电力耗尽后，或者不充足时，则可以通过车载的汽油或其他形式发动机带动电机来为车辆电驱系统继续提供电能。另外在其提供电能的同时，发动机也带动发电机为电池充电。这种类型的车辆的发动机都偏小，并且只为发电机提供动力，而不直接参与驱动车辆。

3）充电方式

如果说通过外界电源充电获取行驶所需电力，则 Volt 需在 110V 电源上充电约 6h，如果使用 220V 电源充电则只需 3h 就可以充满。

5.3.3 本田 Insight 混合动力汽车

1. 本田 Insight 概述

1999 年 12 月，本田第一款混合动力汽车 Insight 在美国上市销售。这台车搭载了本田的混合动力系统 IMA（集成电动机辅助），汽油发动机为 1.0L 三缸，电动机功率为 10kW 并配备有镍金属蓄电池，一箱油可以跑 960~1120km。电动机主要是在低转速提供更强的转矩和在必须的时候提供动力辅助。

为更进一步削减 CO_2 排放，本田以成为"新时代小型车的标杆"为目标，研发出了第二代混合动力车 Insight，如图 5.40 所示。全新的 Insight 在紧凑的车身内搭载了小型化、轻量化、高功率的 1.3L i-VTEC+IMA（Integrated Motor Assist）混合动力系统，还首次搭载"节能驾驶辅助系统"，该系统具有以下三项功能。(1) ECON 模式：通过控制发动机和 CVT 辅助驾驶人进行节能驾驶；(2) 提醒功能：车辆行驶中，实时改变仪表盘背景颜色提醒驾驶人注意节能驾驶；(3) 评分功能：对驾驶人在实际驾驶过程中的节能状况进行评分，并在仪表盘上显示树叶图形，通过树叶的数量对驾驶人的节能成绩进行评分。表 5-3 为第二代本田 Insight 混合动力汽车主要技术参数。

图 5.40 本田 Insight 外观图

表 5-3 第二代本田 Insight 混合动力汽车技术参数

第二代本田 Insight 混合动力汽车技术参数			
动力源	类型	最大功率	最大转矩
发动机	1.3L 直列 4 缸汽油内燃机	65kW	121N·m
电动机	薄型 DC 无刷电动机	10kW	78N·m
蓄电池	580Wh(100.8V) 镍氢电池串联		

2. IMA 本田混合动力系统

如图 5.41 所示为本田独创的混合动力系统——IMA 系统,本质上是一种并联式混动力系统。其以先进的 i-VTEC 发动机作为主动力,以高效电动机作为辅助动力,既具有卓越的环保、节能性能,又具备流畅的行驶性能,将环保与驾驶乐趣融为一体。

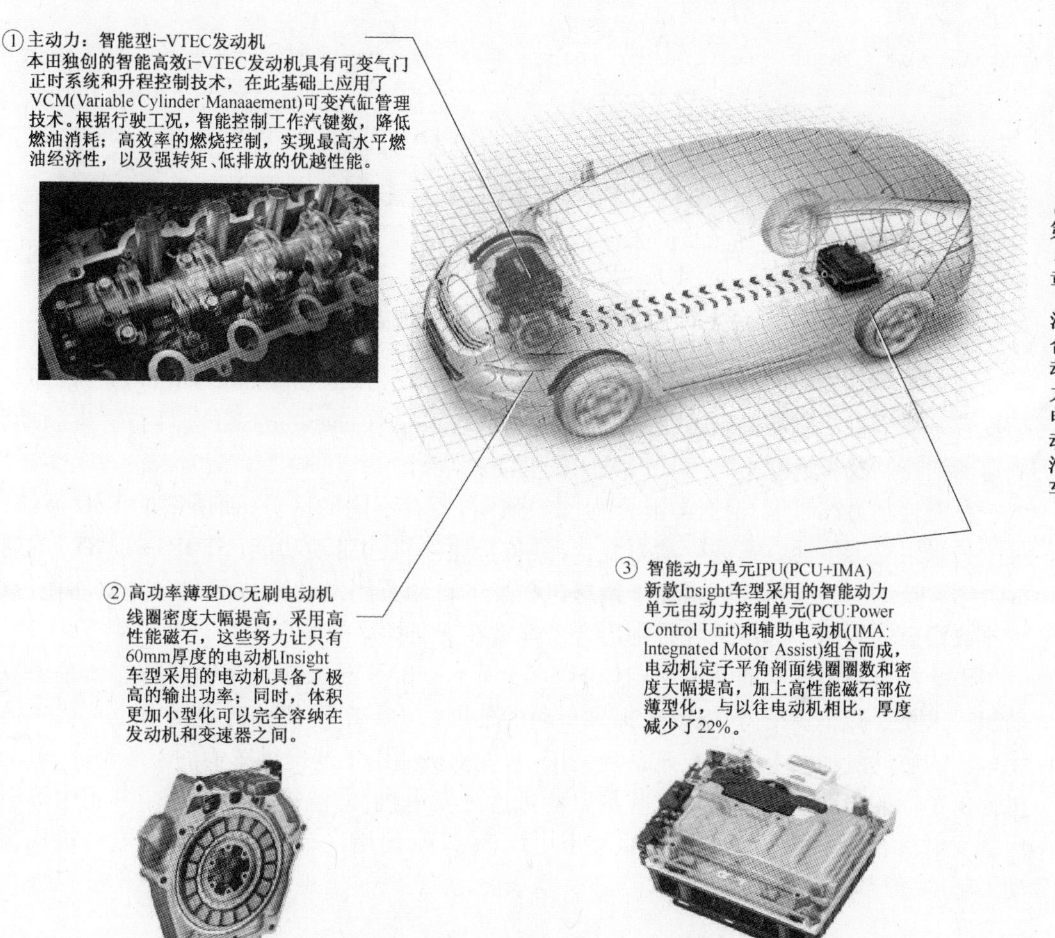

图 5.41　本田 Insight 混合动力系统分解图

3. 本田 Insight 混合动力系统工作模式

如图 5.42 所示:

(1) 起步加速:起步时电动机辅助驱动,提供强有力的加速能力。

(2) 低速巡航:低速巡航行驶时,发动机汽缸关闭,只靠电动机行驶。

(3) 加速:发动机驱动并由电动机辅助,提供强有力的加速动力。

(4) 高速巡航:电动机关闭,只由发动机驱动,以稳定的低油耗行驶。

(5) 减速:将制动能量转化为电能存储在蓄电池中,此时发动机关闭,减少能耗,提高充电效率。

(6) 怠速停车:怠速时发动机自动停止,此时能源消耗和排放为零。

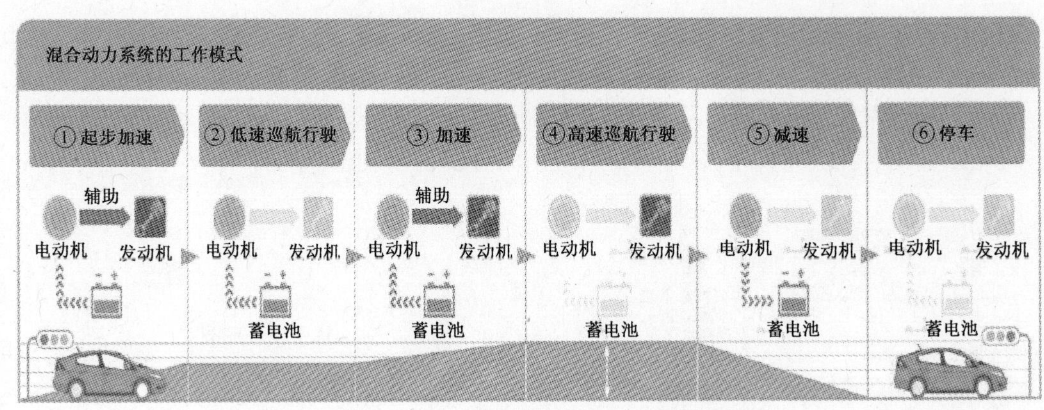

图 5.42　本田 Insight 混合动力系统工作模式

5.3.4　别克君越 ECO-Hybrid 油电混合动力系统

别克君越 ECO-Hybrid 油电混合动力采用的是 BAS(Belt Alternator Starter)系统,即驱动皮带—发电机—启动机系统,也称为 BSG(Belt Starter Generator)系统,具有再生制动、减速断油控制及车辆静止时发动机关闭等功能。

在混合动力汽车里,根据电混合程度的强弱,会有不同的区分,而所谓的 BSG 系统,是一种采用皮带传动方式进行动力混合,具备怠速停机和启动功能(STOP-START)的弱混合动力技术。起停系统可以在车辆怠速状态下自动关闭发动机从而起到降低油耗、减少排放污染的作用。起停系统特别适合于经常在交通拥堵的城市中运行的车辆。

BAS 混合动力车辆的基本结构如图 5.43 所示。BAS 混合动力车辆的特点就是由发动机提供主要的车辆动力,电动机提供车辆的辅助动力。电动机同时电动机也替代了传统车辆的启动机和发电机。在该系统使用中,发动机使用燃油提供车辆的主要动力,电动机提供车辆的辅助动力。电动机既是启动机也是发电机,电池组储存电能。其用中等电压的发电机和电池组(36V),电池组充电电压为 42V,使用发动机作为动力,电动机作为动力辅助,可节省燃油 12%~20%。

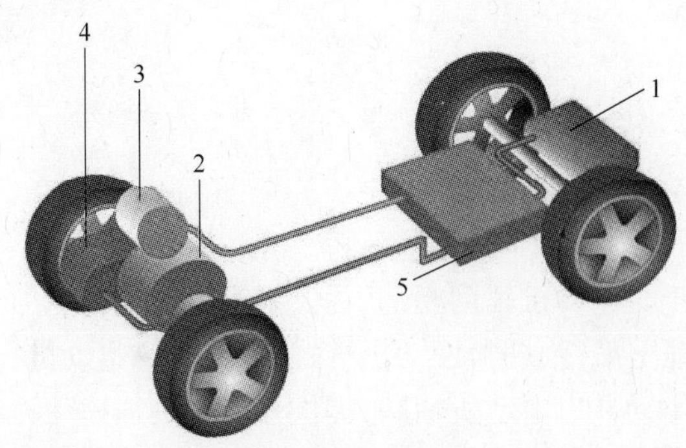

图 5.43　BAS Hybrid 混合动力车辆的基本结构

1—燃油箱;2—变速器;3—电动机/发电机;4—内燃机;5—电池组。

1. BAS 混合动力系统操作

BAS 混合动力车辆在工作时,发动机和电动机之间是互相配合工作的,图 5.44 详细说明了系统的工作过程。

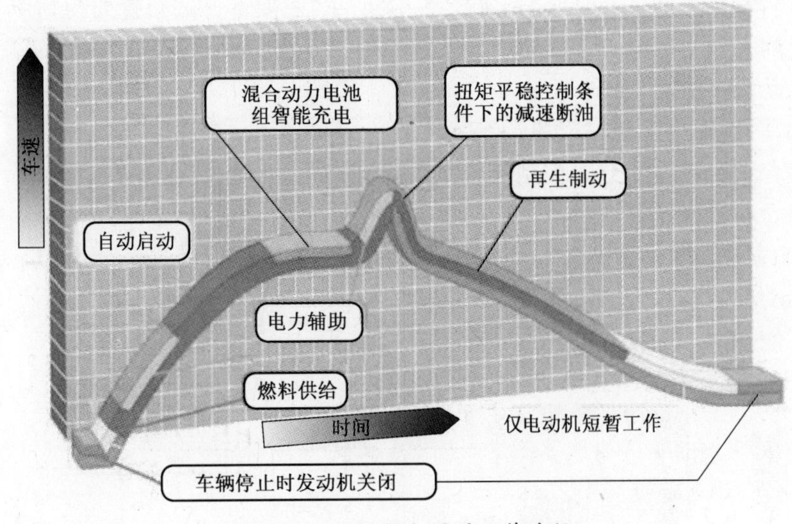

图 5.44 BAS Hybrid 的工作过程

1）车辆停止阶段

发动机进入自动停止模式，此时发动机处于关闭状态，没有燃油流向发动机，车上的一些附件装置，像灯光系统、娱乐系统等都由蓄电池进行供电。

2）电动机短暂工作阶段

当驾驶员松开制动踏板、踩下加速踏板车辆需要起步时，电动机带动发动机运转，燃油供应恢复，发动机自动启动。另外，当滑行阶段，车辆快要停止之前，电动机会带动发动机转动（发动机此时未供油），目的是使扭矩平顺，驾驶性能更好。

注意：传统的起动机并没有取消，在发动机初始起动（第一次起动）是靠传统的起动机带动的。

3）燃油供给阶段

此阶段发动机正常工作，消耗燃油。

4）电动助力阶段

当驾驶员踩下加速踏板比较深时，通过电动机对车辆进行电动助力。

5）智能充电阶段

在这一阶段，电动机由发动机带动旋转，电池组尽可能地从系统中获得更多的充电机会。

6）减速断油阶段

当车辆进入滑行阶段或停下来后，发动机被切断燃油供应，在某些滑行期间，为了保证扭矩的平顺性，电动机也将转动。

7）再生制动阶段

当车辆减速时，发动机停止供油、变矩器锁止、车辆带动发动机转动、电动机此时作为发电机发电，发电机相当于车辆的负载，对车辆又有制动作用（类似于发动机制动），系统进入再生制动阶段。驾驶 BAS 混合动力车辆时，你会感觉到制动效果比常规车辆要强许多。

2. BAS 混合动力系统的组成

BAS 混合动力系统的组成部件,如图 5.45 所示,主要部件的布置如图 5.46 所示。系统主要由下列元件组成:

(1) 电动机/发电机总成;

(2) 起动机/发电机控制模块;

(3) 混合动力电池组分离控制模块,也叫能量存储控制模块;

(4) 混合动力镍氢电池组;

(5)12V 蓄电池;

(6) 驱动皮带及双张紧器总成;

(7) 其他附件。

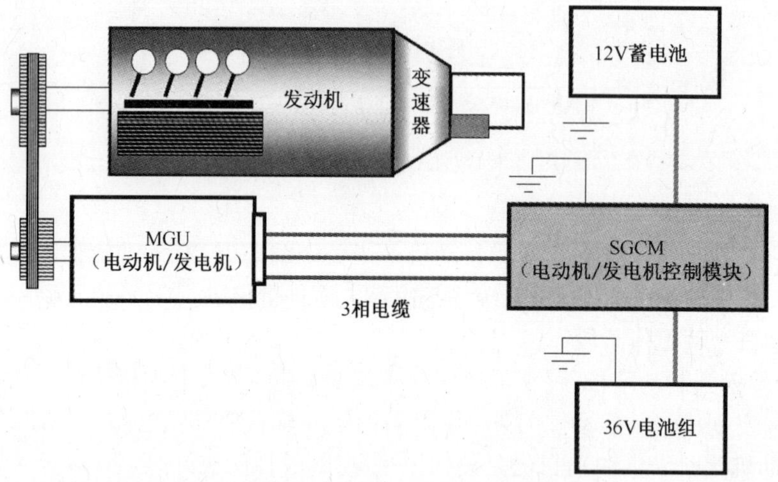

图 5.45 BAS 混合动力系统的组成部件

图 5.46 BAS 混合动力车辆主要部件的布置

1—36V 镍氢电池组;2—驱动皮带及双涨紧器;

3—电动机/发电机总成;4—起动机/发电机控制模块。

思考题

1. 混合动力电动汽车有哪些类型？其特点是什么？

2. 简要分析混合动力电动汽车能降低油耗、减少排放污染的主要原因。

3. 简述丰田普锐斯混合动力系统的结构特点和工作模式。

4. 简述本田 IMA 混合动力系统结构特点和工作模式。

5. BAS 系统的结构特点是什么？它能解决什么问题？

6. 你认为混合动力电动汽车和纯电动汽车各自的优势是什么？又有什么缺点？谁更具有发展前景，试阐述你的观点。

第6章　燃料电池电动汽车

教学目标

通过本章的学习，要求读者能够了解燃料电池电动汽车的发展历史和现状，掌握燃料电池电动汽车的类型及其动力系统的构成，了解燃料电池电动汽车的关键技术以及存在的主要问题，掌握质子交换膜燃料电池的结构和工作原理。

教学导入

燃料电池汽车是指以氢气、甲醇等为燃料，通过化学反应产生电流，依靠电动机驱动的汽车。其电池的能量是通过氢气和氧气的化学作用，而不是经过燃烧，直接变成电能或动能的。燃料电池的化学反应过程不会产生有害物质，燃料电池的能量转换效率比内燃机要高2~3倍。单个的燃料电池必须结合成燃料电池组，以便获得必需的动力，满足车辆使用的要求。从能源的利用和环境保护方面而论，燃料电池汽车是一种理想的车辆。所以，燃料电池电动汽车被认为是电动汽车发展的终极目标。

6.1　燃料电池电动汽车概述

6.1.1　燃料电池电动汽车的发展概况

1. 燃料电池电动汽车的特点

燃料电池电动汽车(Fuel Cell Electric Vehicle，简称 FCEV)采用燃料电池作为动力源。相比于内燃机汽车，燃料电池电动汽车主要有以下优点：

(1) 因燃料直接通过电化学反应产生电能，无热能转换过程，故不受卡诺循环的限制，能量转换效率高，实际能量转换效率高达50%~70%。

（2）当燃料电池使用氢燃料时，其排放的是水，无污染；当使用甲醇、汽油等其他燃料时，排放的 CO，比汽油机少 1/2。

（3）燃料电池堆可由若干个单元电池串联或并联而成，可根据质量分配均衡和空间有效利用的原则，机动灵活地进行配置。

（4）燃料电池无运动部件，振动小、噪声低，零部件对机械加工精度要求不高。

2. 国外燃料电池电动汽车的发展情况

美国通用汽车公司在 1968 年生产出了世界上第一辆以燃料电池为电源的电动汽车。该燃料电池电动汽车由厢式货车改装而成，装载了最大功率为 150kW 的燃料电池系统，燃料采用低温冷藏的液态氢，汽车的续驶里程达到了 200km。由于复杂的燃料电池结构庞大，几乎占去了车内所有的空间，加上当时人们的环境保护意识远不如现在深刻，能源供需矛盾也没有现在这样突出，故未继续进行该燃料电池电动汽车的后续开发工作。

20 世纪 90 年代，燃料电池电动汽车技术开始受到人们空前的关注。这是因为燃料电池电动汽车的低排放和高效的燃料利用率，对解决汽车环境污染和缓解能源短缺问题十分有效。世界上主要汽车生产大国的政府和各大汽车制造商纷纷制定相关的政策，投入大量的人力、物力研究和开发燃料电池电动汽车，并取得了一系列的成果。现列举几个典型实例来说明国外燃料电池电动汽车的发展概况。

1993 年，加拿大 Ballard 公司研制出了以质子交换膜燃料电池为动力的燃料电池公共汽车，其燃料电池的功率为 105kW，可载客 20 人。

1994 年，当时的克莱斯勒公司推出了 NECAR I（New Electric Car I）燃料电池轿车，该车采用 Ballard 公司生产的质子交换膜燃料电池组，功率达 50kW，所用燃料为压缩氢气。

1999 年，重组后的戴姆勒—克莱斯勒公司研制出了第四代燃料电池车 VECAR4，这种 5 座轿车最高时速可达 145km/h。

2000 年，美国通用汽车公司成功推出了“氢动一号”氢燃料电动汽车。该车采用液态氢为燃料，最高车速可达 140km/h，一次加氢续驶里程为 400km。“氢动一号”的诞生标志着燃料电池电动汽车已经从研制向批量化生产迈出了重要一步。

2001 年，日本丰田汽车公司推出了 FCHV-3 运动型多功能汽车（SUV）。该车采用燃料电池+蓄电池的混合动力驱动形式，燃料电池由丰田公司自己开发，功率为 90 kW，蓄电池采用镍氢电池。2001 年 6 月，丰田汽车公司又推出了 FCHV-4 型燃料电池电动汽车，动力驱动形式与 FCHV-3 一样，采用高压氢为燃料，电动机为 80 永磁同步电动机，一次充氢可驶 250km 以上。

2002 年，美国通用汽车公司又推出了 Hy-wire 燃料电池电动汽车。该车燃料电池的功率为 94kW（连续）和 129kW（峰值），工作电压为 125~200V，最高车速达 160km/h。

3. 国内燃料电池电动汽车的发展情况

从 20 世纪 50 年代开始，我国就进行燃料电池相关技术的研究。但直到 20 世纪 90 年代，全球环境署支持在中国进行燃料电池公共汽车示范，国内对其才产生浓厚兴趣。从那时起，我国在此方面有了很大进步，并开展了富有成效的燃料电池及燃料电池电动汽车的研究。

1998 年，清华大学与北京世纪富原燃料电池公司合作研制出我国第一辆 PEM-PC 型

8 座小型电动车。该车装用 5kW 燃料电池,车速为 20km/h,一次加氢可行驶 80km。

2008 年奥运期间,我国自主研发的 20 辆氢燃料电池轿车完成了首次规模化示范运行,用我们自己的燃料电池电动汽车组成的绿色环保车队接送参赛人员。

上汽、同济大学等研究开发了三代“超越”系列燃料电池轿车动力系统平台和示范车。北京清能华通科技发展有限公司与清华大学等共同研发出了“清能 1 号”燃料电池城市客车。东风、长安、奇瑞等汽车公司也竞相开发出了混合动力汽车性能样车。这些均表明我国也同样十分关注燃料电池电动汽车,并且燃料电池电动汽车技术水平也已接近或达到国外先进水平。

因为燃料电池电动汽车的价格高,再加上其安全、高效的储氢和运氢等还存在着问题,所以燃料电池电动汽车的产业化尚需时日。

6.1.2 燃料电池电动汽车的类型

虽然燃料电池电动汽车的历史不长,但是与纯电动汽车相比,燃料电池电动汽车无需依赖蓄电池技术性能的完善,与内燃机汽车相比,则具有环保、节能的优势。因此,燃料电池电动汽车已成为全世界新能源汽车开发的热点,且不断地开发出不同结构的燃料电池电动汽车。

1. 按有无蓄能装置分类

根据燃料电池电动汽车是否配备蓄能装置,可把燃料电池电动汽车分为纯燃料电池电动汽车和混合型燃料电池电动汽车两大类。

1) 纯燃料电池电动汽车

纯燃料电池电动汽车的燃料电池是电动汽车上电能的唯一来源。如图 6.1 所示,这种类型的燃料电池电动汽车,要求燃料电池的功率大,并且无法回收汽车制动能量。因此,纯燃料电池电动汽车目前应用较少。

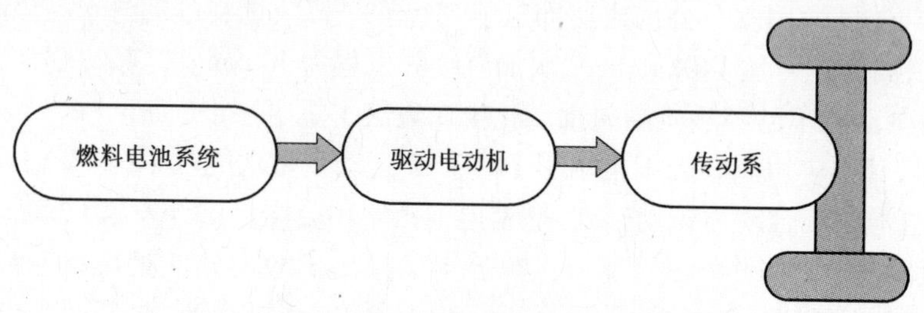

图 6.1 纯燃料电池电动汽车动力系统示意图

2) 混合型燃料电池电动汽车

混合型燃料电池电动汽车上除燃料电池外,还同时配备了蓄能装置(如蓄电池、超级电容或飞轮电池等),如图 6.2 所示。由于蓄能装置可协助供电,因而可减小燃料电池的功率,且蓄能装置还可用于汽车制动时的能量回收,所以可提高燃料电池电动汽车的能量利用率。因此,燃料电池电动汽车多采用混合型结构。

2. 按燃料电池与蓄电池的结构关系分类

根据混合型燃料电池电动汽车中燃料电池和蓄电池的电路结构,可将混合型燃料电池电动汽车分为串联式和并联式两种,如图 6.3 所示。

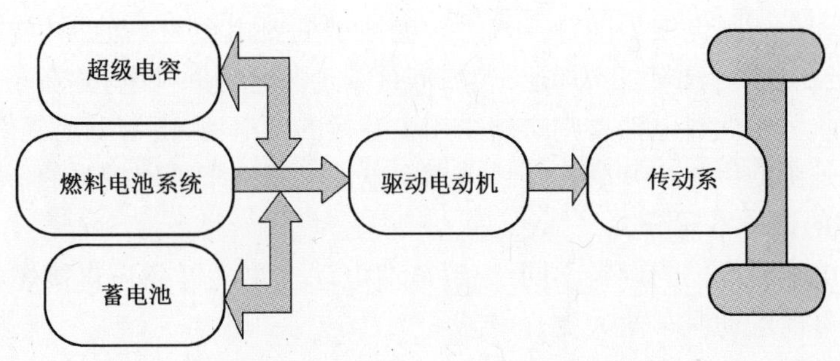

图 6.2 混合型燃料电池电动汽车动力系统示意图

1）串联式燃料电池电动汽车

串联式燃料电池电动汽车动力系统的构成如图 6.1(a)所示。其燃料电池相当于车载发电装置，通过 DC/DC 转换器进行电压转换后对蓄电池充电，再由蓄电池向电动机提供驱动车辆的全部电力。串联式燃料电池电动汽车的特点与普通的串联式混合动力电动汽车相似。其优点是可采用小功率的燃料电池，但要求蓄电池的容量和功率要足够大，且燃料电池发出的电能需要经过蓄电池的电化学转换过程，从中有能量的转换损失。目前，串联形式的燃料电池电动汽车较为少见。

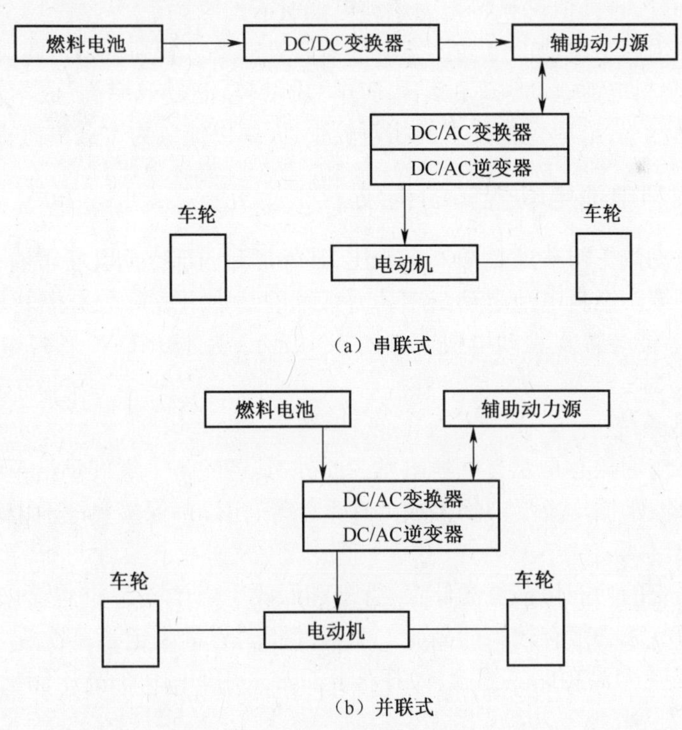

图 6.3 串联式和并联式燃料电池电动汽车动力系统示意图

2）并联式燃料电池电动汽车

并联式燃料电池电动汽车动力系统的构成如图 6.1(b)所示。它由燃料电池和蓄电池共同向电动机提供电力。根据燃料电池与蓄电池能量大小的配置不同，又可将其分为大燃料电池型和小燃料电池型两种。大燃料电池型主要由燃料电池提供电力，蓄电池的容量较小，只是在电动汽车起步、加速、爬坡等行驶工况时协助供电，并在车辆减速与制动时进行能量回收。小燃料电池型则必须采用大容量的蓄电池，由蓄电池提供主要的电力，而燃料电池只是协助供电。并联式是目前燃料电池电动汽车采用较多的形式。

3. 按提供的燃料不同分类

根据燃料电池所提供的燃料不同，燃料电池电动汽车又可分为直接燃料电池电动汽车和重整燃料电池电动汽车两大类。

1）直接燃料电池电动汽车

直接燃料电池电动汽车的燃料主要是纯氢，也可以用甲醇等燃料。采用纯氢作燃料的燃料电池电动汽车，氢燃料的储存方式有压缩氢气、液态氢和合金（碳纳米管）吸附氢等几种。

2）重整燃料电池电动汽车

重整燃料电池电动汽车的燃料主要有汽油、天然气、甲醇、甲烷、液化石油气等。重整燃料电池电动汽车的结构要比氢燃料电池电动汽车复杂得多。比如，甲醇重整燃料电池电动汽车需要对甲醇进行200℃左右的加热以分解出氢，汽油重整燃料电池汽车也需要对汽油进行1000℃左右的加热以分解出氢。无论采用什么燃料，重整燃料电池电动汽车都需设置重整装置，将其他燃料转化为燃料电池所需的氢。

直接以纯氢为燃料电池的电动汽车对储氢装置的要求较高。但与重整燃料电池电动汽车相比，直接燃料电池电动汽车的结构简单、质量轻、能量效率高、成本低。因此，目前的燃料电池电动汽车，采用重整技术的相对较少，大都以纯氢为车载氢源。

6.1.3　燃料电池电动汽车的构成

燃料电池电动汽车与普通燃油汽车相比，其外形和内部空间几乎没有什么区别，不同之处在于动力系统。燃料电池电动汽车动力系统的基本组成部分有燃料电池系统、电子控制系统、辅助蓄能装置及驱动电机。如图6.4所示，为本田FCX燃料电池电动汽车的基本构成。

1. 燃料电池系统

燃料电池系统的核心是燃料电池电堆。此外，其还配备了氢气供给系统、氧气供给系统、气体加湿系统、水循环及反应物生成处理系统等，用以确保燃料电池电堆正常工作。

1）氢气供给系统

氢气供给系统的功能包括氢的储存、管理和回收。由于气态氢需要采用高压的方式储存，因此，储氢气瓶必须有较高的品质。储氢气瓶的容量决定了一次充氢的行驶里程。轿车一般采用2~4个高压储氢气瓶，大客车上通常采用5~10个高压储氢气瓶来储存所需的氢气量。

液态氢比气态氢需要更高的压力进行储存，且要保持低温。因此，在使用液态氢时对储氢气瓶的要求更高，还需要有较复杂的低温保温装置。

不同的储氢压力，需要采用相应的减压阀、调压阀、安全阀、压力表、流量表、热量交换器、传感器及管路等组成氢气供给系统。在从燃料电池电堆排出的水中，含有少量的氢，

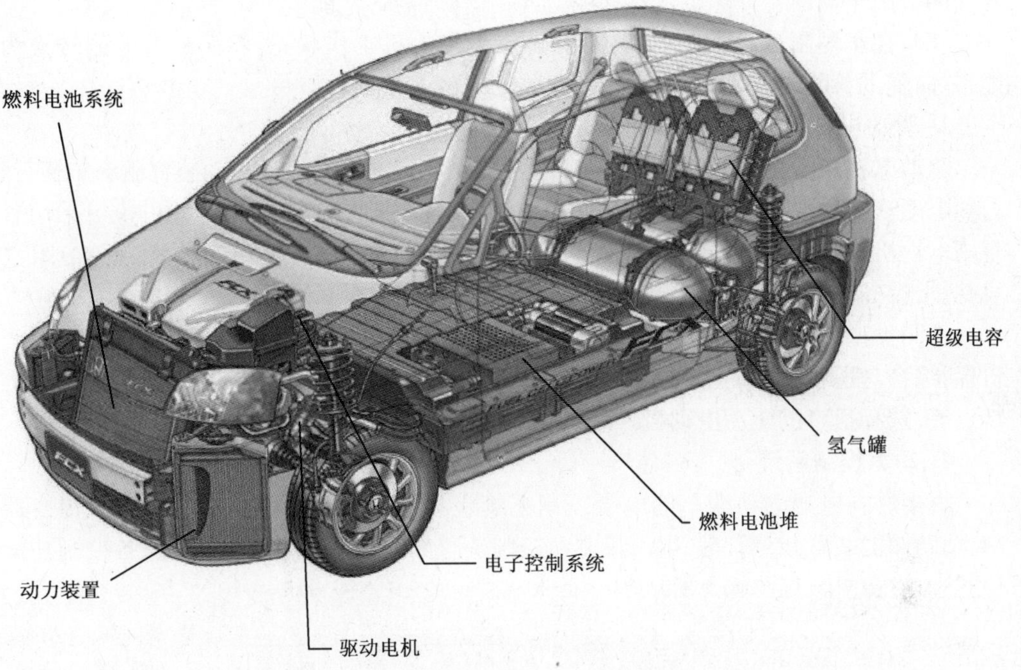

图 6.4 本田 FCX 燃料电池电动汽车基本构成

可通过氢气循环器将其回收。

2）氧气供给系统

氧气供给系统有纯氧和空气两种供给方式。当以纯氧的方式供给时,需要用氧气罐;当从空气中获得氧气时,需要用压缩机来提高压力,以确保供氧量,增加燃料电池反应的速度。空气供给系统除了需要有体积小、效率高的空气压缩机外,还需配备相应的空气阀、压力表、流量表及管路,并对空气进行加湿处理,以确保空气具有一定的湿度。

3）水循环系统

在燃料电池反应过程中,会产生水和热量,需要通过水循环系统中的凝缩器加以冷凝并进行气水分离处理,部分水可用于反应气体的加湿。水循环系统还用于燃料电池的冷却,以使燃料电池保持在正常的工作温度。

2. 辅助蓄能装置

混合式燃料电池电动汽车还配备辅助蓄能装置。辅助蓄能装置可采用蓄电池、超级电容和飞轮电池中的一种组成双电源的混合动力系统,或采用蓄电池+超级电容、蓄电池+飞轮电池的三电源系统。

燃料电池电动汽车配备辅助蓄能装置的作用是:

(1) 在燃料电池电动汽车起动时,由辅助蓄能装置提供电能,带动燃料电池起动或带动车辆起步。

(2) 在燃料电池电动汽车运行过程中,当燃料电池输出的电能大于车辆驱动所需的能量时,辅助蓄能装置可用于储存燃料电池剩余的电能。

(3) 在燃料电池电动汽车加速和爬坡时,辅助蓄能装置可协助供电,以弥补燃料电池输出功率的不足,使电动机获得足够的电能,产生满足车辆加速和爬坡所需的电磁转矩。

(4) 向车辆的各种电子设备、电器提供工作所需的电能。

(5) 在车辆制动时,将驱动电动机转换为发电机工作状态,将车辆的动能转换为电能,并向辅助蓄能装置充电,以实现车辆制动时的能量回收。

3. 驱动电机

驱动电机用于将电源所提供的电能转换为电磁转矩,并通过传动装置驱动车辆行驶。与纯电动汽车和混合动力电动汽车一样,燃料电池电动汽车用驱动电动机也可采用直流有刷电动机、交流异步电动机、交流同步电动机、永磁无刷直流电动机和开关磁阻电动机等。

不同类型的电动机具有不同的性能特点。燃料电池电动汽车通常是结合整车的开发目标,综合考虑各种电动机的结构与性能特点以及电动机的驱动控制方式及控制器结构特点等,选择适宜的驱动电动机。

4. 动力控制系统

直接燃料电池电动汽车的电子控制系统包括燃料电池系统控制、DC/DC 转换器控制、辅助储能装置能量管理、电动机驱动控制及整车协调控制等控制功能,各控制功能模块通过总线连接,如图 6.5 所示。

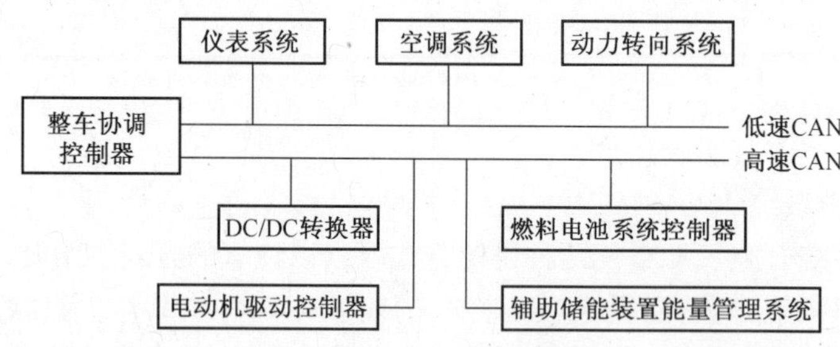

图 6.5 燃料电池电动汽车电子控制系统构成

1) 燃料电池系统控制

燃料电池系统控制器用来控制燃料电池的燃料供给与循环系统、氧化剂供给系统、水/热管理系统,并协调各系统工作,以使燃料电池系统能持续向外供电。

2) DC/DC 转换器控制

DC/DC 转换器用于改变燃料电池的直流电压,由电子控制器控制。电子控制器的作用是通过调节 DC/DC 转换器的输出电压,将燃料电池电堆较低的电压上升至电动机所需的电压。DC/DC 转换器的作用不仅仅是升压和稳压,在工作时通过控制器的实时调节,还可使其输出电压与蓄电池的电压相匹配,协调燃料电池和蓄电池负荷,起到限制燃料电池最大输出电流和最大功率的作用,以避免燃料电池因过载而损坏。

3) 辅助蓄能装置能量管理

辅助蓄能装置能量管理系统对蓄电池的充电、放电、存电状态等进行监控,使辅助蓄能装置能正常地起作用,实现车辆在起动、加速、爬坡等工况下的协助供电,并在车辆运行时储存燃料电池富余电能,实现汽车制动时的能量回馈。蓄电池能量管理系统通过对蓄电池电压、电流、温度等参数的监测,还可实现蓄电池的过充电、过放电控制,进行蓄电池荷电状态的估计与显示。

4）电动机驱动控制

电动机的类型不同，其控制系统的电路结构和工作原理也有所不同。总体上，电动机驱动控制系统的主要控制功能有：电动机的转速与转矩调节、电动机工作模式控制（设有制动能量回馈的电动汽车）、电动机过载保护控制等。

5）整车协调控制

整车协调控制系统基于设定的控制策略对各控制功能模块进行协调控制。一方面，控制器根据加速踏板传感器、制动踏板传感器、挡位开关送入的电信号判断驾驶人的驾车意图，并输出控制信号，通过相关的控制功能模块实现车辆的行驶工况控制；另一方面，控制器根据相关传感器和开关输入的电信号，获取车速、电动机转速、是否制动、蓄电池和燃料电池的电压和电流等信息，判断车辆的实际行驶工况和动力系统的状况，并按设定的多电源控制策略输出相应的控制信号，通过相应的功能模块实现能量分配调节控制。此外，整车协调控制还包括整车故障自诊断功能。

6.1.4 燃料电池电动汽车的性能与关键技术

对于燃料电池电动汽车而言，最被关注的性能指标主要有续驶里程、最高车速、最大爬坡度、最大转矩、功率及最大功率等。这些性能指标的高低，除了与燃料电池的性能这一关键因素有关外，还与车载储氢技术、辅助蓄能装置、电动机及其控制技术、动力系统的构成与整车的布置、整车的控制技术等密切相关。

1. 燃料电池电动汽车的主要性能

目前，燃料电池电动汽车的部分性能指标还不如普通燃油汽车。表 6-1 列出了典型电池电动汽车的性能指标，可大体了解燃料电池电动汽车的性能状况。

表 6-1　典型燃料电池电动汽车的佳能指标

车辆名称		丰田 FCHV	本田 FCX	FCHV-BUS2
长×宽×高/mm		4735×1815×1685	4165×1760×1645	10515×2490×3360
车辆质量/kg		1860	1680	—
乘坐人数/人		5	4	60
续驶里程/km		300	355	250
最高车速/(km/h)		155	150	80
燃料电池	种类	PEMFC	PEMFC	PEMFC
	功率/kW	90	78	90×2
电动机	种类	交流同步电动机	交流同步电动机	永磁同步电动机
	最大转矩/(N·m)	260	272	—
	最大功率/kW	80	60	80×2
燃料	种类	纯氢	纯氢	纯氢
	储存方式	压缩氢气	压缩氢气	压缩氢气
	储气压力/MPa	35	34.4	35
辅助蓄能装置		镍氢电池	超级电容	镍氢电池

2. 燃料电池电动汽车的关键技术

1）燃料电池系统

燃料电池技术是燃料电池电动汽车最关键的技术之一。燃料电池电堆的净输出功率、耐久性、低温起动性及成本等，直接影响燃料电池电动汽车的性能和发展。目前，降低燃料电池成本是燃料电池电动汽车研究的最重要目标，而控制燃料电池成本最有效的手段则是减少燃料电池材料（电催化剂、电解质膜及双电极等）的成本，降低加工（膜电极制作、双电极加工和系统装配等）费用。在降低燃料电池成本的同时，进一步提高燃料电池的性能，是目前燃料电池电动汽车技术研究的重点。此外，燃料电池系统也还有许多需要攻克的工程技术难题，例如：系统的起动与关闭时间、系统的能量管理与变换操作、电堆水热管理模式以及低成本高性能的辅助装置（空气压缩机、传感器及控制模块）等。

2）车载储氢装置

目前燃料电池电动汽车大都以纯氢为燃料。车载储氢装置对燃料电池电动汽车的动力性及续驶里程影响很大。如前所述，常见的车载储氢装置有高压储氢瓶、低温液氢瓶及金属氢化物储氢装置三种。除液态储氢方式外，目前的车载储氢装置的质量储氢密度和体积储氢密度均较低，而液态储氢需要很低的温度条件，其成本和能耗都很高。如何有效地提高体积储氢密度和质量储氢密度，是车载储氢装置研究的重点。

储氢气瓶采用质量轻、机械强度大的材料，通过减小储氢气瓶的质量和提高储氢压力来提高储氢装置的体积储氢密度和质量储氢密度，这是通常的研究方案。另一个比较理想的方案是，采用储氢材料与高压储氢复合的车载储氢新模式，即在高压储氢容器中装填质量较轻的储氢材料。这种储氢装置与纯高压储氢方式（>40MPa）相比，既可以降低储氢压力（约 10MPa），又可以提高储氢的能力。复合式储氢装置的技术难点是如何开发吸氢和放氢性能好、成形加工工艺好、质量轻的储氢材料。

3）辅助蓄能装置

对于混合型燃料电池电动汽车而言，辅助蓄能装置性能的好坏、能量控制策略的优劣等对燃料电池电动汽车动力性和经济性的影响都很大。因此，研究与开发高性能的辅助蓄能装置，也是燃料电池电动汽车发展所必需的。

目前，燃料电池电动汽车用辅助蓄能装置主要有蓄电池、超级电容和飞轮电池三种。对于用于燃料电池电动汽车的蓄电池来说，功率、密度高、短时间大电流的充放电能力强尤为重要。目前，燃料电池电动汽车采用镍氢电池的较多。锂离子电池由于具有比能量大、比功率高、自放电少、无记忆效应、循环特性好、可快速放电等特点，已被一些燃料电池电动汽车用作辅助蓄能装置。相比于蓄电池，超级电容具有短时间内大电流充放性能好（可达蓄电池的 10 倍）、充放电效率高、循环寿命长等许多优点。作为唯一的辅助蓄能装置（FC+C）或作为辅助蓄能装置之一（FC+B+C），超级电容在燃料电池电动汽车上的应用将会逐渐增多。

4）电动机及其控制技术

电动机用于产生驱动车轮转动的电磁转矩，其性能对燃料电池电动汽车的动力性和经济性影响极大。与工业用电动机相比，燃料电池电动汽车用驱动电动机在最大功率、最高转矩、工作效率、调速性能等方面均有较高的要求。目前，燃料电池电动汽车上使用较多的主要是永磁无刷直流电动机、交流异步电动机、交流同步电动机及开关磁阻电动机等。研究与开发出功率更大、更加高效且体积小、质量轻的电动机,并配以更加先进可靠的电动机控制技术,也是燃料电池电动汽车发展所要解决的关键技术之一。

5）系统管理策略与电子控制技术

整车动力系统的优化设计、能量管理策略、整车热管理及整车电子控制(动力控制、能量管理、热管理及制动能量回馈等自动协调控制)等,对燃料电池电动汽车的动力性、经济性也起到了关键的作用。因此,整车动力系统参数的选择与最优化设计、多动力源的能量管理策略与最优化控制、整车热管理的最优化控制、整车各控制系统的协调控制等,均是燃料电池电动汽车发展必须面对的关键课题。

6.1.5 燃料电池电动汽车存在的主要问题

燃料电池电动汽车有燃油汽车无法比拟的优势。但是,由于燃料电池电动汽车的性能、成本及燃料的供给配套设施等问题还尚待解决,因此完全替代燃油汽车还尚需时日。

1）燃料电池电动汽车的性能还有待提高

与燃油汽车相比,燃料电池电动汽车的动力性、耐久性、起动性能(起动时间及低温起动)、续驶里程等均需要提高。

燃料电池是燃料电池电动汽车的核心部件,必须要解决的问题是提高功率密度、耐久性和起动性能。

重整器是确保燃料电池电动汽车能使用纯氢以外燃料的关键部件。提高重整器的工作可靠性、循环寿命、起动性和负荷响应性,以及小型化和轻量化,是燃料电池电动汽车必须要解决的问题。此外,开发实用型的汽油重整器具有极为重要的意义,因为当汽油重整器在燃料电池电动汽车上大规模使用时,燃料电池电动汽车燃料供给的基础设施可以与燃油汽车共用。

氢储存技术的提高是解决以纯氢为燃料的燃料电池电动汽车续驶里程问题的关键,未来目标是一次加氢的续驶里程能达到500km以上。

2）制造成本和运行成本过高

制造成本和运行成本过高是燃料电池电动汽车商用化的最大障碍,而燃料电池电动汽车制造成本居高不下的最主要原因就是价格昂贵的燃料电池。

在燃料电池中,无孔石墨双极板的成本(包括石墨板材料价格和加工费用)占了整个燃料电池系统成本的50%以上。无孔石墨板的优点是导电性好、质量轻、耐腐蚀,缺点是机械强度低、不易加工且难以薄片化。如今世界上正在研究改用金属板或复合板作双电极。这不仅可以降低材料费用,而且可以减薄双极板、降低加工难度、实现大批量生产,从而较大幅度地降低燃料电池的成本,提高燃料电池的比功率。

质子交换膜的费用也较高,其成本在燃料电池系统中排第二位。目前广泛采用的质子交换膜的工作温度极限是85℃。为确保燃料电池正常工作,就必须消耗燃料电池51%的能量,以移走燃料电池工作所产生的热量,这就大大降低了燃料电池的比能量。提高质子交换膜材料的工作温度极限和降低膜的厚度,是提高燃料电池的比能量,降低成本的有效途径。

催化剂铂是昂贵的金属,减少其用量可有效降低燃料电池的成本。但现在的燃料电池催化剂铂的用量已减至很低的水平,因此,单纯通过减少铂的用量来降低燃料电池的成本已较困难。提高铂的回收技术或寻求铂的替代品，成了降低燃料电池成本最有效的措施。

对氢燃料电池电动汽车而言，氢气的制备、储藏和运输成本要远高于汽油和柴油，因此燃料电池电动汽车的运行成本也较高。降低氢燃料的成本或研究与开发高效的汽油重整器，也是燃料电池电动汽车能被市场接受所要努力的方向。

3）燃料供给体系的建立尚需时日

目前，燃料电池电动汽车的燃料供给体系尚未建立，加氢站、加甲醇站等基础网络设施建设几乎为零。截止2016年1月全球仅有214座加氢站投入运营。要使燃料电池电动汽车实现商用化，氢燃料的供应及燃料供给基础设施建设必须同步进行。

当大规模地使用燃料电池电动汽车时，如何较为经济地获取氢，就成了燃料电池电动汽车应用必须解决的首要问题。虽然通过重整技术可将天然气、汽油等转化为燃料电池所需的氢燃料，但是这要消耗大量的能量，且未能摆脱对有限资源的依赖，也不能完全消除对环境的污染。通过热分解或电解的方法可从水中获取氢，这虽然是一种取之不尽的制氢方法，但需要消耗较多的能源，不具备实用性。利用太阳能制氢是较有前途的制氢方法。太阳能发电后通过电解水制氢，或利用太阳能直接分解水制氢等技术均处于研究与开发之中，此外，生物制氢技术也是获取氢源的有效途径。只有到了能以太阳能或其他再生能源获取廉价氢燃料的时候，燃料电池电动汽车的燃料问题才能根本解决。

气态氢的密度很小，需要通过高压储存，而液态氢又需要低温存储。因此，氢燃料生产基地的储存设备、运输装备和充氢站等，相比于汽油和柴油的储存设备、运输装备和加油站等均要复杂得多。加氢站的技术要求和费用要比加油站高得多，这需要国家给予政策扶持。在美国及欧洲一些国家，有关加氢站建设的法规早已成型，我国也正在积极做相关的工作。

只有当燃料电池电动汽车的性能及成本能与燃油汽车相抗衡，又有完备的燃料供给体系时，燃料电池电动汽车才能真正实现商用化。

6.2 质子交换膜燃料电池

现代燃料电池电动汽车主要装用燃料电池发动机来提供电能，燃料电池发动机以氢气为燃料，由单体燃料电池组成燃料电池组（堆），以及气体供应系统、循环水系统、电能管理系统等辅助装备共同组成。

6.2.1 质子交换膜燃料电池的基本性能

质子交换膜燃料电池PEMFC（Proton Exchange Membrane Fuel Cell）又名固体高聚合物电解质燃料电池，其燃料有：压缩氢气、液化氢、储氢合金储存的氢气、甲醇改质产生的氢气、汽油改质产生的氢气等。氧化物有：氧化剂和空气。其工作温度一般在80℃左右，当温度在80℃左右时易于快速起动，电池能够在-20℃时起动。

质子交换膜燃料电池的能量转换效率理论上可达到70%~80%，现在各国研发的质子交换膜燃料电池实际能量转换效率已达到50%~60%。质子交换膜燃料电池用可传导质子的聚合膜作为电解质，这种聚合膜具有选择透过H+离子的功能，是质子交换膜燃料电池的关键技术。

质子交换膜燃料电池比能量可达到200W·h/ kg左右，燃料电池采用氢气作为燃料电池燃料时，质量比功率不小于150W/kg。采用甲醇改质的氢气作为燃料时，质量比功率不小于100W/kg。当前研发的燃料电池汽车，对质子交换膜燃料组(堆)的电压要求达到350V~400V、功率达到30~200kW。

质子交换膜燃料电池可以连续不断地工作，并适合部分负荷和满负荷输出特性的要求。可以得到燃油发动机汽车相同的续驶里程、灵活性和机动性。这些优越的性能为其在燃料电池汽车上使用带来了很大便利，质子变换膜燃料电池是“电动汽车”较理想的一种车载发电电源。

质子交换膜燃料电池的基本单位为单体质子交换膜燃料电池，再由多个单体质子交换膜燃料电池组成质子交换膜燃料电池组(堆)。在质子交换膜燃料电池组(堆)上装备压缩机、加湿器等的管理系统，共同组成燃料电池发动机(发电机)。

6.2.2 单体质子交换膜燃料电池

1. 单体质子交换膜电池的构造

单体质子交换膜燃料电池关键部件包括：阴极(氢燃料极)、阳极(氧化极)、质子交换膜和催化剂等。它们的结构形式和理化特性，是决定质子交换膜燃料电池性能的重要因素，单体质子交换膜燃料电池的构造如图6.6所示。

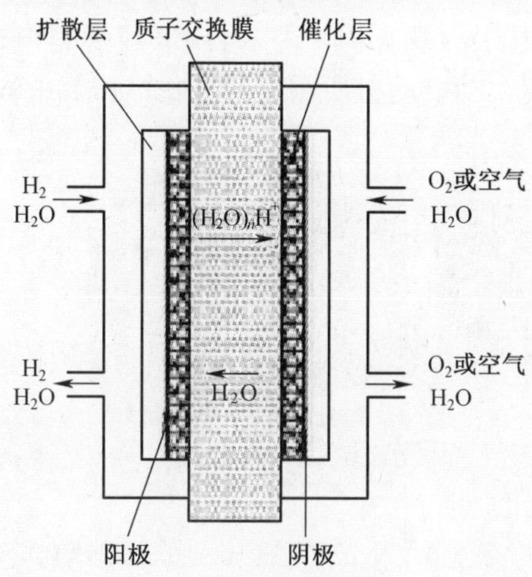

图6.6 单体质子交换膜燃料电池的结构示意图

2. 单体质子交换膜燃料电池的工作原理

如图6.7所示，质子交换膜燃料电池的工作原理如下：

阳极 $H_2 \longrightarrow 2H^+ + 2e^-$

阴极 $0.5O_2 + 2H^+ + 2e^- \longrightarrow H_2O$

总的反应 $H_2 + 0.5O_2 \longrightarrow H_2O$

质子交换膜燃料电池中氢离子 H^+ 从负极以“水合物”作为载体向正极移动。因此，在质子交换膜燃料电池的正负极间，必须保持有400mm/Hg压力的水气。在工作过程中

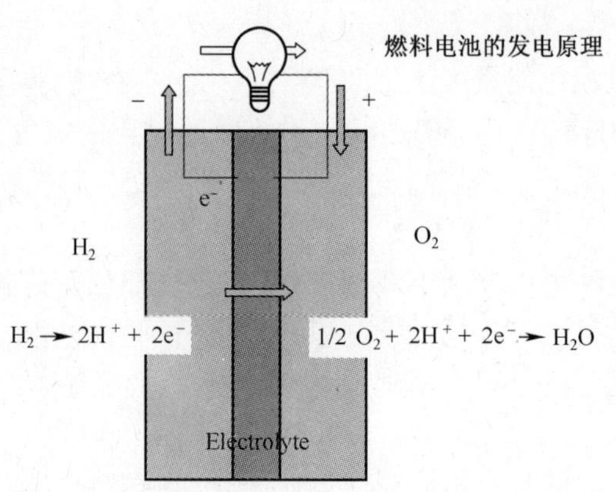

图 6.7 单体质子交换膜燃料电池基本原理

要不断地补充水分，使得燃料气体流和氧化剂（空气等）气体流保持一定的“湿润”状态。在氢离子 H^+ 流过质子交换膜时，将水分附着在质子交换膜上，保持质子交换膜处于湿润状态，来防止质子交换膜脱水，质子交换膜脱水时会使得燃料电池的内电阻大幅度上升。

6.2.3 燃料电池组（堆）

1. 燃料电池组（堆）的构造

燃料电池组（堆）（Fuel Cell Stack），是用多个单体质子交换膜燃料电池串联组成，单体质子交换膜燃料电池的电压约 0.7～1V 左右，串联成燃料电池组的总电压达到 250～500V，以保证燃料电池汽车驱动电动机所需要的工作电压和电流（图 6.8）。

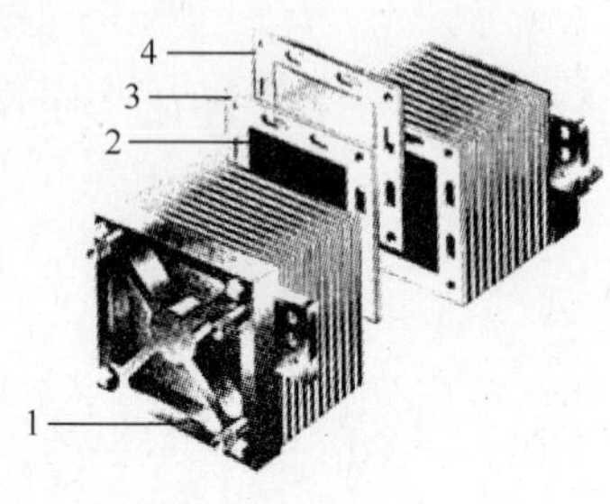

图 6.8 质子交换膜燃料电池组（堆）

1—端板；2—质子交换膜；3—正极双集板；4—负极双集板。

2. 燃料电池组整体组装的要求

（1）使反应气体均匀分布。氢气、氧化剂的流场设计，要求能够均匀通过每一个单元燃料电池中的流场表面，进入燃料电池组中反应气体受到的阻力要小，保证各个单元燃料电池的电压一致性。

（2）控制每一个燃料电池单元之间反应气体相互隔离，不发生泄漏。

（3）冷却水在流场表面流场流过时，要求冷却均匀，不会因温度不均匀使局部过热。

3. 燃料电池组的电路连接方式

多个单体燃料电池串联的燃料电池组中，每个单体燃料电池的负极板与相邻的单体燃料电池的正极板串联，电流在整个燃料电池组表面流过形成串联组合。然后由两端的单体电池的电极输出总的电压和电流。要求降低燃料电池组的内阻，并避免发生短路。

4. 燃料电池组的密封性

在模压成整体的质子交换膜燃料电池组中，各个单体电池之间的密封性要求很高。密封性不良的质子交换膜燃料电池会因为氢气泄漏，而降低氢气的利用率，并使质子交换膜燃料电池的效率降低。

6.3 国内外燃料电池汽车简介

6.3.1 我国燃料电池汽车

20 世纪 90 年代清华大学与北京世纪富源燃料电池公司，成功地研发了我国第一辆 5kW 的燃料电池汽车；北京二汽绿色电动汽车研究所用飞驰绿能电源技术有限公司研发的燃料电池"京绿一号"燃料电池汽车；北京理工大学与北京中华汽车制造厂研发的燃料电池"绿能一号"燃料电池汽车，开创了我国燃料电池汽车工业的先河，之后全国燃料电池汽车的研发展现出蓬勃的生机。

1. 超越号燃料电池汽车系列

同济大学、上海燃料电池汽车动力系统有限公司、上海神力科技有限公司、上海大众汽车公司等共同研发了具有我国自主知识产权的"超越一号""超越二号"和"超越三号"燃料电池轿车(图 6.9)。

"超越三号"CEV 轿车采用高压储气罐，储存 35MPa 的高压氢气为燃料。装置神力公司的 50kW 的质子交换膜燃料电池，电压 310～480V、电流 0～200A、能量转化效率>50%。燃料电池的操作环境为：工作压力为常压、工作温度为 68～80℃、相对湿度 0～95%、噪声 76dB,、燃料电池发动机的外形尺寸为 810mm×420mm×250mm，重量<300kg。辅助蓄电池为锂离子电池，电池的容量为 15A · h，在车辆制动和下坡时，回收反馈的能量。驱动电动机为永磁同步电动机，功率 65kW。

超越1号

超越2号

超越3号

图 6.9 我国自主研发的部分燃料电池轿车

"超越三号"具有零排放、高效率、低噪音等优点，其动力系统采用模块化，并对桑塔纳 3000 轿车进行嵌入式结构设计，适合在同类型的产品车的柔性生产线同装配工艺和装配流程。

2. 上海牌燃料电池轿车

上海牌燃料电池轿车采用荣威牌轿车底盘,最高车速 150km/h,0~100km/h 的加速时间为 15s,续驶里程达 300km。用高压铝内胆、环氧树脂浸渍的碳纤维缠绕储氢罐,储存 35MPa 的高压氢气为燃料,装置上海神力公司第四代 55kW 的常压式质子交换膜燃料电池发动机,燃料电池发动机的外型尺寸为 1000mm×950mm×130mm,质量 230kg。其工作电压 310~530V,电流 0~160A,能量转化率 50%,工作温度 60~80℃,相对湿度 0~95%,噪声≤60dBa。配置大功率密度的锂离子电池组和永磁式驱动电动机。

3. 楚天 1 号燃料电池轿车概念车

武汉理工大学与东风汽车公司联合研究和制造的楚天 1 号燃料电池轿车(概念车),可乘坐 4 人,最高车速 103km/h 最大爬坡度>20%。楚天 1 号 FCEV 采用 68L、35MPa 的高压氢气作为燃料,氢气储存罐装于车辆后部行李箱靠近后排座椅处。装置湖北省燃料电池重点实验室(原武汉理工大学材料复合新技术国家重点实验室)自行研究和开发的 25kW 的质子交换膜燃料电池,辅助电池为镍氢电池,工作电压 288V,容量 12Ah。装置于后排座椅下面,用于起动车辆和回收制动时的再生能量。

4. 北京清能华通科技发展有限公司等共同研制的燃料电池大客车

由北京清能华通科技发展有限公司、清华大学、中科院大连化学物理研究所燃料电池工程中心、株洲电力机车研究所、深圳雷天绿色电源有限公司、北京机电研究所等单位,共同研制了我国第一辆燃料电池大客车,总质量为 14200kg,如图 6.10 所示。

图 6.10 我国自主研发的燃料电池客车

燃料电池大客车用压缩氢气为燃料,9 个压缩氢气罐装置于客车顶棚上。采用中科院大连物化所研发的质子交换膜燃料电池发动机,输出电压 220~320V,功率为 50kW。辅助锂离子电池组的单体电压 3.6V,容量 100A·h。三相交流驱动电动机额定功率 100kW,最大功率 160kW。通过一个二挡变速器驱动车辆行驶,电动机和控制器的总效率在 90%以上。

6.3.2 美国通用汽车公司部分燃料电池汽车

美国通用汽车公司研发了多种型号的燃料电池汽车,研发的 Hydrogen 系列燃料电池汽车(图 6.11)包括:Hydrogen 1、Hydrogen 3、Hydrogen 4 等燃料电池汽车,Hydrogen 系列燃料电池汽车在不断改进中,得到发展和完善。

图 6.11 通用 Hydrogen 系列燃料电池汽车

1. Hydrogen 1

Hydrogen 1 燃料电池汽车是通用汽车公司在 Zafire 燃料电池汽车底盘上改装的燃料电池汽车，可乘坐 5 人、总质量 1575kg、最高车速 140km/h、0～96.6km/h 的加速时间为 19s，一次充满液氢的续驶里程可达 400km。Hydrogen 1 采用液态氢为燃料，质子交换膜燃料电池发动机的持续功率为 80kW、最大功率 120kW，装备镍氢电池组为辅助电源，交流电动机输出功率 55～60kW，电动机通过单级减速器带动前轮行驶。

2. Hydrogen 3

基于欧宝赛飞利的"氢动三号"燃料电池汽车，如图 6.12 所示。由 200 块相互串联在一起的燃料电池单元组成的燃料电池堆产生电力。燃料电池堆所产生的电能传递给电动机后，通过功率为 60kW 的三相异步电动机驱动车辆行驶，几乎不产生任何噪音。"氢动三号"0～100km/h 的加速时间约为 16s，最高时速达到 150km/h。氢储存罐分为两种，一种罐为内储存的是温度为-253℃的液态氢，另一种罐为内储存的是承受最高压力可达 70MPa 的压缩氢。一次充气行驶里程分别可达 400km 和 270km。质子交换膜燃料电池发

图 6.12 通用 Hydrogen 3 透视图

动机的持续功率为 94kW、最大功率 120kW,质量比 Hydrogen 1 的燃料电池发动机减少 100kg。用纯燃料电池的电源驱动车辆,省略了镍氢电池组为辅助电源。交流电动机输出功率 60kW,电动机通过减速比为 8.67∶1 的单级减速器带动前轮行驶。

3. Hydrogen 4

Hydrogen 4 燃料电池汽车最高车速为 160km/h,0~96.6km/h 的加速时间为 12s。一次充满液氢的续驶里程可达 300km。Hydrogen 4 采用液态氢为燃料,质子交换膜燃料电池发动机的最大功率为 93kW,交流电动机输出功率 73kW,电动机通过单级减速器带动前轮行驶。

6.3.3 美国福特汽车公司部分燃料电池汽车

美国福特汽车公司部分燃料电池汽车主要有:P2000FCEV、Focus-SUV、Airstream Concept 等燃料电池汽车。福特汽车公司的燃料电池汽车,采用了不同形式的汽车底盘进行研究和开发(图 6.13)。

图 6.13 福特汽车公司研发的燃料电池汽车

1. 福特公司 P2000FCEV 燃料电池汽车

P2000FCEV 燃料电池汽车是在 Conter/Mondio 轿车底盘上研发出来的燃料电池汽车,可乘坐 5 人,总质量 907kg,最高车速 128km/h,0~96.6km/h 的加速时间为 12.3s,一次充满液氢的续驶里程可达 160km。P2000FCEV 采用 25MPa 的高压氢气为燃料,装备 Ballard 公司的 3 个 Mark 质子交换膜燃料电池发动机,每个燃料电池发动机的功率为 25kW,最大总功率 75kW,装备镍氢电池组为辅助电源。采用 Ecoster 公司的三相交流电动机,电动机的功率 67kW、转矩 190N·m。

2. 福特公司 Focus 燃料电池-SUV

福特公司 Focus 燃料电池-SUV 是在 Focus-SUV 底盘上改装出来的燃料电池 SUV,可乘坐 5 人。总质量 1727kg,最高车速 128km/h,一次充满液氢的续驶里程可达 250km。Focus 燃料电池-SUV 采用 25MPa 的高压氢气为燃料,装备 Ballard 公司的 Mark900 型质子交换膜燃料电池发动机,输出电压 385V,最大总功率 75kW。装备总电压 300V 镍氢电池组为辅助电源。采用功率为 67kW,转矩为 190N·m 的三相交流电动机为驱动电动机。

3. 福特汽车公司 Airstream Concept 燃料电池汽车

福特汽车公司 Airstream Concept 燃料电池汽车是一种“即插”(Hyseries Drive,相当于

Plug-in)燃料电池汽车，以336V总电压的锂离子动力电池组为主要电源，燃料电池发动机只是在动力电池组的SOC下降到允许的最低点时，才起动燃料电池发动机为动力电池组补充电能。

6.3.4 丰田汽车公司的FCHV系列燃料电池汽车

丰田汽车公司用不同的储氢方法，在相类似的汽车底盘上，研究和开发不同的燃料电池概念车(图6.14)，探索不同的的氢能源在燃料电池汽车上应用的可行性。

图6.14 丰田汽车公司的FCHV系列燃料电池汽车

1. FCHV1燃料电池试验车

FCHV1是采用丰田汽车公司的RAV4轿车底盘改装的燃料电池试验车。可以乘坐5人，最高车速100km/h，采用氮基材料为主的氢吸附材料储存的氢气为燃料，一次充满氢气的续驶里程可达250km。装置丰田汽车公司固体高分子型燃料电池发动机(功率20kW)，装备镍氢电池为辅助电源，燃料电池与辅助电池共同组成"电-电"电力耦合平台。永磁同步电动机的输出功率为50kW。因为氮基材料为主的氢吸附材料储存器的体积较大，所以占据了FCHV1的大部分空间。

2. FCHV2燃料电池汽车

FCHV2是采用丰田汽车公司的RAV4轿车底盘改装的燃料电池试验车。可以乘坐5人，最高车速125km/h，采用甲醇经过改质产生的氢气为燃料，一次充满甲醇的续驶里程可达1500km。装置丰田汽车公司固体高分子型燃料电池发动机(功率25kW)，装备镍氢电池为辅助电源，燃料电池与辅助电池共同组成"电-电"电力耦合平台。永磁同步电动机的输出功率50kW。因为甲醇改质器的体积较大，所以占据了FCHV2的一部分空间。

3. FCHV3燃料电池SUV

FCHV3-SUV是采用丰田汽车公司的Highlander SUV底盘改装的燃料电池SUV。可以乘坐5人，最高车速150km/h，采用高性能锡氢基合金为主的氢吸附材料储存的氢气为燃料，体积更小、质量更轻，一次充满氢气的续驶里程可达300km。装置丰田汽车公司研发的高性能(Polymer Elegtolyte Fuel Cell)燃料电池发动机(额定功率90kW)，装备镍氢电池为辅助电源，功率21kW。燃料电池与辅助电池共同组成"电-电"电力耦合平台。永磁同步电动机的输出功率80kW，带动汽车前轮行驶。

4. FCHV4燃料电池SUV

FCH V4-SUV是采用丰田汽车公司的Kluger-V-SUV底盘改装的燃料电池SUV。可以乘坐 5 人,最高车速 150km/h,采用 34L、25MPa 高压氢气为燃料,一次充满氢气的续驶里程可达 250km。装置丰田汽车公司研发的高性能聚合物电解质燃料电池发动机(功率 90kW),装备镍氢电池为辅助电源,燃料电池与辅助电池共同组成“电-电”电力耦合平台。永磁同步电动机的输出功率 80kW,带动汽车前轮行驶。采用新型 CO_2 为制冷剂的空调系统,能量消耗降低 15%。

5. FCHV Bus 1、FCHV Bus 2 燃料电池大客车

丰田汽车公司与日野汽车公司联合研发的 FCHV Bus 1 燃料电池大客车,采用 25MPa 的高压氢气为燃料;FCHV Bus 2 燃料电池大客车,采用 35MPa 的高压氢气为燃料,5 个高压氢气瓶装于车顶后部。装备丰田汽车公司研发的燃料电池发动机,FCHV Bus 1 的燃料电池发动机的功率为 95kW;FCHV Bus 2 的两台燃料电池发动机各自的功率为 90kW。辅助电源为一组镍氢电池组,电压 288V、容量 4×6. 5A · h, FCHV Bus 1 的驱动电动机功率为 90kW,FCHV Bus 2 的两台轮边电动机的功率为 2×80kW。

6. 3. 5 本田汽车公司的 FCX 系列燃料电池汽车

本田汽车公司的 FCX 系列燃料电池汽车,经过几代 FCX 的研发,已有多款车型。其以超级电容器为辅助电源的结构,在研发过程中使燃料电池汽车的性能不断地提高。

1. 本田汽车公司的 FCX-V1 型燃料电池汽车

本田汽车公司的 FCX-V1 型燃料电池汽车,只能乘坐 2 人,采用金属氢化物吸附的氢气为燃料。装置 Ballard 公司的 60kW 的质子交换膜燃料电池,采用镍氢动力电池组为辅助电源,其驱动电动机的功率为 49kW。

2. 本田汽车公司的 FCX-V2 型燃料电池汽车

本田公司的 FCX-V2 型燃料电池汽车,只能乘坐 2 人,采用甲醇经过改质产生的氢气为燃料。装置本田公司自行研发的 60kW 的质子交换膜燃料电池,采用镍氢动力电池组为辅助电源,其驱动电动机的功率为 49kW。

3. 本田汽车公司的 FCX-V3 型燃料电池汽车

本田公司的 FCX-V3 型燃料电池汽车,可乘坐 4 人,总质量 1750kg,最高车速 130km/h,续驶里程 180km,采用 25MPa、100L 的高压氢气为燃料,装置 Ballard 公司 62kW 的质子交换膜燃料电池,质子交换膜燃料电池的最大功率 70kW,采用超级电容器组为辅助电源,驱动电动机的功率为 49kW。

4. 本田汽车公司的 FCX-V4 型燃料电池汽车

本田公司的 FCX-V4 型燃料电池汽车,可乘坐 4 人,总质量 1740kg,最高车速 140km/h,续驶里程 315km,采用 137L、35MPa 的高压氢气为燃料,装置 Ballard 公司 78kW 的质子交换膜燃料电池。采用超级电容器组为辅助电源,其驱动电动机的功率为 60kW。

5. 本田汽车公司的 FCX 型燃料电池汽车

本田公司的 FCX 型燃料电池汽车,可乘坐 4 人,总质量 1680kg,最高车速 150km/h,续驶里程 395km,采用 156. 6L、38kg、35MPa 的高压氢气为燃料,装置本田公司研发的 78kW 高效率和高性能的质子交换膜燃料电池,采用大容量的超级电容器组为辅助电源,采用永磁同步电动机的功率为 60kW,最大功率达到 80kW,最大转矩 272N · m (图 6. 15)。

FCX-V1

FCX-V2

FCX-V3

图 6.15　本田汽车公司的 FCX 型燃料电池汽车

思考题

1. 什么是燃料电池电动汽车？为什么认为它是电动汽车发展的终极目标？
2. 为什么目前纯燃料电池电动汽车应用还较少？
3. 燃料电池电动汽车动力系统的基本组成有哪些，各有何作用？
4. 简述燃料电池电动汽车的关键技术。
5. 你认为我国燃料电池电动汽车的发展前景如何？

第7章 其他清洁能源汽车

教学目标

通过本章的学习，要求学生掌握燃气汽车的类型、组成、结构原理和特点等。熟悉各种燃气汽车的日常维护与保养，并对太阳能汽车、空气动力汽车和生物质燃料汽车有基本认知。

教学导入

随着能源危机的加深和人们日益增强的环保意识，车用清洁代用燃料引起人们越来越多的关注，世界各国都在加紧研究开发新型的环保能源。中国是能源消费大国，随着经济的发展和社会的进步，研究开发非矿物质能源以缓解我国的柴油短缺局面和改善柴油机的排放和寻找清洁的代用燃料是最有效的方法之一。

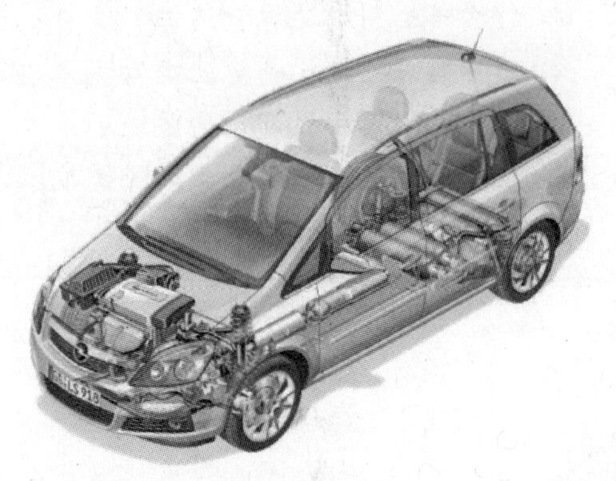

7.1 气体燃料汽车

气体燃料汽车又称为燃气汽车，主要分为液化石油气汽车和天然气汽车两种。燃气汽车的CO排放量比汽油车减少90%以上，碳氢化合物排放减少70%以上，氮氧化合物排放减少35%以上，是较为实用的低排放汽车，燃气汽车已在世界上得到了推广应用。

根据汽车使用可燃气体的形态不同可分为三种：压缩天然气(compressed natural gas, CNG)，主要成分为甲烷；液化天然气(liquefied natural gas, LND)，主要成分是经深度冷冻液化的甲烷；液化石油气(liquefied petroleum gas, LPG)，主要成分是丙烷和丁烷的混合物。燃气汽车的发动机在燃料供应系统、工作循环的参数、配气机构参数等方面，针对燃气的物化特性进行了专门设计，因此，燃料的热效率高、经济性好。

两用燃料燃气汽车——具有两套燃料供应系统(其中一套为CNG或LPG)，燃气和燃油两种燃料之间可以进行切换的一类车辆，不能同时使用两种燃料。与单一燃料汽车相比，可以兼顾两种燃料的物化特性。其发动机结构参数几乎不做改造，一般是在用车的改装，因此燃烧效率低。

双燃料燃气汽车——燃用CNG或LPG与汽油(柴油)混合燃料的汽车。双燃料汽车保留汽油、柴油的供油系统，外加一套供气系统，技术较为成熟。专用气体燃料汽车可以充分发挥天然气的理化性能特点，价格低、污染少是最清洁的汽车。

燃气汽车具有以下突出优点：

（1）燃气汽车是清洁燃料汽车。天然气汽车的排放污染大大低于以汽油为燃料的汽车，尾气中不含硫化物和铅，一氧化碳降低80%，碳氢化合物降低60%，氮氧化合物降低70%。CO_2减少20%~30%，噪声降低40%，尾气中不含硫化物、铅和苯。大大减轻了对环境的污染，故当之无愧地被称为“洁净能源”，因此，许多国家已将发展天然气汽车作为一种减轻大气污染的重要手段。

（2）抗爆震性好，辛烷值达103~110，远高于汽油，有利于增大燃气压缩比，提高发动机的动力性能。

（3）天然气汽车经济性好。天然气的价格比汽油和柴油低得多，燃料费用一般节省50%左右，使营运成本大幅降低。燃料以气态进入气缸，燃烧较充分，热效率高，运行平稳、噪声低、积炭少，不需经常更换机油和火花塞，可使发动机的大修期延长30%~40%，使润滑油更换周期延长50%，降低了维护费用和运行成本。

（4）比汽油汽车更安全。与汽油相比，压缩天然气本身就是比较安全的燃料。这表现在：燃点高，天然气燃点在650℃以上，比汽油燃点（427℃）高出223℃，所以与汽油相比不易点燃；密度低，与空气的相对密度为0.48，泄漏气体很快在空气中散发，很难形成遇火燃烧的浓度；爆炸极限窄，仅5%~15%，在自然环境下，形成这一条件十分困难；释放过程是一个吸热过程，当压缩天然气从容器或管路中泄出时，泄孔周围会迅速形成一个低温区，使天然气燃烧困难。

另外，设计上考虑了严密的安全保障措施。对高压系统使用的零部件，安全系数均选用1.5~4以上，在减压调节器、储气瓶上安装有安全阀，控制系统中，安装有紧急断气装置；储气瓶出厂前要进行特殊检验。气瓶经常规检验后，还需充气作火烧、爆炸、坠落、枪击等试验，合格后，方能出厂使用。

7.1.1 气体燃料汽车的组成及工作原理

天然气发动机零部件结构包括燃气供给系统、增压压力控制系统、点火控制系统等，其他零部件还包括传感器和电子控制模块。

燃气供给系统：贮存、输送、清洁燃料，根据发动机不同工况的要求，配置一定数量和浓度的可燃混合气送入气缸，保证发动机的动力性、经济性和排放达标。

进气控制系统：进气系统不仅要对空气进行过滤、计量，为了增大进气量而提高发动机的功率，还必须对进气实施各种电子控制。提供一个和发动机负荷相应的可变进气增压压力，而增压器的废气旁通阀可以通过释放涡轮处的排气压力来减小增压压力。这需要通过一个膜片推动杠杆来完成。

点火控制系统：功能及原理和汽油发动机的点火控制系统相似，ECU通过各种传感器信号判定发动机的工况，并进行通电时间控制、点火提前角控制和爆震控制。

高压的压缩天然气从储气钢瓶出来，经过天然气滤清器过滤后，经高压电磁阀进入高压减压器，高压电磁阀的开合由ECM控制。高压减压器的作用是将高压的压缩天然气（工作压力200~30bar）经过减压加热将压力调整至7~9bar。高压天然气在减压过程中由于减压膨胀，需要吸收大量的热量，为防止减压器结冰，从发动机将发动机冷却液引出到减压器对燃气进行加热。经减压后的天然气进入电控调压器，电控调压器的作用是根据发动机运行工况精确控制天然气喷射量。天然气与空气在混合器内充分混合，进入发动机缸内，经火花塞点燃进行燃烧，火花塞的点火时刻由 ECM 控制，氧传感器即时监控燃烧后的尾气的氧浓度，推算出空燃比，ECM 根据氧传感器的反馈信号和控制 MAP 及时修正天然气喷射量。

天然气发动机电子控制系统可以精确地控制进入发动机气缸内的空气和燃油的混合比、燃烧过程，以达到优化发动机性能，改善汽车驾驶性能，并且更加严格地控制汽车所排出的废气对于空气的污染。其组成如图 7.1 所示。

7.1.2 气体燃料供给系统的组成及工作原理

CNG 发动机燃料控制系统由储气瓶、高(低)压电磁阀、减压器、燃气滤清器、热交换器、节温器、燃料计量阀、混合器等部件组成。

LNG 发动机燃料控制系统由储气瓶、电磁阀、稳压器、燃气滤清器、热交换器、节温器、燃料计量阀、混合器等部件组成。图 7.2 为潍柴 LNG 发动机燃气供给系统示意图。

燃料供给系统的作用，包括：

(1) 压力管理：将气瓶中的高压转换为混合器前极低的压力；

(2) 温度控制：极低温度的燃气会冻结管路和部件，燃料控制系统有效加热并控制燃气温度在合理范围内；

(3) 供气控制：燃料计量阀上装有压力和温度传感器，给 ECU 提供燃烧需要的燃气温度和压力信息，精确控制喷嘴喷射量。同时，高压燃气需要电磁阀控制燃气的开断。

气瓶是作为一种用以替代客车油箱盛装、贮存、供给燃料(液化天然气)，并且可以多次重复充装的低温绝热压力容器。

1. 储气瓶

CNG 储气瓶结构比较简单，主要采用无缝钢质气瓶，如图 7.3 所示。储气压力一般为 20MPa，容量有 40L、45L、50L 三种规格，可分别充入 $8m^3$、$9m^3$、$10m^3$。气瓶上装有安全阀，其内装有 100℃的易熔合金和 26MPa 的爆破片。当气瓶内气体压力、温度超过上述数值时会自动放气。出厂前都要经过严格的安全检验，包括静水压力爆破试验、压力循环试验、耐火试验、坠落试验和枪击试验。

LNG 储气瓶主要结构是双层容器。内胆能够承受一定的压力用来贮存和供给低温液态的液化天然气。在内胆外壁缠绕由玻璃纤维纸和光洁的铝箔组成的多层绝热材料，多层材料在高真空条件下具有热导率低、隔热性能高、重量轻的特点。

外壳主要用来与内胆形成夹层空间(两层容器之间的空间)和把内胆支撑起来的作用。

夹层空间被抽成高真空与多层绝热材料共同形成良好的绝热系统，用以延长液化天然气的贮存时间。

外壳和内胆之间设置支撑系统将内胆外壳合理固定。支撑系统的设计能够承受车辆在行驶时所产生的加速、减速，运行时的振动。

气瓶所有的外部管路、阀件都设置在气瓶的一端，并用保护环或保护罩进行防护。阀门系统的设置能够满足液化天然气的充装和供给，图 7.4 为 LNG 储气瓶外形。

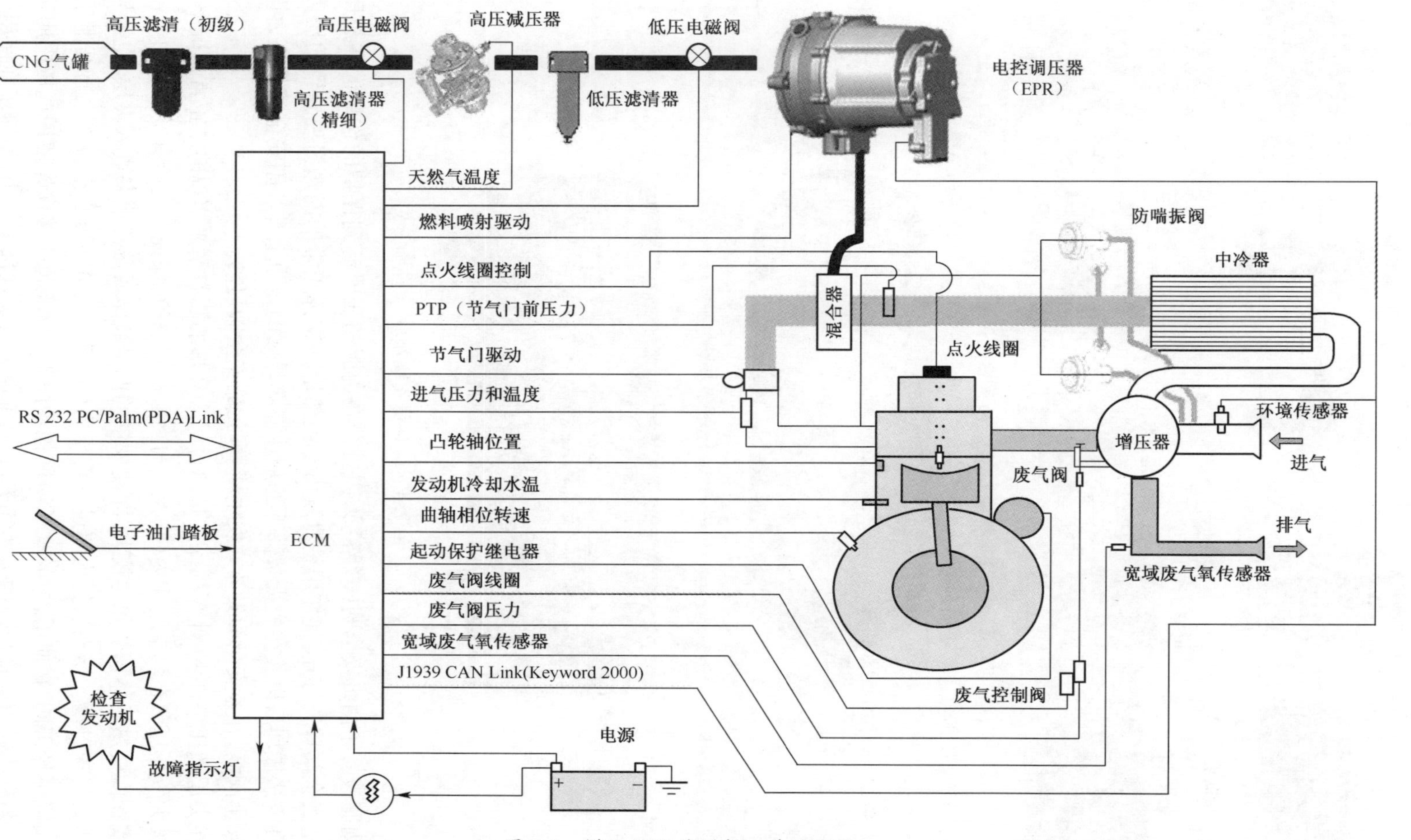

图 7.1　增压 CNG 发动机工作原理图

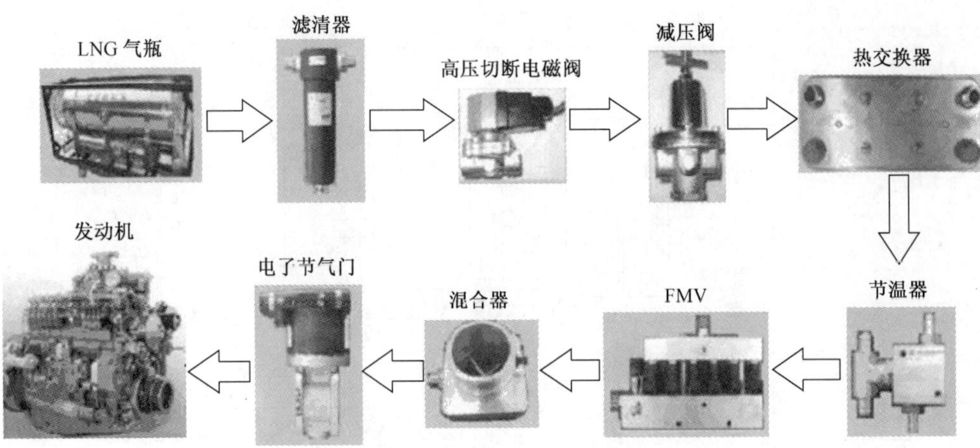

图 7.2 潍柴 LNG 发动机燃气供给系统

图 7.3 CNG 储气瓶

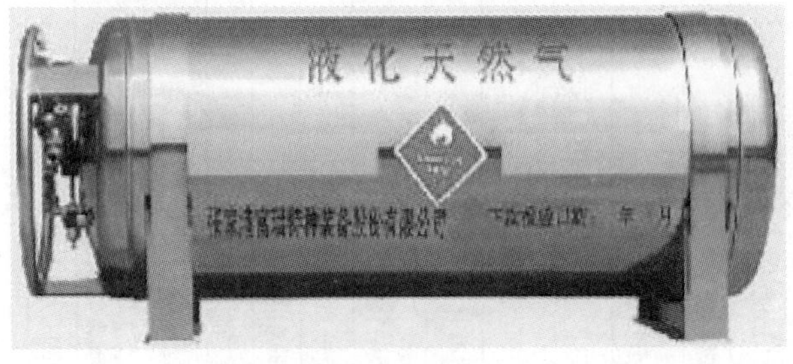

图 7.4 LNG 储气瓶外形

内胆设置了两级安全阀(管路系统中)会在内胆超压时起到保护的作用。在超压情况下主安全阀首先打开,其作用是泄放由于绝热层和支撑正常的漏热损失导致的压力上升或真空遭破坏后以及在失火条件下的加速漏热导致的压力上升。副安全阀的压力设定比主安全阀高,在主安全阀失效或发生堵塞时,副安全阀启动。

在夹层超压条件下,外壳的保护是通过一个环形的真空塞来实现的。正常情况下,真空塞被大气压压紧在真空塞座内,使大气与夹层空间隔绝,保证夹层的真空度。由于低温液体或蒸汽受热后体积变化比较大,即使少量的低温液体或蒸汽泄漏进入夹层,也会导致夹层压力迅速升高。当夹层压力超过一定压力(0.15~0.2MPa),真空塞将会打开泄压。

设置了经济阀,在使用过程中(长时间停驶除外)经济阀能够优先使用气瓶内胆顶部由于自然蒸发被汽化而形成的天然气蒸汽,从而降低气瓶内部的压力,使得正在使用气瓶的压力不会升至安全阀的开启压力,因而不用放空。

还设置了过流阀,当外部管路发生破裂,管路流量大于设定值时,过流阀自动关闭;当关闭过流阀前的液体使用完后,过流阀自动回位。通过过流阀自动关闭,从而可以有效避免次生危险的发生。

除此之外,多数厂家还设置了自增压系统。自增压系统包括:增压截止阀、升压调节阀、自增压盘管及相应的管路。该系统能够保证且稳定地提供气瓶的正常供液压力和流量的要求,仅仅通过与空气进行热交换,而不需额外的能源。稳定的压力是通过调节升压调节阀来控制的,当气瓶顶部的压力低于升压调节阀设定的压力(也就是系统需要的压力)时,液化天然气通过增压截止阀和升压调节阀后进入自增压盘管与空气进行热交换,液体变成蒸汽回到气瓶的顶部。由于液化天然气的液汽体积比较大,因此使得压力升高。当压力等于升压调节阀的压力后,升压调节阀自动关闭,气瓶压力不再继续升高。图 7.5 所示为陕汽德龙重卡储气瓶所配备的各种阀。

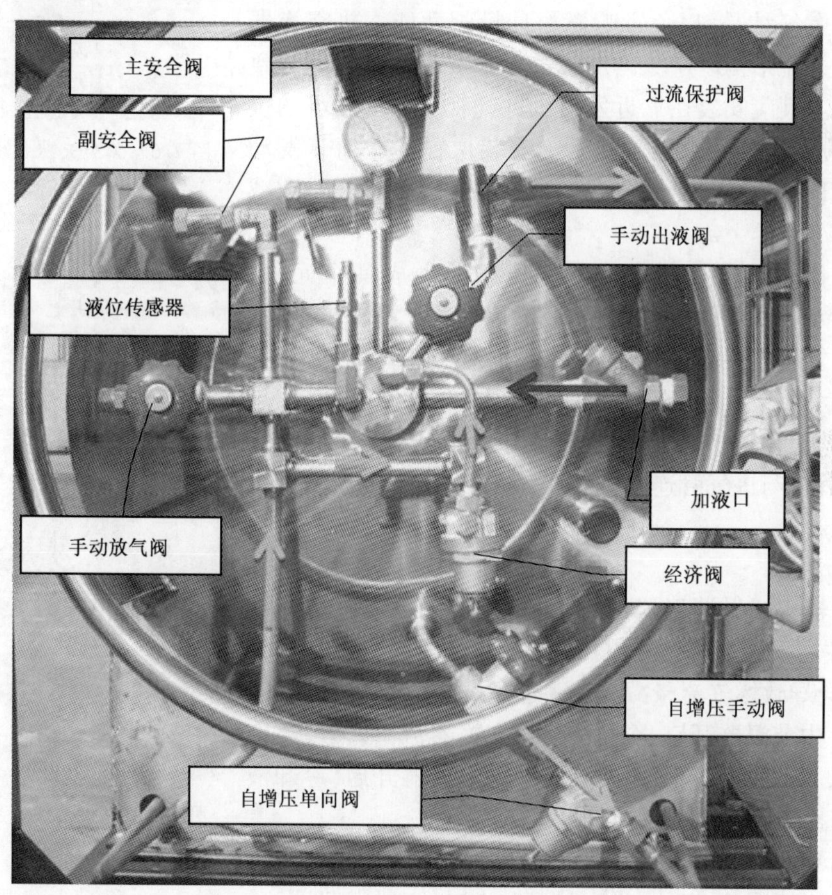

图 7.5 陕汽德龙重卡储气瓶所配备的各种阀

2. 燃气滤清器

燃气滤清器分为高压滤清器和低压滤清器,能过滤掉燃气中直径 0.3~0.6μm 以上的杂质,确保进入气缸等元件的燃气清洁。

安装滤清器时注意放水口朝下,进出气口不能装反。每隔 3000~5000km 放一次水,并且定期更换滤芯,图 7.6 为潍柴天然气发动机的燃气滤清器。

3. 减压器(稳压器)

减压器(稳压器)的工作原理为通过压力膜片克服弹簧阻力带动杠杆,调整节流孔的流通面积,从而控制减压后的天然气压力。其作用为通过节流和加热,使储气罐中高压的压缩天然气减压至7~9bar的低压天然气。图7.7为潍柴天然气发动机减压阀单体。

图7.6 潍柴天然气发动机的燃气滤清器

安装减压器(稳压器),进出气口不能装反。应定期检查阀芯、膜片及密封件。

4. 热交换器

天然气由液态变为气态导致燃气温度大幅降低,通过发动机的冷却液给天然气进一步加热,可防止进入燃料计量阀前的燃气结晶,以免影响燃料计量阀性能。热交换器多采用交叉流结构以避免因燃气过冷和冷却液过热时导致的热冲击。其应安装在靠近发动机进气管和振动较小的位置,但不应直接安装在发动机上。安装位置不能高于发动机散热器顶部,否则会导致加热水不能流经减压器,导致减压器结冰冻裂。

新一代的热交换器大多和减压阀等做成一个元件,图7.8所示为玉柴天然气发动机带有加热装置的减压阀,其上面有发动机冷却液的进出接口和天然气温度传感器。图7.9所示潍柴天然气发动机的减压器,包括减压阀、加热器和高压切断电磁阀。减压器有一个压力反馈管(平衡管、压力补偿管)与进气管连接,目的是为了根据工况控制调压器出口压力。

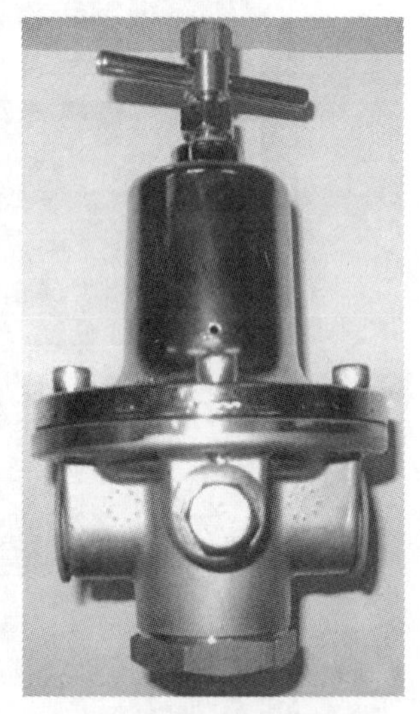

图7.7 潍柴天然气发动机减压阀

5. 节温器

节温器也叫做调温器,其作用是保持出口燃气温度在0~40℃左右。因为当燃气出口温度大于60℃时,燃气会变得稀薄,会导致燃气流量减少。一般情况下,燃气温度超过40℃,30s内节温器开启,冷却液从热交换器流出,燃气温度得到降低。燃气温度低于10℃,30s内节温器开启,冷却液进入热交换器内,燃气又得到加热。

节温器的开启与关闭受燃气温度控制,冷却液的进口与出口不能接反,进口处有“IN”标记,出口处有“OUT”标记。图7.10所示为潍柴LNG发动机的节温器。

6. 燃气喷射(计量)阀

电控单元根据发动机运行工况,调整燃气计量阀中喷嘴电磁阀的占空比,控制燃气喷射量,保证发动机在设定的空燃比下运行。图7.11所示为上柴LNG发动机的燃气计量阀,上面集成了低压截止阀、燃气压力传感器和燃气温度传感器。喷射阀的数量根据发动机型号配置6~12个。天然气经热交换器和节温器后被加热到合适的温度范围,进人燃气喷射阀。依次流经阀体上的压力及温度传感器,然后经过喷嘴进行流量控制,最后从出口流出。

图 7.8　玉柴天然气发动机带有加热装置的减压阀

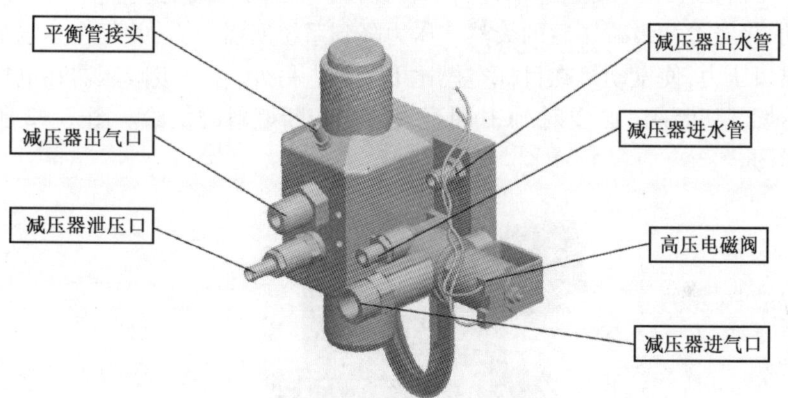

图 7.9　潍柴天然气发动机的减压器

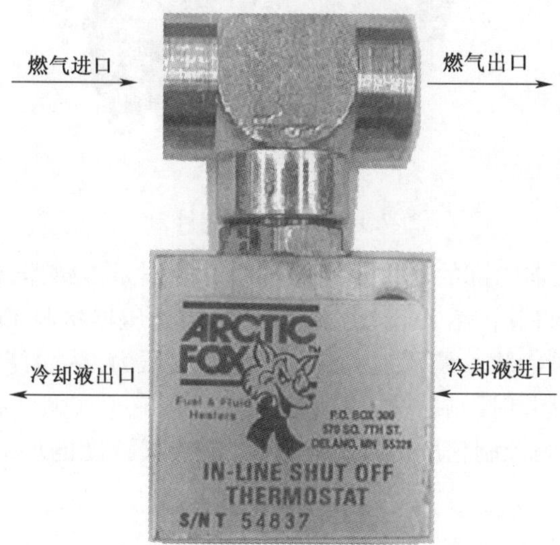

图 7.10　潍柴 LNG 发动机节温器

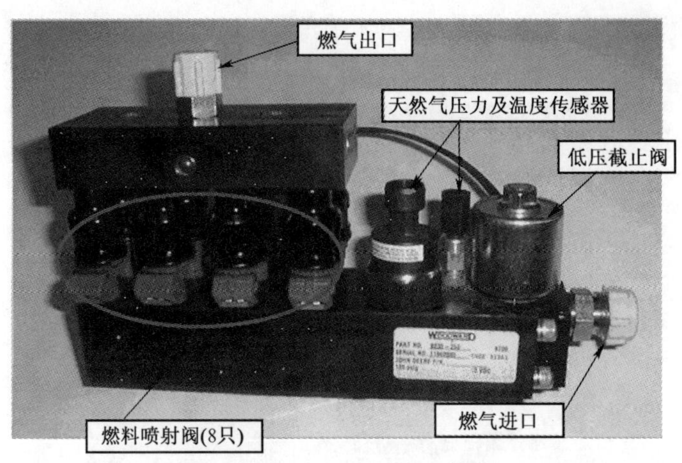

图 7.11　上柴 LNG 发动机的燃气计量阀

7. 电控调压器

电控调压器是一个连续流量燃气供给装置,由一个内置微处理器控制的大功率快速执行器驱动,将经过一级减压后的天然气压力降到系统所需压力,并可在一定范围内精确控制燃气出口压力,使发动机在目标空燃比下运行。另外,在一级减压器和电控调压器之间装有低压燃气切断阀,必要时 ECU 可通过该阀切断燃料的供给。图 7.12 所示为电控调压器外形图。

图 7.12　电控调压器外形

一方面,电控调压器内部的电控单元通过内置的压差传感器,测量进入混合器的空气与燃气的压力差,并将其传给 ECU;另一方面,电控调压器接收 ECU 发出的压差指令,执行器通过驱动调压器的膜片调节进入混合器的燃气压力,从而使实际压差与指令压差相符,实现燃气供给的闭环控制。在电控调压器内还配有干式燃气温度传感器,用于压差指令的温度修正,以提高控制精度,可以保证各缸混合气浓度的均匀性,有利于发动机采用稀薄燃烧方式工作。

8. 混合器

混合器采用喉管和十字叉结构,天然气从小孔中进入混合器,如图 7.13 所示。其作用是将天然气和中冷后的空气充分混合,使燃烧更充分、柔和,有效降低 NOx 排放和排气温度。

图 7.13 混合器

7.1.3 天然气发动机进气控制系统的组成及工作原理

为了使发动机和增压器更合理地匹配,在较宽的转速范围内改善发动机的性能,新一代的天然气发动机在进气系统中采用了电控可调增压装置,实现对进气压力的闭环控制。天然气发动机进气控制系统主要由气流控制系统和气流计量系统组成。

气流控制系统包括电子节气门、增压器、废气旁通控制阀、废气旁通阀、防喘振阀、油门踏板位置传感器,如图 7.14 所示。

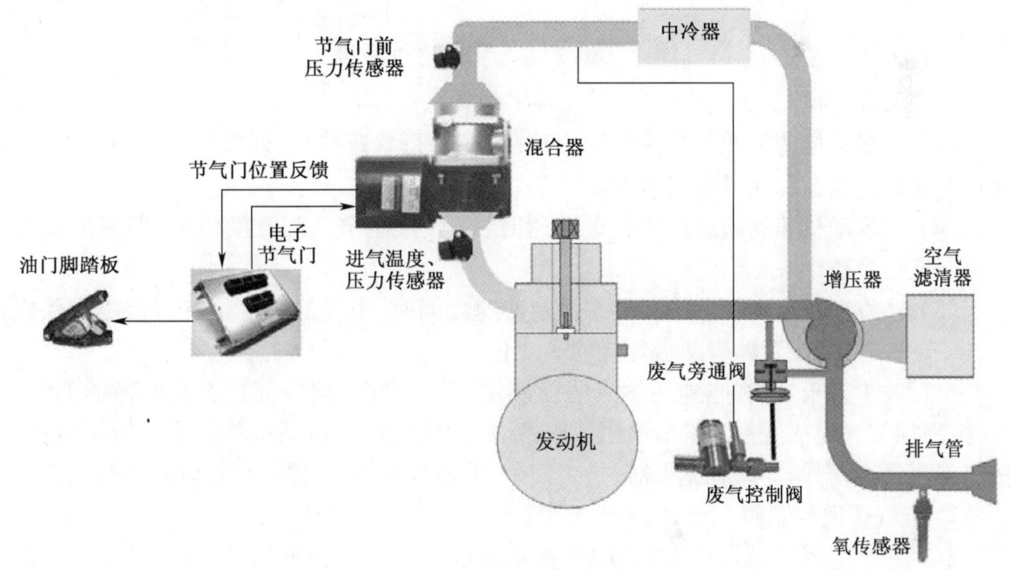

图 7.14 进气控制系统组成

气流计量系统的工作原理为,ECU 根据传感器信号计算空气流量,进而确定需要供给发动机的燃料量。气体速度和密度是 ECU 估算的主要依据。通过进气歧管压力 MAP 和进气温度 MAT 以及发动机转速,ECU 能够估算出进入发动机的进气量,ECU 通过节气门前和涡轮增压器前的压力传感器估算出天然气抵偿的空气体积,以及冷却液温度带来的影响。气流计量系统包括节气门前压力传感器、节气门后进气压力温度传感器、进气压力温度传感器和氧传感器。

1. 电子节气门

电子节气门是最重要的进气流量控制装置,ECU 不断地测量位置传感器的反馈信号,通过 PWM 信号控制节气门,从而直接控制发动机动力输出。

电子节气门一般采用多个位置反馈传感器(通常用双向纠错电位计或霍尔传感器)来进行调速,以增加安全性和冗余检查。其内部电路图如 7.15 所示。

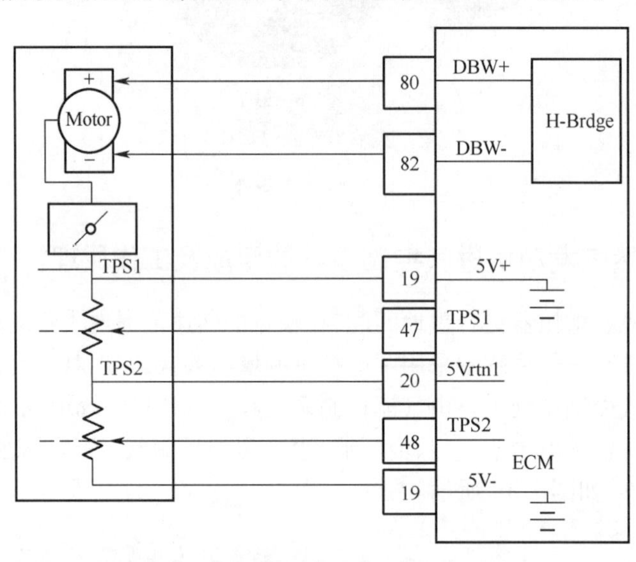

图 7.15　电子节气门内部电路图

根据 ECU 的指令,电子节气门有三种工作状态:

(1) 当发动机速度低于怠速目标值时,ECU 进行怠速控制,即控制节气门开度位置,保持发动机速度在怠速目标值附近。

(2) 当发动机速度超过最大额定转速时,ECU 限制节气门开度位置,即速度越高节气门开度位置越小。

(3) 当发动机速度在怠速和最大额定转速之间时,节气门开度位置直接由脚踏板控制,即节气门开度位置随脚踏板位置同步变化。

每行驶 1 万千米(视当地气体清洁度而定),检查节气门内部是否有明显的油污,若有,则需用节气门清洗剂清洗节气门碟阀部分,清洗后用干压缩空气吹干。清洗后,用手按压碟阀,检查碟阀运动有无卡滞、是否回位,若出现卡滞,则需要更换电控节气门总成。

2. 废气旁通控制阀

ECU 根据各种传感器传来的数据,控制着电子节气门和废气旁通阀,通过控制废气旁通控制阀的占空比,控制涡轮增压器废气旁通控制膜片上的压力,也就控制了废气经过旁通阀的流量,从而控制发动机的增压压力,如图 7.16 所示。采用该技术能有效提升发动机的低速扭矩。

3. 防喘振阀

当发动机突然减速时,由于节气门关闭,增压器出口至节气门间的压力会迅速升高,导致增压器剧烈振动,这种现象叫喘振。为了避免这种现象发生,在增压器出口和入口之

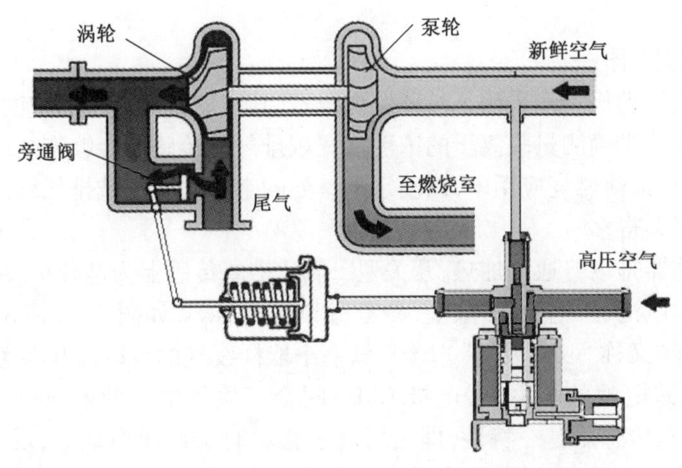

图 7.16　废气旁通控制阀工作原理及零件实物图

间并联一个防喘振阀，如图 7.17 所示。防喘振阀共有三个接口，两个直径大的接口分别连接增压器入口和增压器出口，较细的通气软管和进气歧管压力相通。当节气门突然关闭时，通气软管将节气门后的低压压力传递到防喘振阀压力反馈接头上，打开防喘振阀单向截止膜片，使增压器压气机前后压力平衡，避免增压器喘振，从而保护增压器。

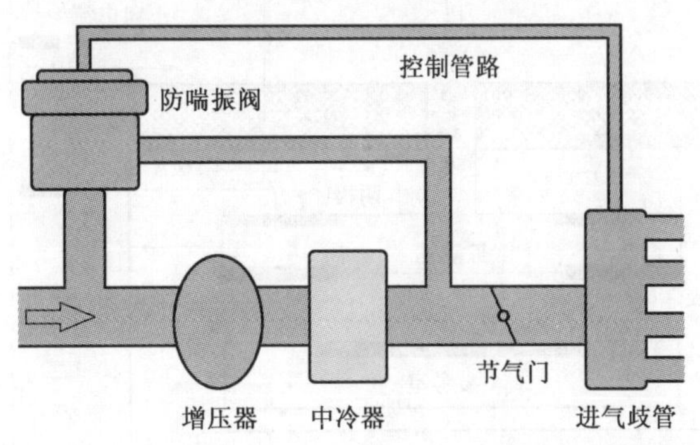

图 7.17　防喘振阀工作原理

4. 节气门前压力传感器

节气门前压力传感器是一种压力—电压转换器，安装在涡轮增压器与混合器之间的进气管路上。它用来测量节气门之前的增压空气压力。压力值和其他的传感器信号一起确定节气门的气流速率，同时被用于增压压力控制。

5. 节气门后进气压力温度传感器

节气门后进气压力温度传感器安装在电子节气门下游的进气管上，尽可能让传感器温度、压力探头置于混合气气流中。它是通过测量中冷后的压力、温度，结合发动机转速、排量、充气效率，然后利用速度密度法计算出混合气流量。

6. 进气压力温度传感器

进气压力温度传感器中，MAP 传感器是进气歧管压力传感器。它被用来测量进入发动机气缸前的进气歧管内的压力。测量的压力结合其他的测量值用来确定发动机的空气流量，从而确定燃料流量。进气温度传感器是一个热敏电阻，安装在发动机进气管上。它通过监测进入和排出的空气温度，与其他传感器相结合来确定进入和排出发动机的空气流量。

7. 宽域氧传感器

由于天然气发动机大多采用了稀薄燃烧技术,其尾气中氧离子的浓度较高,一般的开关型氧传感器无法准确测量氧离子的浓度。宽域排气氧传感器能够连续地检测出尾气中的氧含量,可用于稀薄燃烧应用中,以确定进口处的空燃比。宽域排气氧传感器比标准的开关式传感要复杂得多。

宽域氧传感器是以普通的加热、开关型二氧化锆氧传感器为基础扩展而成,其结构主要包括氧浓度差电池、泵电池、扩散室、参考室和加热器等,如图 7.18 所示。废气通过扩散孔进入扩散室(又称“取样废气”),若扩散室中取样废气的氧浓度和参考室中空气的氧浓度不同,氧浓差电池的两电极(电极 C、D)间会产生氧浓度差电池电压(即 Nernst 电压)。氧化锆型氧传感器有一特性,即当氧离子移动时会产生电动势,反之,若将电动势加在氧化锆组件上,会造成氧离子的移动。根据此原理,通过宽域氧传感器的控制器(内置于发动机控制单元 ECU 中)改变泵电压的大小和方向,同时可改变宽带氧传感中氧离子的扩散方向和速率(泵入或泵出扩散室),使氧浓度差电池输出电压维持在 0.45V。

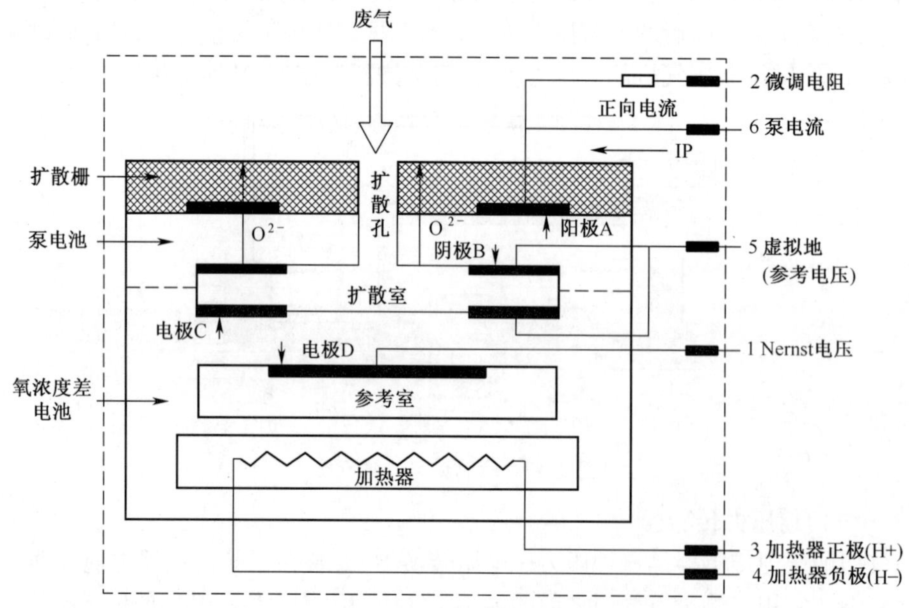

图 7.18　宽域氧传感器结构示意图

8. 大气环境传感器

作用:通过测量进气压力、温度、湿度,并根据所测得的湿度、压力来修正实际控制空燃比和天然气供给量,使发动机运行在最佳状态。

安装要求:该传感器要求安装在空气滤清器和增压器之间的空气管路上,为保证环境传感器测量值正确,安装时必须保证传感器底面 4 个湿度测量小孔不被挡住,并且该传感器温度、压力探头必须置于气流中以测量正确值。

大气环境传感器是汽车电控发动机的一个气体传感器部件,它通过测量进入发动机气缸气体的进气压力、温度和湿度将信号传输给 ECU 部件,通过 ECU 综合其他传感器数据来对空燃比值进行修正。大气环境传感器一般安装在空气滤清器和空气增压器之间的管路上。若发动机曲轴箱通风口引至增压器前的空气管路上，环境传感器必须安装在曲轴箱通风口上游，以免污染传感器探头。

7.1.4 天然气发动机电子控制系统

国内使用的电控天然气控制系统，目前主要分为两大供应商。一个是美国 Econtrols 另一个是美国伍德沃德(Woodword)。重汽、玉柴主要装备 Econtrols 系统，潍柴主要装备伍德沃德系统。

图 7.19 为美国 Econtrols CNG 电子控制系统的组成，图 7.20 为伍德沃德(Woodword) LNG 电子控制系统的组成。

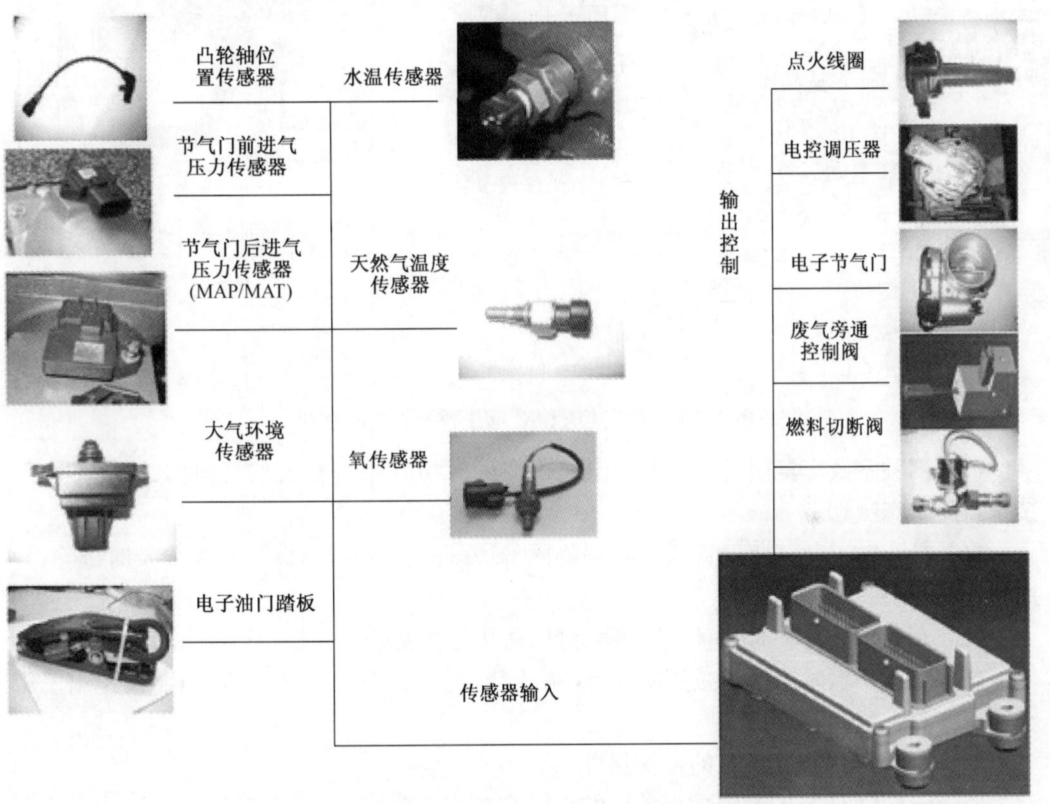

图 7.19 Econtrols CNG 电子控制系统的组成

7.1.5 天然气汽车使用与维护

1. Econtrols CNG 汽车安全使用规则

(1) 严格执行加气安全操作规程。气瓶加气，压力不得高于 20MPa。使用的天然气应作净化处理，符合车用天然气气质标准。

(2) 严禁在装置有故障和系统存在漏气的情况下燃气运行。

(3) 在拆装有关高压零部件时，应避免不安全操作。开启瓶阀，人不得站在气瓶阀口的正面，截止阀应缓慢开启，通气后逐渐开大，防止冲击表阀及其他零件。

(4) 严禁用火检查漏气。

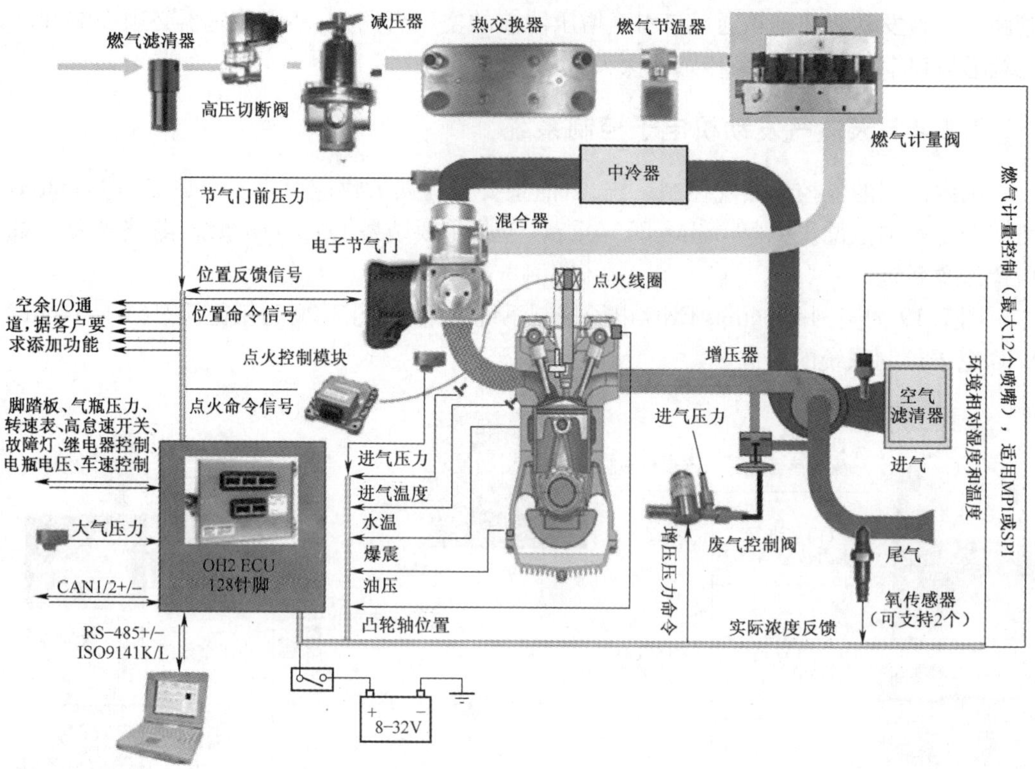

图 7.20　伍德沃德 LNG 电子控制系统的组成

（5）驾驶室及车辆附近，不得使用明火，应随时检查是否有天然气泄漏，驾驶室内严禁全封闭状态吸烟。

（6）行车时避免气瓶及管线与障碍物撞击，发现供气系统有漏气现象应及时排除，并换用汽油燃料。

（7）车辆停止行驶时，应停放在阴凉处，防止日光暴晒。

（8）保养车辆时，气瓶、减压阀、管线等严禁敲击、碰撞。充气气瓶，与明火距离不得小于 10m。

2. Econtrols CNG 汽车的维护保养

Econtrols CNG 装置的维护保养应结合汽车各级保养同时进行。

（1）每次出车前，应检查各零件的紧固情况，及时处理松动的固紧件，检查气质、管线及各连接处是否有泄漏，如有泄漏应及时处理。

（2）每月检查一次高压管线滤芯、电磁阀芯、调整各级减压阀压力。

（3）半年全面检修减压阀及供气系统一次，损坏件应及时更换。

（4）按国家《气瓶安全监察规程》规定，天然气钢瓶两年进行一次检测，不合格者应及时更换，检验后填写检测卡。

（5）经常保持 CNG 系统及空滤器芯子的清洁、完整。

（6）因维护保养发动机须拆卸天然气管线时，应用干净棉布堵住各接头，以免异物进入，损坏减压器阀口。

（7）车辆维护保养时，应检查充气阀、减压器、管线卡箍紧固情况。发现松动，卡箍掉缺、无效应及时处理。

(8) 车辆维护保养时,应用扭力扳手测量,检查钢瓶安装紧固情况是否符合要求。

(9) 随时清除钢瓶表面上的污泥,以免影响钢瓶阀门、安全防爆阀的技术性能。

(10) 只有在放出系统中的气体并关闭气瓶所有阀门之后,才能对燃气装置进行维修。

(11) 凡高压系统发生故障,驾驶员不得自行拆卸、改动、修理、调整减压器等。

(12) 按有关规定和要求认真填写、保管压缩天然气汽车的有关技术资料。

7.2 生物质燃料汽车

生物质能是以生物质为载体的能量,即通过植物光合作用把太阳能以化学能形式在生物质中存储的一种能量形式。碳水化合物是光能储藏库,生物质是光能循环转化的载体,生物质能是唯一可再生的碳源,它可以被转化成许多固态、液态和气态燃料或其他形式的能源,称为生物质能源。生物质能源是一种可再生能源,其消耗量居世界第4位,排在石油、煤炭和天然气之后。

当前最受人们关注的生物质燃料主要是乙醇和生物柴油。乙醇是一种无色澄清液体、易流动、易燃烧的含氧生物燃料,可以从粮食及植物中提取,是一种可再生的生物能源。乙醇又是一种清洁燃料,汽车掺烧乙醇可以大幅降低一氧化碳及微粒的排放。

生物柴油是由各种油脂通过酯化反应制得,生物柴油的原料很多,大豆和油菜籽等油料作物、油棕和黄连木等油料林木果实、工程微藻等油料水生植物以及动物油脂、废餐饮油等都可作为制取生物柴油的原料。它既可以单独作为发动机的燃料,又可作为一种燃料添加剂使用。发动机使用含有生物柴油的燃料时,可以大幅度降低污染物的排放。

所以,开发乙醇燃料、生物柴油等替代燃料,对缓解石油短缺和汽车对大气环境的污染,实现可持续发展战略具有重大意义。

7.2.1 乙醇在汽车上的应用

车用乙醇汽油是指在汽油组分油中,按体积比加入一定比例(中国暂按10%)的变性燃料乙醇混配而成的一种新型清洁车用燃料。在汽油中加入10%的变性乙醇,可使汽油辛烷值(汽油标号如90[#]、93[#]等)提高3%,氧含量增加3.5%,大大改善了汽油的使用性能,燃烧更彻底,是一种节能环保型燃料。

1. 乙醇汽油的优点

(1) 增加了汽油中的氧含量,使燃烧更充分,彻底有效地降低了尾气中有害物质的排放。车用乙醇汽油含氧量达35%,使燃料燃烧更加充分。据国家汽车研究中心所作的发动机台架试验和行车试验结果表明,使用车用乙醇汽油,在不进行发动机改造的前提下,动力性能基本不变,尾气排放的CO和HC化合物平均减少30%以上,有效地降低和减少了有害的尾气排放。

(2) 有效提高汽油的标号,使发动机运行平稳。可采用高压缩比提高发动机的热效率和动力性,加上其蒸发潜热大,可提高发动机的进气量,从而提高发动机的动力性。

(3) 减少积炭。车用乙醇汽油中加入的乙醇是一种性能优良的有机溶剂。具有良好的清洁作用,能有效地消除汽车油箱及油路系统中燃油杂质的沉淀和凝结(特别是胶质胶化现象),具有良好的油路疏通作用。有效消除火花塞、气门、活塞顶部及排气管、消声器部位积炭的形成,可以延长主要部件的使用寿命。

(4) 使用方便。乙醇常温下为液体,操作容易,储运使用方便,与传统发动机技术有继承性,特别是使用乙醇汽油混合燃料时,发动机结构基本无须变化。

2. 乙醇汽油的缺点

(1) 热值低。同样体积的乙醇,其能量只有汽油的 2/3,当它与汽油进行混合时,实际上降低了燃料的含热量。因此,同样加满一箱油,混合乙醇的汽油只能行驶更少的里程。

(2) 蒸发潜热大。乙醇的蒸发潜热是汽油的 2 倍多,蒸发潜热大会使乙醇类燃料低温启动和低温运行性能恶化,如果发动机不加装进气预热系统,燃烧全醇燃烧时汽车难以起动,但在汽油中混合低比例的醇,由燃烧室壁供给液体乙醇以蒸发热,蒸发潜热大这一特点可成为提高发动机热效率和冷却发动机的有利因素。

(3) 易产生气阻。乙醇的沸点只有 78℃,在发动机正常工作温度下,很容易产生气阻,使燃烧供给量降低甚至中断供油。

(4) 乙醇在燃烧过程中,会产生乙酸,对汽车金属特别是铜有腐蚀作用。有试验表明:在汽油中乙醇含量在 10%以下时,对金属基本没有腐蚀,但乙醇超过 15%时,则必须添加有效的腐蚀抑制剂。

(5) 与其他材料相容性差。乙醇是一种优良的溶剂,易对汽车密封像胶及其他合成非金属材料产生一定的轻微腐蚀、溶涨,软化或龟裂作用。

(6) 乙醇汽油对环境要求非常高,非常怕水,保质期短,因此销售乙醇汽油比普通汽油在调配、储存、运输、销售各环节要严格得多。过了保质期的乙醇汽油容易出现分层现象,在油罐油箱中容易变浑浊,打不着火。

7.2.2 生物柴油在汽车上的应用

生物柴油是指以油料作物如大豆、油菜、棉、棕榈等,野生油料植物和工程微藻等水生植物油脂以及动物油脂、餐饮垃圾油等为原料油通过酯交换或热化学工艺制成的可代替石化柴油的再生性柴油燃料。生物柴油是生物质能的一种,它是生物质利用热裂解等技术得到的一种长链脂肪酸的单烷基酯。

生物柴油的特性和优点:

(1) 具有优良的环保特性。生物柴油和石化柴油相比含硫量低,使用后可使二氧化硫和硫化物排放大大减少。权威数据显示,使用生物柴油的二氧化硫和硫化物的排放量可降低约 30%。生物柴油不含对环境造成污染的芳香族化合物,燃烧尾气对人体的损害低于石化柴油,同时具有良好的生物降解特性。和石化柴油相比,柴油车尾气中有毒有机物排放量仅为 10%,颗粒物为 20%,二氧化碳和一氧化碳的排放量仅为 10%。

(2) 低温启动性能。和石化柴油相比,生物柴油具有良好的发动机低温启动性能,冷滤点达到-20℃。

(3) 生物柴油的润滑性能比柴油好。生物柴油可以降低发动机供油系统和缸套的摩擦损失,增加发动机的使用寿命,从而间接降低发动机的成本。

(4) 具有良好的安全性能。生物柴油的燃点高于化石柴油,它不属于危险燃料,在运输、储存、使用等方面的优点明显。

(5) 具有优良的燃烧性能。生物柴油的十六烷值比柴油高,因此燃料在使用时具有更好的燃烧抗暴性能,可以采用更高压缩比的发动机以提高其热效率。虽然生物柴油的热值比柴油低,但生物柴油中所含的氧元素能促进燃料的燃烧,可以提高发动机的热效率,这对功率的损失会有一定的弥补作用。

(6) 具有可再生性。生物柴油是一种可再生能源,其资源不会像石油、煤炭那样会枯竭。

(7) 具有经济性。使用生物柴油的系统投资少,原用柴油的引擎、加油设备、储存设备和保养设备无需改动。

(8) 可调和性。生物柴油可按一定的比例与化石柴油配合使用,可降低油耗、提高动力、降低尾气污染。2007 年首个柴油机燃料调和用生物柴油的国家标准 BD100 开始正式实施,2011 年 2 月 1 日《生物柴油调和燃料(B5)》标准开始实施。

7.3 太阳能汽车与压缩空气汽车

7.3.1 太阳能汽车

太阳能汽车是太阳能发电在汽车上的应用,它使用太阳能电池把光能转换成电能,电能会在储电池中存起备用,用来推动汽车的电动机。如果太阳能汽车取代燃油汽车,有望完全可以做到零排放。正因为其环保的特点,太阳能汽车被诸多国家所提倡,太阳能汽车产业的发展也日益蓬勃。

1. 太阳能汽车的优势

(1) 太阳能汽车无污染。因为不用燃油,太阳能汽车不会排放污染大气的有害气体;没有内燃机,太阳能汽车在行驶时听不到燃油汽车内燃机的轰鸣声。

(2) 太阳能汽车耗能少,只需采用 3~4 平方米的太阳电池组件便可使太阳能电动车行驶起来。燃油汽车在能量转换过程中要遵守卡诺循环的规律来作功,热效率比较低,只有 1/3 左右的能量消耗在推动车辆前进上,其余 2/3 左右的能量损失在发动机和驱动链上。而太阳能汽车的热量转换不受卡诺循环规律的限制,90%的能量用于推动车辆前进。

(3) 易于驾驶。无需电子点火,只需踩踏加速踏板便可启动,利用控制器使车速变化。不需换挡、踩离合器,简化了驾驶的复杂性,避免了因操作失误而造成的事故隐患。

(4) 太阳能汽车结构简单,除了定期更换蓄电池以外,基本上不需日常保养,省去了传统汽车必须经常更换机油,添加冷却水等定期保养的烦恼。

(5) 在城市行车,为了等候交通信号灯,必须不断地停车和起动,既造成了大量的能源浪费,又加重了空气污染。使用太阳能汽车,减速停车时,可以不让电动机空转,大大提高了能源使用效率和减少了空气污染。

2. 太阳能汽车的基本构造

1) 太阳电池方阵

太阳电池方阵是太阳能汽车的能源。方阵是由许多 PV 光电池板(通常有好几百个)

组成。方阵类型受到太阳能汽车尺寸和部件费用等的制约。目前,主要有两种类型的光电池板:硅电池板和砷化合物电池板。环绕地球卫星使用的太阳电池使用的是典型的砷化合物电池,而硅电池则更为普遍的为地面基础设备所使用。一般等级的太阳能汽车通常使用硅电池板。许多独立的硅片(接近1000个)被组合,形成太阳电池方阵。依靠光伏电源供电动发动机驱动太阳能汽车。这些方阵的通常工作电压在50~200V之间,并能提供1000W的电力。方阵输出功率的大小受到太阳、云层的覆盖度和温度的影响。超级太阳能汽车也能使用通常类型的太阳能光电板,但更多的是使用太空级光电板。这种太空放充电板很小,但是比普通的硅片电池板要昂贵得多,然而它们的使用效率非常高。

一般情况下,汽车在运动时,被转换的太阳能光被直接送到发动机控制系统。但有时提供的能量要大于发动机需求的电力,那么多余的能量就会被蓄电池储存以备后用。当太阳电池方阵不能提供足够的能量来驱动发动机时,蓄电池内的被储存的备用能量将会自动补充。当太阳能汽车不运动时,所有能量都将通过太阳能光伏阵列储存在蓄电池内,也可以利用一些回流的能量来推动汽车。当太阳能汽车开始减速时,使用通用的机械制动,这时发动机将变成为一个发电机,能量通过发动机控制器反向进入蓄电池内进行储存。回充到蓄电池中的能量是非常少的,但是却非常实用。

2）电力系统

太阳能汽车的心脏部位就是电力系统,它由蓄电池和电能组成,电力系统控制器管理全部电力的供应和收集工作。蓄电池组就相当于普通汽车的油箱。太阳能汽车使用蓄电池组来储存电能以便在必要时使用,太阳能汽车启动装置控制着蓄电池组。但是当太阳能汽车启动后,是通过太阳能阵列提供能量,从而再充到蓄电池组内。

电池组是由几个独立的模块连接起来,并形成系统所须的电压。比较有代表性的系统电压一般是在84~108V。

3）电力控制系统

在太阳能汽车里最高级的组件部分就是电力系统。它们包括峰值电力监控仪、发动机控制器和数据采集系统。电力系统最基本的功能就是控制和管理整个系统中的电力。峰值电力监控仪调节电力来源于太阳能光伏阵列,光伏阵列把能量传递给另外的蓄电池,用于储存或直接传递给发动机控制器,推动发动机。当太阳能光伏阵列给蓄电池充电的时候,电池组电力监控仪会保护蓄电池组以免因过充而被损坏。电池组电力监控仪的数值设计在太阳能汽车里。峰值电力监控仪是由轻质材料构成,并且一般效率能达到95%以上。发动机控制器控制发动机的启动,而发动机启动信号是来自驾驶员的加速装置。对发动机控制器的电力管理是通过程序来完成的。发动机的启动需要配备不同型号的发动机控制器,使用的工作效率一般超过90%。很多太阳能汽车使用精确数据检测系统来管理整个太阳能汽车的电力系统,其中包括太阳能光伏阵列、蓄电池组、发动机控制器和发动机。在有些时候,我们需要掌控电池的电压和电流。从监控系统获得的数据常常用来判断太阳能汽车的状况,并用来解决太阳能汽车出现的问题。

4）电动机

在太阳能汽车里使用什么类型的发动机没有限制。大多数太阳能汽车使用的发动机是双线圈直流无刷电机,这种直流无刷电机是相当轻质材料的机器,在额定的RPM(每分转速)达到98%的使用效率。但是它们的价格比普通有刷型交流发动机要贵一些。

3. 太阳能汽车技术的发展

就在 2015 年 10 月的“全国大众创业万众创新活动周”活动上,“全球最大的薄膜太阳能企业”汉能集团推出了一款名为“Hanergy Solar Power”的太阳能电动车概念车,如图 7.21 所示。在汉能集团的官方描述中,这辆车续航 300km,后置两台电机,综合动力输出可达 160kW,峰值扭矩 400N · m,百公里加速时间 5.8s,最高时速 200km/h,车身使用了大量碳纤维和轻质合金。同时配备了一系列传感器、摄像头和高精度地图,能够实现自动驾驶功能。

图 7.21　汉能集团的“Hanergy Solar Power”太阳能电动车

7.3.2　压缩空气汽车

压缩空气动力汽车通常称为气动汽车。它使用高压压缩空气为动力源,空气作为介质,汽车运行时将压缩空气存储的压力能转化为其他形式的机械能(汽车动能)。以液态空气和液氮等吸热膨胀做功为动力的其他气体动力汽车也应属于气动汽车的范畴。

1. 空气动力汽车的发展

空气动力汽车的工作原理与传统汽车最大差别在于汽车动力来源的不同,其发动机的总体结构形式还是可以借鉴传统汽车现有的结构模式,主要还是往复活塞式、旋转活塞式等形式。具体工作原理是:压缩缸吸入外面空气,活塞上升,把空气加压至 20~30MPa,温度上升至 400℃;储气瓶的高压压缩空气经减压后,通过热交换器吸热,进入作用缸推动负载运动。合理设计通道的压力切换,以及各缸在曲轴上的转角相位关系,将可以获得发动机平稳的动力输出。通过调节进入作用缸的气体压力和流量,可以改变发动机的动力特性。

法国环保汽车公司 MDI 设计的“空气车”每加一次空气可行驶 10h,适合城市的短途客运和货运。该公司创办人兼发明家内格里,以其设计飞机和一级方程式赛车发动机的经验,发明出完全以压缩空气发动机推动的空气车。空气车最高时速达 110km,平均每加一次空气可行驶 200km 或 10h。车上有 4 个总容量 90L 的压缩空气缸,可储存 90m^3 的空气。因为空气车使用的是压缩空气,为避免损害发动机,所有空气都要先经过滤器过滤沙尘杂质,变为干净空气后才能注入发动机。所以驾驶人在驾驶空气车的同时,还能帮助清新城市内的废气。

空气车加气过程非常简单,驾驶人可在家中自行加气,只需把空气车上的空气压缩机接到家中电源上,4h 后便能自动加满气。将来驾驶人也可以去指定的加气站快速加气,

MDI 已开发出一种快速充气技术,使气缸可在 3min 内完成充气,服务费约 1.5 欧元。为减轻车身重量和使车辆速度更快,空气车的车身和车架分别以强化玻璃纤维和铝管制造。为减少汽车的电线重量,内格里特地为空气车设计了一套无线电控制的电力装置系统,只需一条电线便能供电给包括车灯在内的所有电力装置,使电线重量大大减少车身的总重量为 700kg。

美国华盛顿大学 1997 年研制了一台以液氮为动力的气动原型汽车。其基本工作原理与压缩空气动力汽车相同,只是动力来源于液态氮受热蒸发后气体膨胀做功。液氮无需使用高压罐储存,安全性较好。但液氮的制取和存储需很低的温度,制氮成本不低,贮氮费用较高。使用过程中存在氮气逸气量大、液氮汽化的热交换量也很大等问题。

国内近来也有人提出液态空气动力汽车的设想,但其同样存在液氮气体动力汽车的问题。

2. 标致雪铁龙空气混合动力系统(Hybrid Air)

在 2014 年 4 月的北京车展上,标致展台就带来了配备最新空气混合动力技术的标致 2008 解剖车,如图 7.22 所示。这套系统曾在 2013 年的日内瓦车展上正式亮相过,当时配套车型为雪铁龙 C3,官方公布的百公里油耗为 2.9L。而在 2014 年的日内瓦车展上,这套系统再次参展,并搭载在标致 2008 车型上,百公里油耗也下降到了 2.0L,低油耗低排放也是这套混合动力系统存在的主要意义。

图 7.22　标致雪铁龙空气混合动力系统(Hybrid Air)标致 2008

在标致雪铁龙汽车公司的中远期计划中,未来在混合动力车型方面,将在小型车或紧凑级车型上,主推空气混合动力;而在中大型车上则依旧使用油电混合技术,尤其是其在欧洲市场依旧会推出全新的柴油电动混合动力产品,两套系统会高低搭配,而非替代关系。相比插电式混合动力系统,这套空气混合动力结构并不算复杂,主要包括三部分:汽油发动机、液压泵/液压马达和压缩空气罐系统。其中液压泵和液压马达与变速箱是整合到一起(结构布局与油电混合系统相似)。结构非常紧凑,以便可以轻松地装入小型车的发动机舱内,如图 7.23 所示。

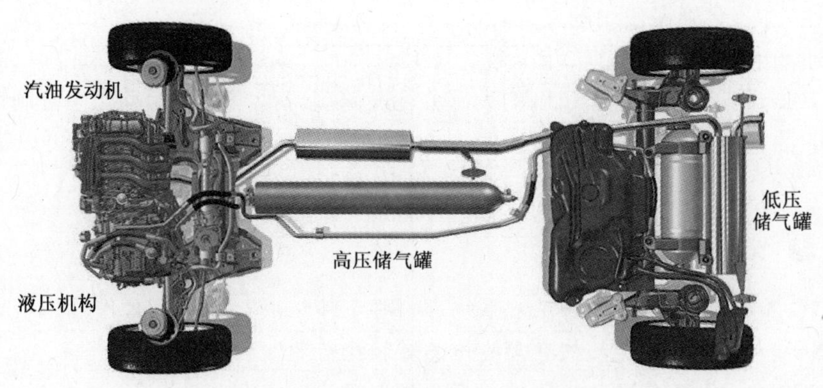

图 7.23　标致雪铁龙空气混合动力系统(Hybrid Air)

图 7.24 所示为气体混合动力系统的结构简图,从图中可以看出,压缩气体的能量通过液压油推动液压机构(液压泵与液压马达) 将动力传递到驱动桥,其中液压泵起到了传统汽车中发动机一样的作用,官方称它为液压发动机。而制动能量的回收,也是通过液压机构和液压油压缩气体进行能量储存的。

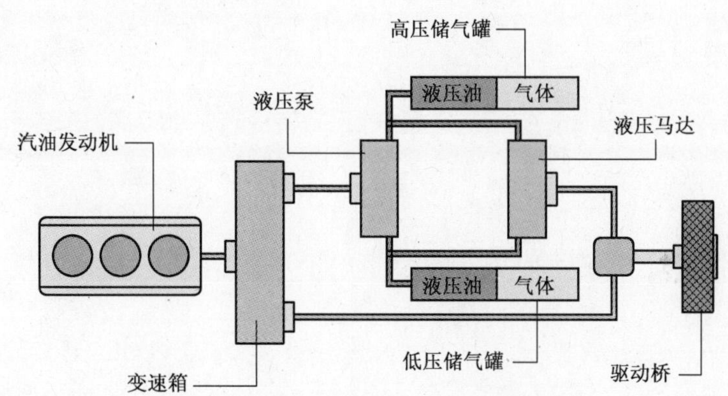

图 7.24　气体混合动力系统的结构简图

动力系统有四种工作模式,包括发动机驱动、高压空气驱动、混合驱动和能量回收。其汽油发动机是三缸的 1.2L VTi 发动机,发动机驱动模式主要用于高速定速巡航(这也是发动机最经济的工作区间);纯空气驱动主要用于城市道路(时速不超过 70km/h);而需要加速或爬坡时,两者同时介入工作。与油电混合系统相似,这套系统也允许用户自行切换,同时可以设置为自动。

混动动力模式主要是在汽车起动、加速、爬坡等高耗能的时候。这个时候汽油机和液力马达同时工作,而两种动力的驱动比例是根据驾驶者的需要,再由行车电脑自动调节。这种模式下液力马达可以变为液力泵,通过燃油发动机的能量给高压气罐充能。动力单元结构布局上,空气混合动力系统在体积以及重量上更有优势,压缩空气系统的布局更紧凑、尺寸也更小,核心由一套液压发动机系统组成。

Hybrid Air 与油电混合技术的原理是大体相似的,不同的是:将不会对环境造成污染,且会有积累效应和衰减效应的电池更换为将压缩气体动力源,由压缩空气和传统汽油机相结合提供动力,节油效果要高于油电混合动力源,而且空气储存装置里的气体并非空气而是惰性气体,会确保使用的安全。

与普通油电混合动力一样,纯压缩空气工作模式下,一样可以实现零排放,而且最高车速可达 70km/h,基本覆盖了市区的大部分行驶路况。但空气混合动力系统制造成本相对于传统的油电混合动力要低不少。官方称,城市驾驶空气混合动力汽车可以提升 45% 的燃油经济性,综合工况的燃油经济性也能提升 35%。

思考题

1. CNG 和 LPG 汽车的燃料供给系统有哪些元件组成?各有什么作用?
2. CNG 和 LPG 汽车发动机有哪些传感器和执行器?
3. CNG 和 LPG 汽车发动机的保养有哪些内容?
4. 太阳能汽车动力系统由哪些元件组成?各有什么作用?

第 8 章　电动汽车高压安全与使用

教学目标

通过本章的学习，要求学生能够了解电动汽车充电方式、充电机功能；熟悉电动汽车传导式充电接口、TN 网络原理、现代电动汽车的安全措施、HV（高压）的注意事项以及电动汽车绝缘电阻监测方法，掌握相应的维修规范要求。

教学导入

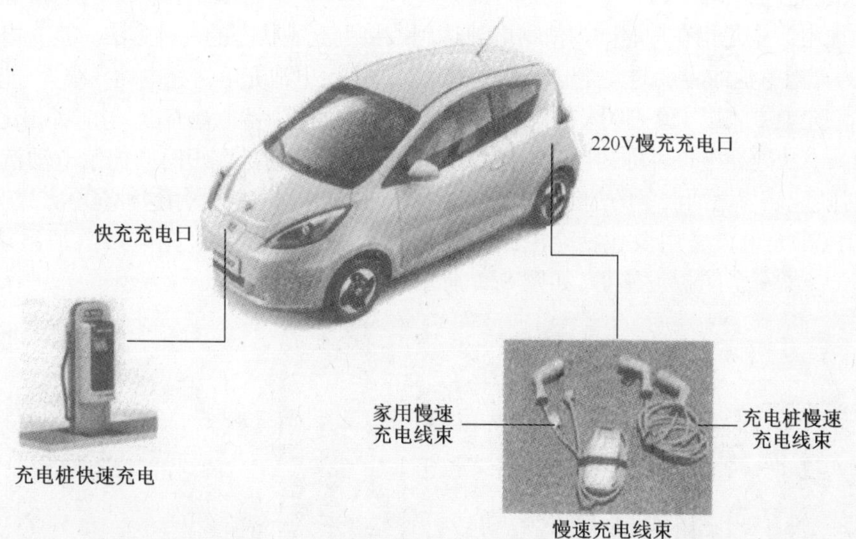

在电动汽车维修有关高压电操作中，千万不要把自己串入正负极之间构成导电回路，造成触电的严重事故。另外，正或负直流母线与车身意外相连将存在严重的高压电击隐患，一旦人员在车上接触了高压电负或正极将造成严重电击伤或死亡。因此，认识电动汽车的高压安全知识、了解充电技术和掌握相应的维修规范要求非常重要。

8.1　电动汽车充电技术

8.1.1　电动汽车充电方式

1. 常规充电方式

该充电方式采用恒压、恒流的传统充电方式对电动汽车进行充电。以相当低的充电电流为蓄电池充电，电流大小约为 15A，若以 120A · h（例如 360V，即串联 12V、100A · h 共 30 只）的蓄电池为例，充电时间要持续 8 个多小时。相应的充电器的工作和安装成本相对比较低。电动汽车家用充电设施(车载充电机)和小型充电站多采用这种充电方式。车载充电机是纯电动轿车的一种最基本的充电设备。充电机作为标准配置固定在车上或放在后备箱里。由于只需将车载充电器的插头插到停车场或家中的电源插座上即可进行充电,因此充电过程一般由客户自己独立完成。直接从低压照明电路取电,电功率较小,由220V/16A规格的标准电网电源供电。典型的充电时间为8~10h(SOC达到95%以上)。这种充电方式对电网没有特殊要求,只要能够满足照明要求的供电质量就能够使用。由于在家中充电通常是晚上或者是在用电低谷期,有利于电能的有效利用,因此电力部门一般会给予电动汽车用户一些优惠,例如用电低谷期充电打折。

小型充电站是电动汽车的一种最重要的充电方式,充电机设置在街边、超市、办公楼、停车场等处。采用常规充电电流充电。电动汽车驾驶人只需将车停靠在充电站指定的位置上,接上电线即可开始充电。计费方式是投币或刷卡,充电功率一般在5~10kW,采用三相四线制380V供电或单相220V供电。其典型的充电时间是:补电1~2h,充满5~8h(SOC达到95%以上)。

2. 快速充电方式

快速充电方式是指在短时间内使蓄电池达到或接近充满状态的一种方法。该充电方式以1~3C,C为充电电池的容量的大充电电流在短时间内为蓄电池充电。充电功率很大,能达到上百千瓦。该充电方式以150~400A的高充电电流在短时间内为蓄电池充电,与前者相比安装成本相对较高。快速充电也可称为迅速充电或应急充电,其目的是在短时间内给电动汽车充满电,充电时间应该与燃油汽车的加油时间接近。大型充电站(机)多采用这种充电方式。

电动汽车充电设备主要包括充电站及其附属设施,如充电机、充电站监护系统、充电桩、配电室以及安全防护设施等,如图8.1所示。

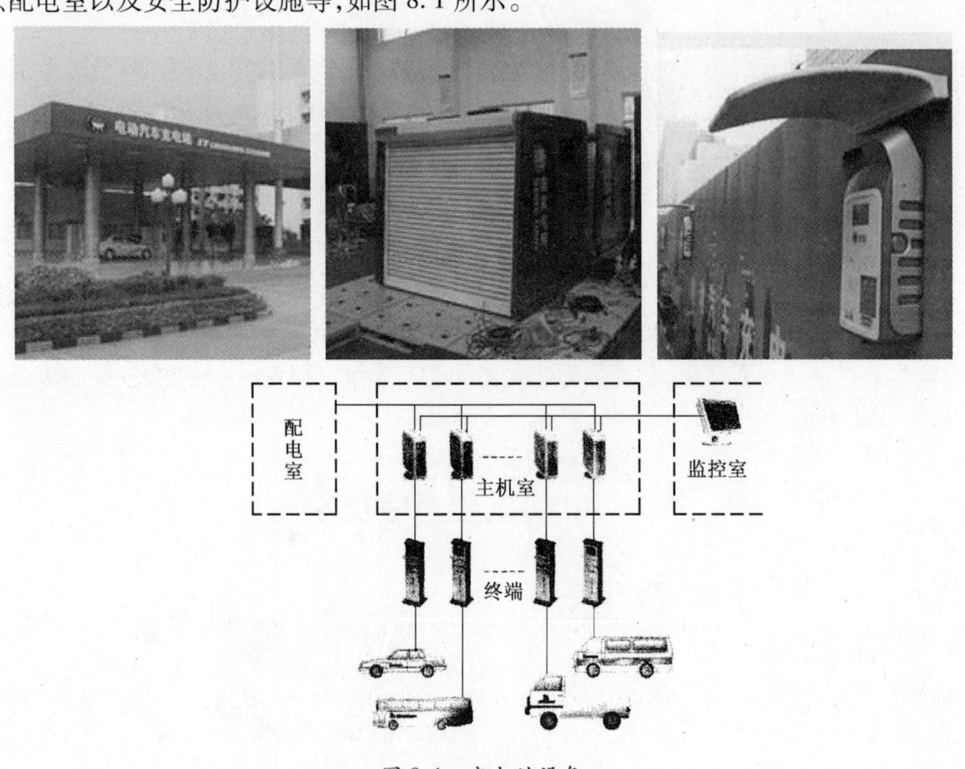

图8.1 充电站设备

大型充电站(机)的快速充电方式主要针对长距离旅行或需要进行快速补充电能的情况进行充电,充电机功率一般大于 30kW,采用三相四线制 380V 供电。其典型的充电时间是:10~30 min。这种充电方式对电池寿命有一定的影响,特别是普通蓄电池不能进行快速充电,因为在短时间内接受大量的电量会导致蓄电池过热。快速充电站的关键是非车载快速充电组件,它能够输出 35kW 甚至更高的功率。由于功率和电流的额定值都很高,因此这种充电方式对电网有较高的要求,一般应靠近 10kW 变电站附近或在监测站和服务中心中使用。此外,该充电方式在变电站附近或服务中心中使用,还需采取较为复杂的谐波抑制措施,与前者相比安装成本相对较高,只适合大型充电站使用。

3. 更换电池组充电方式

目前,除了以上两种充电方式外,还可以采用更换电池组的方式,即在蓄电池电量耗尽时,用充满电的电池组更换已经耗尽的电池组。蓄电池归服务站或电池厂商所有,电动汽车用户只需租用电池。电动汽车用户把车停在一个特定的区域,然后用更换电池组的机器将耗尽的蓄电池取下,换上已充满电的电池组。对于更换下来的未充电蓄电池,可以在服务站充电,也可以集中收集起来以后再充电。由于电池更换过程包括机械更换和蓄电池充电,因此有时也称它为机械"加油"或机械充电。电池更换站同时具有一般充电站和快速充电站的优点,也就是说可以用低谷电给蓄电池充电,同时又能在很短的时间内完成"加油"过程。通过使用机械设备,整个电池更换过程可以在 10min 内完成,与现在的燃油汽车加油时间大致相当。

不过,这种方法还存在不少问题有待解决。首先,这种电池更换系统的初始购置成本很高,其中包括昂贵的机械装置和大量的蓄电池。其次,由于存放大量未充电和已充电的蓄电池需要很多空间,因此修建一个蓄电池更换站所需空间远大于修建一个正常充电站或快速充电站所需的空间。还有,在蓄电池自动更换系统得到应用之前,需要对蓄电池的物理尺寸和电气参数制定统一的标准,所以换电池充电方式最终随电池能量密度的提高会消失。

4. 无线充电方式

无线充电方式包括电磁感应式(图 8.2 所示)、磁场共振式、无线电波式三种。三种充电方式对比如表 8-1 所示。电动汽车非接触充电方式的研究目前主要集中在感应式充电方式,不需要接触即可实现充电,目前,日产和三菱都有相关产品推出,其原理是采用

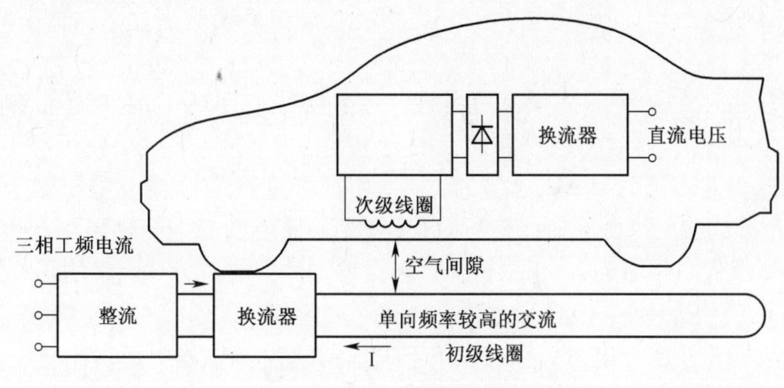

图 8.2 感应式充电示意图

了可在供电线圈和受电线圈之间提供电力的电磁感应方式，即将一个受电线圈装置安装在汽车的底盘上，将另一个供电线圈装置安装在地面，当电动汽车驶到供电线圈装置上，受电线圈即可接受到供电线圈的电流，从而对电池进行充电。目前这种充电方式的成本较高，还处于实验室研发阶段，其功能还有待时间验证。此外，非接触式充电方式的原理还包括磁共振和微波等，这些技术都被日本厂商垄断。

表 8-1　三种无线充电方式比较

方　式	电磁感应	磁共振	微波
充电原理	向地面下的初级线圈提供交流电流，线圈产生交变磁场，感应在车底部的次级圈，次级产生交流电流	其本原理与电磁感应相同，只是初级线圈和次级线圈使用同一共振周波，可将阻抗控制在最低，增大发送距离	充电部分和接收部分均采用 2.45GHz 的微波
使用频率范围	22kHz	13.56MHz	2.45GHz
输出功率	30kW	1kW	1kW
传送距离	100mm	400mm	1000mm
充电效率	92%	95%	38%
日本研制企业	昭和飞行机工业	长野日本无线	三菱重工业

电动汽车无线充电方式是近几年国外的研究成果，其原理就像在车里使用的移动电话，将电能转换成一种符合现行技术标准要求的特殊的激光或微波束，在汽车顶上安装一个专用天线接收即可。有了无线充电技术，公路上行驶的电动汽车或双能源汽车可通过安装在电线杆或其他高层建筑上的发射器快速补充电能。电费将从汽车上安装的预付卡中扣除。

电动汽车充电不再需要电源插座或充电电缆。利用感应充电法，电能通过埋在路面下的充电板无线传送给汽车的蓄电池，实现从路面直接给汽车充电。这一技术将极大地降低充电时间，以沃尔沃 C30 电动汽车为例，其进行感应式充电在蓄电池完全放电的情况下，给 24kW · h 大小的蓄电池组完全充电，预计仅用 1h20min。

微波充电方式也称移动式充电。对电动汽车蓄电池而言，最理想的情况是汽车在路上巡航时充电，即所谓的移动式充电（MAC）。这样，电动汽车用户就没有必要去寻找充电站、停放车辆并花费时间去充电了。MAC 系统埋设在一段路面之下（即充电区），不需要额外的空间。

接触式和感应式的 MAC 系统都可实施。对于接触式的 MAC 系统而言，需要在车体的底部装一个接触拱，通过与嵌在路面上的充电元件相接触，接触拱便可获得瞬时高电流。当电动汽车巡航通过 MAC 池组的方式，其充电过程为脉冲充电。对于感应式的 MAC 系统，车载式接触拱由感应线圈所取代，嵌在路面上的充电元件由可产生强磁场的高电流绕组所取代。很明显，由于机械损耗和接触拱的安装位置等因素的影响，接触式的 MAC 对人们的吸引力不大。

电磁感应式非接触充电系统存在以下三方面的问题：(1) 送电距离比较短，如果两个线圈的横向偏差较大传输效率就会明显下降。目前来看只能实现传输距离为 10cm 左右，而底盘的距离明显与这个距离有着非常大的距离，因此这是一个很大的问题。(2) 需要考虑很多的散热问题,比如线圈之间的发热。(3)耦合的辐射问题,电磁波的耦合会不会存在大的磁场泄漏。电磁感应在线圈之间传输电力,如同我们的磁铁一样,在外圈有一定的泄漏,人如何避免受影响是个很大问题。线圈之间也是有可能有杂物进入的,还有某些动物(猫、狗)进入里面,一旦产生电涡流,就如同电磁炉一样,安全性问题非常明显。一般来说,利用电磁感应原理的无线供电技术最具现实性,并且现在在电动汽车上有实际应用。

磁场共振式供电,目前技术上的难点是:小型、高效率化。现在的技术能力大约是直径半米的线圈,能在 1m 左右的距离提供 60W 的电力。磁场共振方式,则是现在最被看好,并被认为是将来最有希望广泛应用于电动汽车的一种方式。

电磁波送电方式,现在则提出了利用这种技术的"太空太阳能发电技术"。这种技术若能应用的话,可以从根本上解决电力问题。无线供电,使得电动汽车可以提供这么一种可能:一辆电动汽车从出厂到它报废为止,终生不用你去理会电力补充问题。电动汽车在太阳能电池技术、无线供电技术、以及自动驾驶技术的支持下,完全可以颠覆现在的交通概念。许多年以后,在高速公路上,汽车在自动行驶,而汽车、电脑、手机需要的所有电力都来自从路面下铺装的供电系统,或者来自汽车上的接收装置接收的电磁波。随着电动汽车的发展,无线充电技术必定有着广阔的利用空间。

综上所述,目前电动汽车的充电还是采用普通充电为主,快速补充充电为辅的充电方式。对于电动公交车而言,充电站设在公交车总站内,在晚间下班后利用低谷充电,时间 5~6h。其全天运行的车辆,续驶里程不够时,可利用中间休息待班时间进行补充充电。充电器的数量和容量根据车队的规模而定,充电站由车队管理。1~3C 的快速充电模式,已经在探讨应用,但应确保在电池的安全和使用寿命的前提下进行。

5. 未来其他前沿技术

Altair 纳米技术公司为电动汽车开发的锂离子电池可以极快的速度充电,容量高达 35kW·h 时的电池可以在 10min 之内充电完毕,安装这种电池的载人小汽车可以续航 160km。10min 之内把 35kW·h 的电池充电完毕需要 250kW 的充电功率,这是一栋办公大楼最大用电负荷的 5 倍。

麻省理工学院研究人员发明了一项充电材料表面处理技术,利用这种新技术制造的手机电池可以在 10s 内完成充电,汽车电池可在 5min 内充好电。一块锂电池完成充电一般需要 6min 或更长的时间。但传统的磷酸铁锂材料在经过表面处理生成纳米级沟槽后,可将电池的充电速度提升 36 倍(仅为 10s)。麻省理工学院研究人员称,由于这项技术不需要新材料,只是改变制造电池的方法,所以用两年到三年时间就可以将这项技术市场化。

据索尼公司官方新闻稿表示,索尼公司已经开发出了一种快速充电锂电池,仅需半个小时就能让电池充电 99%。功率可达 1800W/kg,并可延长 2000 次循环充放电寿命。这种电池采用磷酸铁锂作为阴极材料,以增强阴极的晶体结构并能保证其高温状态下的稳定性。通过与索尼公司新设计的粒子技术阳极材料组合,该电池可以有效降低电阻,并提高输出功率。

V2G 是 Vehicle-to-grid 的简称,它描述了这样的一个系统:当混合电动汽车不运行的时候,通过连接到电网的电动机将能量卖给电网,反过来,当电动汽车的电池需要充满时,电流可以从电网中提取出来给到电池。

8.1.2 充电机功能

随着我国新能源汽车,特别是纯电动汽车的迅速发展,电动汽车充电站及其配套充电设备必将处于新能源交通领域的前沿位置。

电动汽车充电机是一种专为电动汽车的车用电池充电的设备,按安装方式不同可分为车载式和非车载式两种,分别采用相应的充电方式完成对车载蓄电池充电的功能。车载充电机指安装在电动汽车内部的充电机;非车载充电机指安装在电动汽车外,与交流电网连接并为电动汽车动力电池提供直流电能的充电机。充电站安装的非车载充电机还需具备计量计费功能。一般情况下,充电机应至少能为以下三种类型动力蓄电池中的一种充电:铁锂离子蓄电池、铅酸蓄电池、镍氢蓄电池。

根据电流种类不同,充电桩可分为交流充电桩和直流充电桩两种。交流充电桩是安装在电动汽车外,与交流电网连接,为电动汽车车载充电机提供交流电源的供电装置,同时具备计量计费功能;直流充电桩是固定安装在电动汽车外,与交流电网连接,为电动汽车动力电池提供小功率直流电源的供电装置。直流充电桩具有充电机功能,可以实时监视并控制被充电电池状态,同时直流充电桩可以对充电电量进行计量。

1. 充电设定方式

1) 自动设定方式

自动设定方式是在充电过程中,充电机依据蓄电池管理系统提供的数据动态调整充电参数、执行相应动作,完成充电过程。

2) 手动设定方式

手动设定方式是由操作人员设置充电机的充电方式、充电电压、充电电流等参数,在电动汽车与充电机连接正常且充电参数不应超过电动汽车蓄电池管理单元最大许可范围时,充电机根据设定参数执行相应操作,完成充电过程。充电机采用手动设定方式时,应具有明确的操作指示信息。

充电机采用高频开关电源模块。其主要功能是将交流电源变换为高质量的直流电源,应采用脉冲宽度调制方式原理。高频开关电源模块应由全波整流及滤波器、高频变换及高频变压器、高频整流滤波器等组成。

每个高频开关电源模块内部应具有监控功能,显示输出电压/电流值,当监控单元故障或退出工作时,高频开关电源模块应停止输出电压。正常工作时,模块应与直流充电机监控单元通信,接受监控单元的指令。

高频开关电源模块应具有交流输入过电压保护、交流输入欠电压报警、交流输入缺相报警、直流输出过电压保护、直流输出过电流保护、限流及短路保护、模块过热保护及模块故障报警功能。模块应具有报警和运行指示灯,任何异常信号应上送到监控单元。

充电机不同相位的两路或多路交流输入进线应均匀接入充电机高频开关电源模块上,以实现脉波整流。高频开关电源模块应具有带电插拔更换功能,具有软起动功能,软起动时间3~8s,以防开机电压冲击。充电机应具有限压限流特性。(1)限压特性:充电机在恒流充电状态运行时,当输出直流电压超过限压整定值时,应能自动限制其输出电压增加;(2)限流特性:充电机在稳压状态下运行时,当对蓄电池的充电电流超过电池的限流整定值或输出直流电流超过充电机总限流整定值时，应能立即进入限流状态，自动限制其输出电流增加。全自动充电机可适用的电池类型：镍铬、镍氢、铅酸、锂离子电池等。

充电机充电特性：采用智能充电技术，充电过程无须人工干预。严格按照蓄电池充电特性曲线进行充电，采用“恒流──→恒压限流──→涓流浮充”智能三阶段充电模式，使每节电池都能够较快地充分地充满电，避免过充电，完全做到全自动切换功能。

2. 充电功能

1）充电模式——智能三阶段充电模式

充电初期采用恒流技术，使充电电流恒定。避免损坏电池和加速电池的老化。

充电电压达到上限电压时自动转换为恒压限流充电，有效地提高了蓄电池的容量转换效率。

涓流充电使各单体电池均衡受电，保证电池容量得以最大限度恢复，有效解决单体电压不均衡现象，避免了市电电压的变化和蓄电池充电的末期造成的蓄电池过压充电的危险，大大延长了蓄电池的使用寿命。

适用电池范围广：充电电流可在10%至额定值内任意设定，且不受输入交流电压变化的影响，在恒流充电期间电流维持不变，无需人为再调整。

2）特殊功能数据转储和处理

充电结束后，采集的数据可经U盘转存或经RS232接口直接上传计算机，经配套的数据处理软件后台处理后，可自动生成各种图表，为判别整组电池的优劣提供了科学的依据（注：充电机起动、停电后恢复充电应需人工确认，充电机应具有急停开关。）。

3. 监控功能

直流充电机的监控单元应具有完善的监控功能。其至少应具有以下监控功能：

1）模拟量测量显示功能

测量显示充电机交流输入电压、充电机输出电压/电流、各个高频电源模块输出电流等。监控单元电流测量精度在20%~100%的额定电流范围内，其误差应不超过±1%；电压测量精度在90%~120%的额定电压范围内，其误差应不超过±0.5%。

2）控制功能

监控单元应能适应充电机各种运行方式，能够控制充电机自动进行恒流限压充电──→恒压充电──→停止充电运行状态。

3）报警功能

充电机交流输入异常、电源模块报警/故障、直流输出过/欠压、直流输出过流、充电机直流侧开关跳闸/熔断器熔断、充电机故障、充电机监控单元与充电站监控系统通信中断、监控单元故障时，监控单元应能发出声光报警，并应以硬接点形式和通信口输出到监控系统。

4）事件记录功能

监控单元应能储存不少于100条事件。充电机报警、充电开始/结束时间等均应有事件记录，应能保存至少20次充电过程曲线，事件记录和曲线具有掉电保持功能。

5）参数整定和操作权限管理

监控单元应具有充电机参数整定和操作权限密码管理功能，任何改变运行方式和运行参数的操作均需要权限确认。

6）对时功能

监控单元至少应满足 PPS（秒脉冲）、PPM（分脉冲）对时要求，宜能接受 IRIG-B（DC）码来满足对时要求，且 GPS 标准时钟的对时误差应不大于 1ms。

4. 显示功能

显示输出功能应包含显示下列信息：

（1）电池类型、充电电压、充电电流、充电功率、充电时间、电能量计量和计费信息。

（2）在手动设定过程中应显示人工输入信息。

（3）在出现故障时应有相应的提示信息。

（4）可根据需要显示电池最高和最低温度。

5. 通信功能

通信内容包括：蓄电池的蓄电池组标识、蓄电池组类型、蓄电池组容量、蓄电池组状态、蓄电池组故障代码、蓄电池组电压、蓄电池组充电电流、蓄电池组充电功率、蓄电池组充电时间、蓄电池组充电电能、单体蓄电池电压、单体蓄电池荷电、蓄电池温度等；充电机的充电状态、充电机故障代码、充电机交流侧开关状态、充电机直流输出电压、充电机直流输出电流、充电机直流侧开关状态、充电机直流侧开关跳闸；监控单元输出监控单元故障、充电机与监控系统通信中断等；后台监控系统输出充电机开/关机、充电机紧急停机、充电机参数设置等。

6. 典型电动汽车智能充电及管理系统功能

电动汽车智能充电及管理系统能够实现对电池的检测、维护、保养，续驶里程估算，内阻检测估算、电能计费、联网监控、人机交互显示等功能。如图 8.3、图 8.4 所示。

采用多种充电模式：充电电流大、充电热量少、充电速度快、还原效率高、超时充电无过充危险，较一般的充电方式提高 50%～60%。采用均衡充电：针对锂电池、铁锂电池抗过充能力差，实现动态均衡充电功能。避免不平衡趋势恶化，提高电池组的充电电压，并对电池进行活化充电，有效延长电池使用寿命。其具有快速充电：充电 10～15min，充足额定电量的 80%以上，续驶里程可达 200～300km。

内阻检测功能：智能电池单体检测、内阻检测技术，在线巡回检测每节单体电池状况，预测各节电池供电性能，及时发现劣化电池，立即报警，为电池组“精细”维护提供测量依据。

图 8.3　直流充电桩

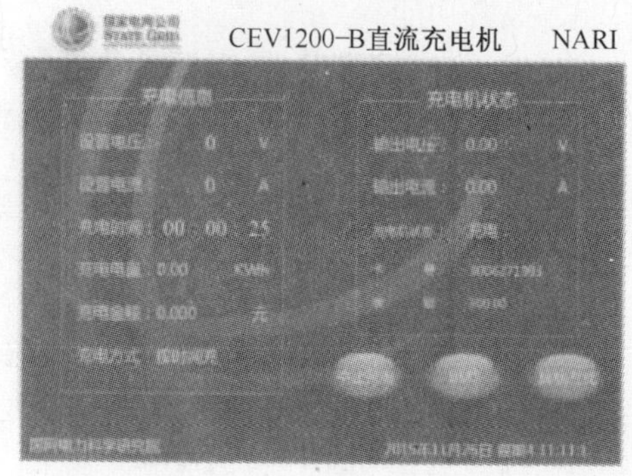

图 8.4　充电桩的显示界面

除硫养护功能：抑制硫化产生、降低硫化速度，可使蓄电池组的容量恢复到标称容量的95%以上，达到长期在线对电池进行防硫养护和修复的作用。

电量计费功能：充电站输入电量、充电主机输入电量、输出电能总体计量；用户充电消费已充电量、计费单价、消费金额等存储、显示和统计。

联网监控：通过 GPS 定位系统、CAN 总线装置、载波通信，监控中心对充电主机、终端、充电桩进行远程控制，实时记录充电、配电、电池维护等监控数据，异常现象声控报警，并通过通信口输出到监控系统。

续驶里程估算：对电动汽车车载电池的电压、内阻检测及电量容量估算，实时评估电量信息，同时估算续航里程，避免车主遭遇电量用完的尴尬，更大方便用户出行。

抗磁干扰：双绞屏蔽网络通信线置金属管中；超强滤波电路设计，严格执行通信协议，多重正确条件校验设置，全面差错校正。

人机交互：触控数字液晶屏显示、语音提示、友好人机界面、显示 RFID 卡（选配）、IC 卡卡号、计费单价、充电模式、充电电压、充电电流、已充电量、所剩余额、消费金额等，并打印单据。

8.1.3 电动汽车传导式充电接口

电动汽车传导式充电接口标准适用于交流额定电压最大值为 380V 和直流额定电压最大值为 600V 的电动汽车用传导式充电接口。

国标规定了两种充电接口：一种是将交流供电电网连接到车载充电机上进行充电的"交流充电"接口；另一种是利用非车载充电机（充电桩）对电动汽车进行"直流充电"的接口（注：日本和美国充电机采用单相 230V AC 供电，电流 32A 输出，针脚数量 5；意大利采用单相 230V AC 供电，16A AC 输出，针脚数量 4~5；德国采用单相或三相 500V AC，单相电流 70A、三相电流 63A、针脚数量为 7；中国标准单相 220V AC，单相最大电流 32A，三相 380VAC，三相最大电流 63A，针脚数量为 7。）。

电动汽车国家标准插头对插头和充电接口的材质、接触电阻、工作时额定电流、额定电压、插拔力、电气性能、防水等级、断开状态、充电状态、防松设置、及时断开等都做了规定。

1. 交流充电接口

交流充电接口包含 7 个端子，交流充电接口插头和插座的各个端子布置方式如图 8.5 所示。交流充电接口端子功能定义：L_1、L_2、L_3 为三相交流电、N 为中线、PE 为保护接地、CP 控制确认 1、PP 控制确认 2 共 7 个端子。

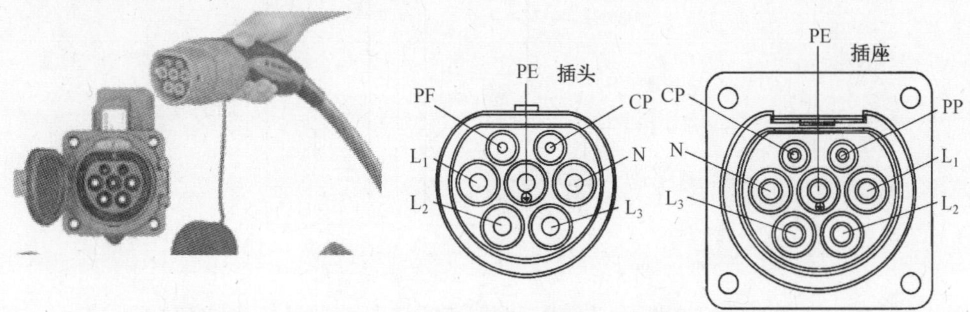

图 8.5　交流充电接口插头和插座端子布置图

电动汽车充电模式有如下三种：

（1）充电模式1：使用车载充电机对电动汽车进行充电时，充电电缆通过符合GB2099.1要求的额定电流为16A的插头插座与交流电网进行连接。其额定电压和额定电流应符合要求，单相220V交流、电流16A，作为家用使用CB2099.1中额定电流为16A的标准插座连接交流电网。交流充电接口端子连接方式为L_1+N+PE+CP+PP。

（2）充电模式2：包括三种模式，使用特定的供电设备为电动汽车提供交流电源；作为商场、停车场等通过特定的供电设备为电动汽车提供交流电源。根据额定电压和额定电流的不同等级将充电模式具体分为：

① 模式2.1：采用单相220V交流、电流32A，交流充电接口端子连接方式为L_1+N+PE+CP+PP；

② 模式2.2：三相380V交流、电流32A，交流充电接口端子连接方式为L_1+L_2+L_3+N+PE+CP+PP；

③ 模式2.3：三相380V交流、电流为63A，交流充电接口端子连接方式为L_1+L_2+L_3+N+PE+CP+PP。

（3）充电模式3：使用非车载充电机对电动汽车进行直流充电，其额定电压600V DC、额定电流300A、作为高速公路服务区、充电站等，通过非车载充电机对电动汽车进行直流充电，交流充电接口端子连接方式为L_1+L_2+L_3+N+PE+CP+PP。

（注：在充电插头的明显区域（如：锁紧装置的控制按钮表面）应有不同颜色来表示不同的充电模式。蓝色：充电模式1；黄色：充电模式2.1；橙色：充电模式2.2；红色：充电模式2.3；红色：充电模式3。在供电装置一侧须安装漏电流保护装置，建议在供电装置一侧安装手动或自动断路器。出于安全的考虑，在充电接口连接过程中，首先连接保护搭铁端子，最后连接控制确认端子。在脱开的过程中，首先断开控制确认端子，最后断开保护搭铁端子。）

交流充电接口界面如图8.6所示。

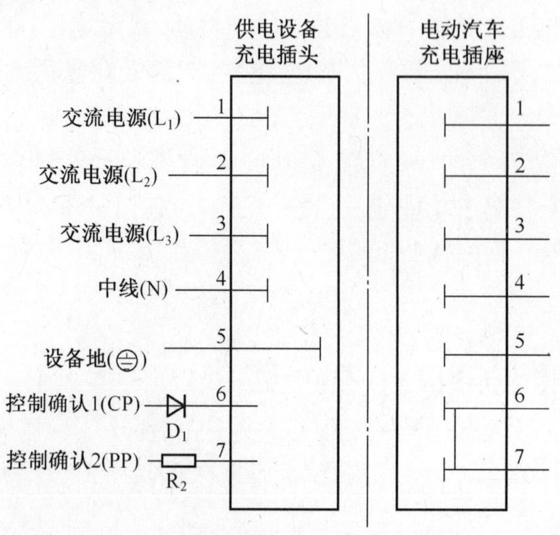

图8.6 交流充电接口界面示意图

充电插头控制确认1点6脚（CP）内置二极管是检测点，控制确认2点7脚PP有一电阻。
汽车充电口中6脚和7脚内部相通，同时应注意插头内芯子长短的不同。

2. 直流充电接口功能

直流充电接口包含 8 个端子,各个端子的布置方式如图 8.7 所示。直流充电接口端子功能定义如下:DC+直流电源正、DC-直流电源负、PE 保护搭铁端子在连接时最先连接和最后断开、S+为充电通信 CAN-H、S-为充电通信 CAN-L、三角号为充电 CAN 屏蔽、A+低压辅助电源正和 A-低压辅助电源负为非车载充电机向电动汽车软件更提供低压电源。

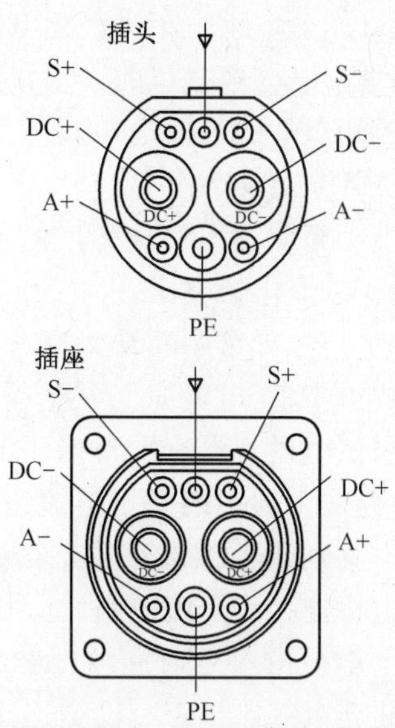

图 8.7　直流接口充电插头和充电插座布置图

出于安全的考虑,在充电接口连接过程中,端子连接顺序为:保护搭铁,直流电源正与直流电源负,低压辅助电源正,低压辅助电源负,充电通信。在脱开的过程中则顺序相反。

确认充电接口的连接。电动汽车的车辆控制装置能够通过测量检测点的峰值电压判断充电插头与充电插座是否已充分连接。电流容量的判断是车辆控制装置通过测量检测点 2 的电压值来确认充电电缆的额定电流,并通过判断该点的占空比确认当前供电设备能提供的最大电流值。电动汽车的车辆控制装置对供电设备,充电电缆及车载充电机电流值进行比较后,按照其中的最小电流值对电动汽车进行充电。

充电过程中输出功率的调整是车辆控制装置应对检测点 2 信号的占空比进行不间断地监测。当接收的振荡信号占空比有变化时,车辆控制装置应实时调整车载充电机的输出功率。

充电系统的停止是在充电过程中,车辆控制装置不间断测量检测点 2 的峰值电压或占空比,如果信号异常,车辆控制装置应立即关闭车载充电机的输出。供电设备在充电过程中不间断测量检测点 1 的峰值电压,如果信号异常则断开交流输出端的接触器或开关。

在供电设备无故障情况下,其内部开关为常闭状态。当使用充电电缆将供电设备与电动汽车连接完毕后,供电设备通过测量检测点 1 的峰值电压判断充电电缆是否连接完毕。当供电设备接收到起动信号(如刷卡等)后,闭合其交流输出端的接触器或开关,为电动汽车的车载充电机进行供电。

电动汽车的车辆控制装置通过检测点 2 的峰值电压,判断充电插头与充电插座是否已充分连接。

充电系统的起动。在电动汽车和供电设备建立电气连接后，车辆控制装置通过测量检测点2的峰值电压，确认充电电缆的额定电流。电阻 R_2 的阻值与充电电缆额定电流有对应关系，车辆控制装置通过判断该点的占空比确认供电设备当前能够提供的最大充电电流值。车辆控制装置对供电设备、充电电缆及车载充电机的额定电流值三者进行比较，将其最小值设定为当前最大允许供电电流。当判断充电接口已充分连接并设置完当前最大允许充电电流后，车载充电机开始对电动汽车进行充电。

在整个充电过程中，不间断地检查充电接口的连接状态及供电设备的功率变化情况。车辆控制装置应不间断地测量检测点2的峰值电压及占空比。当占空比有变化时，车辆控制装置应实时调整车载充电机的输出功率。

充电系统的故障停止。在整个充电过程中，检测点2的信号（电压及占空比）出现异常时，车辆控制装置应立即关闭车载充电机输出，停止充电。供电设备在充电过程中不间断测量检测点1的峰值电压，如果信号异常则断开交流输出端的接触器或开关。

特殊模式充电。在充电模式1中，充电电缆上可配备占空比固定为20%的振荡电路装置来作为控制导引电路。如果供电设备没有配备振荡电路装置，电动汽车在判断充电电缆完全连接后，可以按照充电模式1规定的额定电流进行充电。此过程交流供电装置一侧应安装手动或自动断路器。其判断步骤如下：

（1）用充电电缆将车载充电机连接到交流电网。

（2）车辆控制装置在初次上电后的一定时间内（如5s）没有接收到振荡器的振荡信号，闭合特殊模式开关 S_2 后判断充电接口是否完已全连接（检测点2的电压小于2V/4V为已连接，等于12V/24V为未连接）。

（3）车辆控制装置判断充电接口已完全连接后，可控制车载充电机按照充电模式1规定额定电流对电动汽车进行充电。

（4）车辆控制装置应在充电过程中不间断地监测充电接口连接状态，一旦异常应立即关闭车载充电机。

直流充电接口带载插拔保护原理。在充电过程中，如果没有严格的保护控制措施，直流充电接口的带载插拔会对操作人员造成伤害。因此需要电动汽车的电池管理系统与非车载充电设备相互协调并在充电逻辑上加以控制，从而保证充电接口在插拔过程中不带负载分断。

保护原理是充电接口的插头分别设有相对应的通信端子、直流输出端子及低压辅助电源端子。拔开充电接口时，端子的断开顺序为：通信端子，低压辅助电源端子，直流输出端子。

充电时的控制逻辑顺序。电池管理系统与非车载充电设备（充电桩）在充电过程中的控制逻辑顺序为：

（1）充电设备通过低压辅助电源端子向电动汽车的电池管理系统供电。

（2）电池管理系统与非车载充电设备进行通信。

（3）在完成握手阶段、配置阶段后，非车载充电设备开始对电动汽车进行充电。

（4）充电过程中，如果100ms内非车载充电设备没有收到电池管理系统周期发送的充电级别需求报文，非车载充电设备立即关闭输出。

（5）充电过程中，如果低压辅助电源端子断开，应由这路接触器切断直流充电回路。

8.2 电动汽车高压安全

在高压电操作中，要牢记，千万不要把自己串入正负极之间构成导电回路，造成触电的严重事故。另外，正或负直流母线与车身意外相连将存在严重的高压电击隐患，一旦人员在车上接触了高压电负或正极将造成严重电击伤或死亡。

8.2.1 TN 网络原理

高压安全措施和注意事项的基本原理可利用 TN 网络进行说明(如住宅线路)。TN=搭铁零线(共用搭铁)如图 8.8、图 8.9 所示。

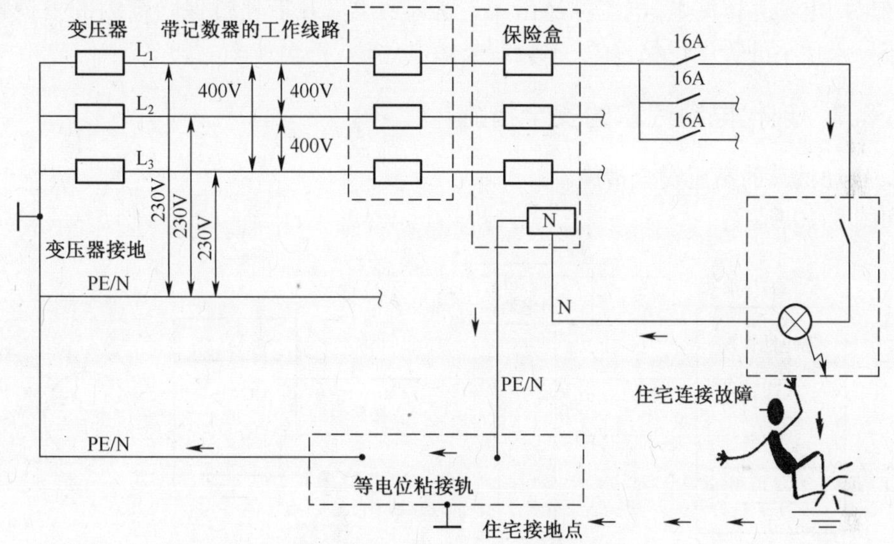

图 8.8　不安全的 TN 网络原理

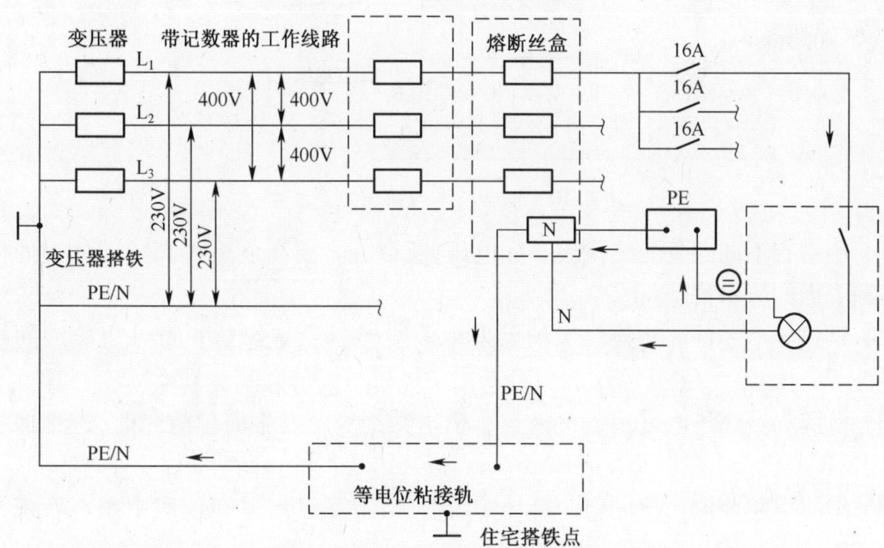

图 8.9　安全 TN 网络原理

民用住宅的单相220V(230V)或三相380V(400V)是从三相变压器的次级绕组取出的,如图所示 L_1、L_2、L_3 为三相火线,线间电压为380V,可接入三相电动机。对于单相220V 如单相电动机或照明用电则采用相电压220V 供电。注意:PE 是保护搭铁的缩写,N 是中性点的缩写,PE/N 意为中性点作为保护搭铁,一个供电网络要有多个 PE/N。PE/N 在图中左接变压器的中心抽头,右接住宅大楼的暖气管道和楼体钢盘笼,图中的照明灯零线回路是通过熔断丝盒内的搭铁螺钉 N 将电流导人住宅的等电位粘接轨,从 PE/N 流回变压器中心抽头形成回路,这是单相两线电器工作原理。单相三线工作原理是诸如电饭煲除了要用电器工作外,还要防止壳体漏电,所以在壳体上接保护搭铁线起保护作用,保护搭铁即把用电器壳体和用电器的零线相连,零线和真实土地的地等电位,由于人总是站在真实地上,真实地和用电器壳体等电位,所以不会造成触电。

如果用电器壳体漏电,电流可经由第三根地线经 PE 后通过保险盒内的搭铁螺钉 N 将电流导入住宅的等电位粘接轨,不会造成触电危险。

8.2.2 现代电动汽车的安全措施

1. 电动汽车的高压安全措施

如图8.10所示:

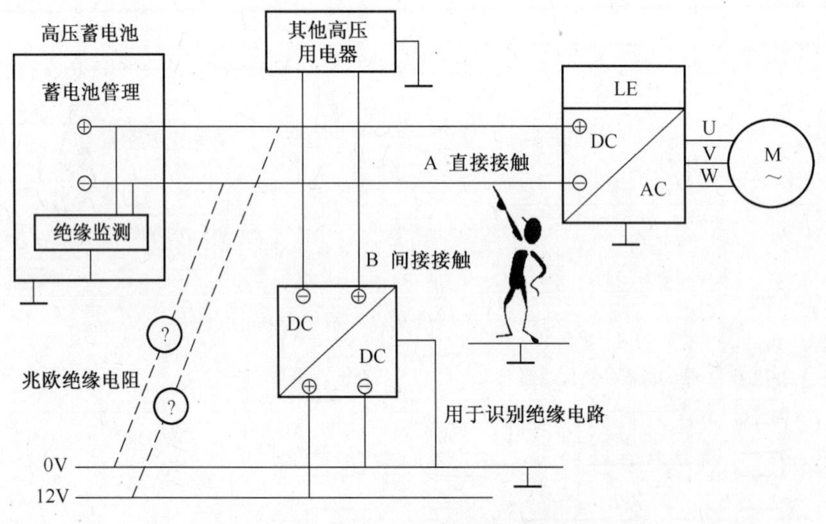

图8.10 电动汽车的高压安全措施

(1) 用带有不同颜色的线代表不同电压,所以一定要高度重视高压部件上的橙色高压线路和上面的警示信息。

(2) 带高压电零件的防接触保护。采用多层(三层)绝缘防止意外直接或间接接触带电零件。

(3) 电隔离。高压电采用正负极与车辆搭铁绝缘。发生简单故障时,这种保护可以防止电击。

(4) 绝缘电阻监测。检测整个高压系统有无绝缘故障,并在仪表中用声音或光提示故障。

(5) 高压互锁。对整个高压系统设置一个导通环。如果导通环传送的信号中断,切断电压并对高压系统的电容进行放电。

(6) 服务断开/高压接通锁。工作人员使用诊断辅助系统断开电压后,不仅要确保关闭整个高压系统(高压互锁打开),还要防止高压系统通过“点火开关开启”重新接通。借助高压接通锁的插人(搭铁),对高压系统又加了一道防止接通的保险。

(7) 在碰撞时切断高压系统。通过碰撞识别触发断开蓄电池和停止发电机发电模式,并将母线电容器放电至允许的电压极限以下。另外在短路时切断高压系统、并将母线电容器放电至允许的电压极限以下。

2. 电动汽车绝缘电阻监测方法

电动汽车是一个复杂的机电一体化产品,其中的许多部件包括动力电池、电动机、充电机、能量回收装置、辅助电池充电装置等都会涉及高压电器绝缘问题。这些部件的工作条件比较恶劣,振动、酸碱气体的腐蚀、温度及湿度的变化,都有可能造成动力电缆及其他绝缘材料迅速老化甚至绝缘破损,使设备绝缘强度大大降低,危及人身安全。

电动汽车的绝缘状况以直流正负母线对地的绝缘电阻来衡量。电动汽车的国际标准规定:绝缘电阻值除以电动汽车直流系统标称电压U,结果应大于100Ω/V,才符合安全要求。标准中推荐的牵引蓄电池绝缘电阻测量方法适用于静态测试,而不满足实时监测的要求。

通过测量电动汽车直流母线与电底盘之间的电压,计算得到系统的绝缘电阻值。假设电动汽车的直流系统电压(即电池总电压)为U,待测的正、负母线与电底盘之间的绝缘电阻分别为 R_P、R_N,正、负母线与电底盘之间的电压分别为 U_P、U_N,则待测直流系统的等效模型如图8.11所示。

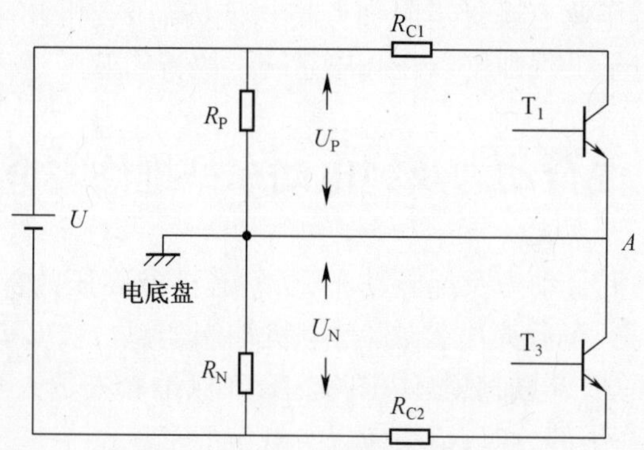

图8.11 电动汽车绝缘电阻测量原理

图中 R_{C1}、R_{C2}为测量用的已知阻值的标准电阻。工作原理如下:当电子开关 T_1、T_3 全部断开时,测量正、负母线与电底盘之间的电压分别为 U_{PO}、U_{NO},由电路定律可以得到

$$U_{PO}/R_P = U_{NO}/R_N \tag{8-1}$$

当电子开关 S_1 闭合、S_2 断开时,则在正母线与电底盘之间加入标准偏置电阻 R_{c1},测量正、负母线与电底盘之间的电压分别为 U_{PP}、U_{NP},同样可以得到

$$\frac{U_{PP}}{R_P} + \frac{U_{PF}}{R_{C1}} = \frac{U_{NP}}{R_N} \tag{8-2}$$

通过式(8-1)和式(8-2)解出正、负母线与电底盘之间的绝缘电阻分别为 R_P、R_N。

同样,绝缘电阻在以下 2 种情况也可以得到:T_1、T_3 全部断开和 T_1 断开、T_3 闭合;T_1 闭合、T_3 断开和 T_1 断开、T_3 闭合。由上述计算公式可知,绝缘电阻 R_P、R_N 的具体数值由 4 个测量电压值和已知标准电阻计算得到,最终结果的精度与电压测量和标准电阻的精度直接相关。另外,开关动作前后,电池电压随汽车加、减速的变化对结果的影响也应分析。电动汽车的绝缘电阻一般是缓变参数,而测量过程很快,因此可以认为测量过程中实际待测绝缘电阻阻值保持不变。

绝缘电阻监测模块主要完成如下几方面功能:正负母线对电底盘的电压测量、标准偏置电阻的投切控制、报警参数设置、声光报警电路、液晶显示及通信。

一般来讲,电动汽车的标称电压在 90~500V 之间,实际偏置电阻因电压不同而不同,运行过程中电池电压存在一定的波动范围,并且待测绝缘电阻也有一定的变化范围,因此,通用型监测系统的电压测量电路必须保证在全范围内实现等精度的测量,而且正、负母线对地电压的测量必须同时完成。

3. 混合动力电动汽车(高压)的注意事项

如果员工没有接受高压意识培训,不允许在混合动力汽车上执行操作。如果员工在车辆上的“工作”仅限于操作或客户咨询,如阐述驾驶室管理及数据系统,则不必进行高压意识培训。此外,只是简单驾驶车辆时也没有必要进行高压意识培训,如洗车人员将车辆驶向洗车装置。如果员工在车辆上执行操作、阐述或简单驾驶车辆之外的“工作”,一定要进行高压意识培训。甚至开启发动机罩,如清洗发动机或添加风窗玻璃清洗液,也要求进行高压意识培训。员工如果不具有高压资格和高压产品资格,不得在高压网络上作业,不遵守相关注意事项会导致严重结果。接受过高压意识培训的非电工技术专业人员可以在高压系统外执行作业。接受过附加资格认证(高压资格和高压产品培训)的汽车技师、电气技师、机械电子工程师可以在高压系统上执行作业。

8.3 混合动力及纯电动车型维修安全规范

搭载电动力系统的混合动力及纯电动车型,整车涉及高压的部分有:整车橙色线束、动力电池包、高压配电箱、车载充电器、驱动电机控制器总成、DC 与空调驱动器总成、电动力总成、电动压缩机总成、电加热芯体 PTC。为确保维修人员人身安全,避免违规操作引起安全事故,在维修高压部分时,请参考以下规范要求。

8.3.1 安全防护要求

(1) 维修人员必须佩戴必要的安全防护用品,如:绝缘手套(需准备防高压电工手套以及防电池电解液酸碱性两种手套)、绝缘胶鞋、绝缘胶垫和防护眼镜等,其耐压等级必须大于需要测量的最高电压,如图 8.12 所示。

(2) 使用前必须检查绝缘手套是否有破损、破洞或裂纹等,应完好无损,确保安全。

(3) 使用前必须检查绝缘手套、绝缘胶鞋等防护用品,不能带水进行操作,保证内外表面洁净、干燥,确保安全。

(4) 维修车辆时,必须设置专职监护人一名,监护人工作职责为监督维修的全过程,具体如下:

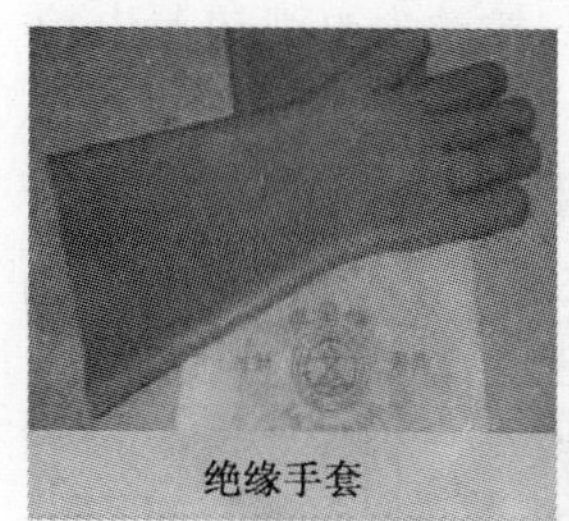

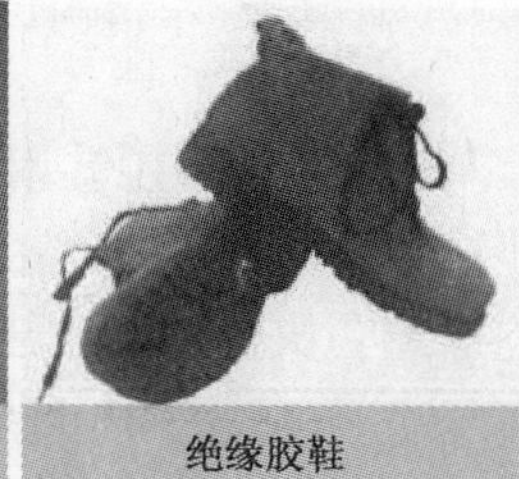

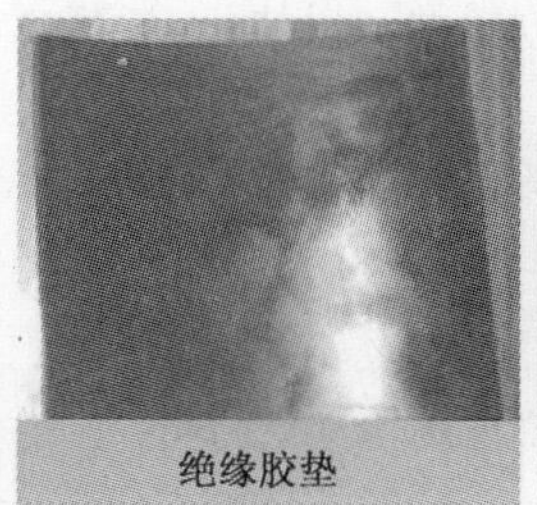

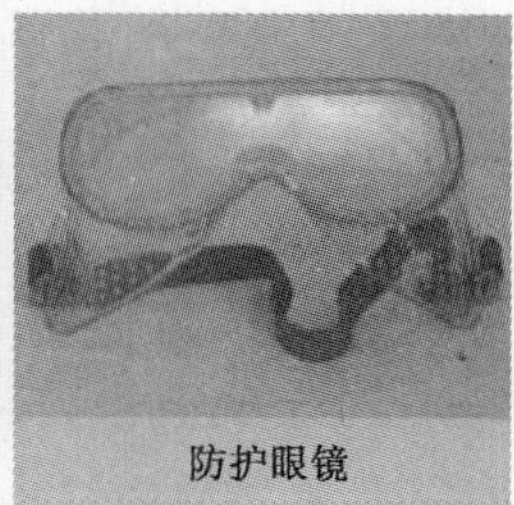

图 8.12　必要的安全防护用品

① 监督维修人员组成、工具使用、防护用品佩戴、备件安全保护、维修安全警示牌等是否符合要求；

② 检查紧急维修开关的接通和断开；

③ 负责对维修过程中的安全维修操作规程进行检查，监护人要按安全维修操作规程指挥操作，维修人员在做完一个操作后要告知监护人，监护人要在作业流程单上作标记；

④ 监护人要认真负责，确保维修过程的安全，避免发生安全责任事故；

⑤ 监护人及维修人员必须具备国家认可的《特种作业操作证(电工)》与《初级(含)以上电工证》职业资格证书；

⑥ 监护人及维修人员必须经过生产厂家关于混合动力及纯电动车型培训，并通过考核；

(5) 严禁未经培训的人员进行高压部分检修，禁止一切带有侥幸心理的危险操作，避免发生安全事故。

8.3.2　安全维修操作规范

(1) 高压部件识别，包括：

① 整车橙色线束均为高压线；

② 动力电池包连至电源管理器的红色电压采样线束；

③ 高压零部件，包括：动力电池包、高压配电箱、车载充电器、太阳能充电器、驱动电机控制器总成、DC与空调驱动器总成、电动力总成、电动压缩机总成、电加热芯体PTC。

(2) 检修高压系统时，点火开关必须处于OFF档(若为智能钥匙系统，则使车辆不在智能钥匙感应范围内，并且车辆处于非充电状态)，并拔下紧急维修开关。紧急维修开关拔下后，由专职监护人员保管，并确保在维修过程中不会有人将其插到高压配电箱上；

需注意的是：

① 断开紧急维修开关只是切断了从高压配电箱到各个高压用电设备的电源，并不能切断动力电池包到高压配电箱的电源；

② 当需要维修或更换高压配电箱时，应小心拔出连接动力电池包的电缆正、负极高压接插件，使用绝缘胶带包好裸露出的桩头，避免触电。

(3) 在断开紧急维修开关5min后，检修高压系统前应使用万用表测量整车高压回路，确保无电；

需注意的是：

① 确定方法。拔下紧急维修开关手柄后，测量动力电池包正极和车身之间的电压来

初步判断是否漏电，若检测到电压大于等于50V，应立即停止操作，按动力电池包漏电检测方法检查；

② 使用万用表测量高压时，需注意选择正确量程，检测用万用表精度不低于0.5级，要求具有直流电压测量档位，量程范围不小于或等于500V，并遵守“单手操作”原则；

③ 所使用的万用表一根表笔线上配备绝缘鳄鱼夹（要求耐压为3kV，过电流能力大于5A），测量时先把鳄鱼夹夹到电路的一个端子上，然后用另一只表笔接到需测量的端子测量读数。每次测量时只能用一只手握住表笔；测量过程中，严禁触摸表笔金属部分。

（4）调试高、低压系统注意事项，如下：

① 调试低压前必须断开紧急维修开关；

② 调试高压时，必须由专职监护人指挥装配紧急维修开关；

③ 调试高压必须在低压调试好的前提下调试，便于判断动力电池包是否有漏电的情况，如有漏电情况应及时检查，不能进行高压调试。

（5）拆装动力电池包总成时，首先把高压配电箱连接高压线束插接件用绝缘胶带缠好，拆装过程不要损坏线束，以免发生触电危险。

（6）检修或更换高压线束、油管等经过车身钣金孔的部件时，需注意检查与车身钣金的防护是否正常，避免线束、油管磨损。

8.3.3 安全维修注意事项

（1）在维修作业前请采用安全隔离措施（使用警戒栏隔离），并树立高压警示牌，以警示相关人员，避免发生安全事故（如图8.13）。

图8.13　安全隔离措施

（2）在维修高压部分过程之前，请将车身用搭铁线连接到混合动力及纯电动车型专用维修工位的接地线上。

（3）在检修有电解液泄漏的动力电池包时，需佩戴防护眼镜，以防止电解液溅入眼中。

（4）在车辆上电前，注意确认是否还有人员在进行高压维修操作，避免发生危险。

（5）检修高压线束时，对拆下的任何高压配线应立刻用绝缘胶带包扎绝缘。注意：高压线束装配时，必须按照车身固定孔位要求将线束固定好。

（6）不能用手指触摸高压线束插接件里的带电部分，以免触电。另外应防止有细小的金属工具或铁条等接触到接插件中的带电部分。

(7) 若发生异常事故和火灾时,操作人员应立即切断高压回路,其他人员立即使用灭火器扑救,优先使用二氧化碳灭火器,其次使用干粉灭火器,严禁用水剂灭火器。

思考题

1. 电动汽车充电方式有哪些?各有什么特点?
2. 直流充电接口包含的8个端子的含义是什么?
3. 电动汽车采用哪些高压安全措施?
4. 搭载电动力系统的混合动力及纯电动车型,整车涉及高压的部分有哪些?

附　录

节能与新能源汽车产业发展规划

（2012—2020 年）

汽车产业是国民经济的重要支柱产业，在国民经济和社会发展中发挥着重要作用。随着我国经济持续快速发展和城镇化进程加速推进，今后较长一段时期汽车需求量仍将保持增长势头，由此带来的能源紧张和环境污染问题将更加突出。加快培育和发展节能汽车与新能源汽车，既是有效缓解能源和环境压力，推动汽车产业可持续发展的紧迫任务，也是加快汽车产业转型升级、培育新的经济增长点和国际竞争优势的战略举措。为落实国务院关于发展战略性新兴产业和加强节能减排工作的决策部署，加快培育和发展节能与新能源汽车产业，特制定本规划。规划期为 2012—2020 年。

一、发展现状及面临的形势

新能源汽车是指采用新型动力系统，完全或主要依靠新型能源驱动的汽车，本规划所指新能源汽车主要包括纯电动汽车、插电式混合动力汽车及燃料电池汽车。节能汽车是指以内燃机为主要动力系统，综合工况燃料消耗量优于下一阶段目标值的汽车。发展节能与新能源汽车是降低汽车燃料消耗量，缓解燃油供求矛盾，减少尾气排放，改善大气环境，促进汽车产业技术进步和优化升级的重要举措。

我国新能源汽车经过近 10 年的研究开发和示范运行，基本具备产业化发展基础，电池、电机、电子控制和系统集成等关键技术取得重大进步，纯电动汽车和插电式混合动力汽车开始小规模投放市场。近年来，汽车节能技术推广应用也取得积极进展，通过实施乘用车燃料消耗量限值标准和鼓励购买小排量汽车的财税政策等措施，先进内燃机、高效变速器、轻量化材料、整车优化设计以及混合动力等节能技术和产品得到大力推广，汽车平均燃料消耗量明显降低；天然气等替代燃料汽车技术基本成熟并初步实现产业化，形成了一定市场规模。但总体上看，我国新能源汽车整车和部分核心零部件关键技术尚未突破，产品成本高，社会配套体系不完善，产业化和市场化发展受到制约；汽车节能关键核心技术尚未完全掌握，燃料经济性与国际先进水平相比还有一定差距，节能型小排量汽车市场占有率偏低。

为应对日益突出的燃油供求矛盾和环境污染问题，世界主要汽车生产国纷纷加快部署，将发展新能源汽车作为国家战略，加快推进技术研发和产业化，同时大力发展和推广应用汽车节能技术。节能与新能源汽车已成为国际汽车产业的发展方向，未来 10 年将迎来全球汽车产业转型升级的重要战略机遇期。目前我国汽车产销规模已居世界首位，预计在未来一段时期仍将持续增长，必须抓住机遇、抓紧部署，加快培育和发展节能与新能源汽车产业，促进汽车产业优化升级，实现由汽车工业大国向汽车工业强国转变。

二、指导思想和基本原则

（一）指导思想

以邓小平理论和“三个代表”重要思想为指导，深入贯彻落实科学发展观，把培育和发展节能与新能源汽车产业作为加快转变经济发展方式的一项重要任务，立足国情，依托产业基础，按照市场主导、创新驱动、重点突破、协调发展的要求，发挥企业主体作用，加大政策扶持力度，营造良好发展环境，提高节能与新能源汽车创新能力和产业化水平，推动汽车产业优化升级，增强汽车工业的整体竞争能力。

（二）基本原则

坚持产业转型与技术进步相结合。加快培育和发展新能源汽车产业，推动汽车动力系统电动化转型。坚持统筹兼顾，在培育发展新能源汽车产业的同时，大力推广普及节能汽车，促进汽车产业技术升级。

坚持自主创新与开放合作相结合。加强创新发展，把技术创新作为推动我国节能与新能源汽车产业发展的主要驱动力，加快形成具有自主知识产权的技术、标准和品牌。充分利用全球创新资源，深层次开展国际科技合作与交流，探索合作新模式。

坚持政府引导与市场驱动相结合。在产业培育期，积极发挥规划引导和政策激励作用，聚集科技和产业资源，鼓励节能与新能源汽车的开发生产，引导市场消费。进入产业成熟期后，充分发挥市场对产业发展的驱动作用和配置资源的基础作用，营造良好的市场环境，促进节能与新能源汽车大规模商业化应用。

坚持培育产业与加强配套相结合。以整车为龙头，培育并带动动力电池、电机、汽车电子、先进内燃机、高效变速器等产业链加快发展。加快充电设施建设，促进充电设施与智能电网、新能源产业协调发展，做好市场营销、售后服务以及电池回收利用，形成完备的产业配套体系。

三、技术路线和主要目标

（一）技术路线

以纯电驱动为新能源汽车发展和汽车工业转型的主要战略取向，当前重点推进纯电动汽车和插电式混合动力汽车产业化，推广普及非插电式混合动力汽车、节能内燃机汽车，提升我国汽车产业整体技术水平。

（二）主要目标

1. 产业化取得重大进展。到2015年，纯电动汽车和插电式混合动力汽车累计产销量力争达到50万辆；到2020年，纯电动汽车和插电式混合动力汽车生产能力达200万辆、累计产销量超过500万辆，燃料电池汽车、车用氢能源产业与国际同步发展。

2. 燃料经济性显著改善。到2015年，当年生产的乘用车平均燃料消耗量降至6.9升/百公里，节能型乘用车燃料消耗量降至5.9升/百公里以下。到2020年，当年生产的乘用车平均燃料消耗量降至5.0升/百公里，节能型乘用车燃料消耗量降至4.5升/百公里以下；商用车新车燃料消耗量接近国际先进水平。

3. 技术水平大幅提高。新能源汽车、动力电池及关键零部件技术整体上达到国际先进水平，掌握混合动力、先进内燃机、高效变速器、汽车电子和轻量化材料等汽车节能关键核心技术，形成一批具有较强竞争力的节能与新能源汽车企业。

4. 配套能力明显增强。关键零部件技术水平和生产规模基本满足国内市场需求。充电设施建设与新能源汽车产销规模相适应，满足重点区域内或城际间新能源汽车运行需要。

5. 管理制度较为完善。建立起有效的节能与新能源汽车企业和产品相关管理制度，构建市场营销、售后服务及动力电池回收利用体系，完善扶持政策，形成比较完备的技术标准和管理规范体系。

四、主要任务

（一）实施节能与新能源汽车技术创新工程

增强技术创新能力是培育和发展节能与新能源汽车产业的中心环节，要强化企业在技术创新中的主体地位，引导创新要素向优势企业集聚，完善以企业为主体、市场为导向、产学研用相结合的技术创新体系，通过国家科技计划、专项等渠道加大支持力度，突破关键核心技术，提升产业竞争力。

1. 加强新能源汽车关键核心技术研究。大力推进动力电池技术创新，重点开展动力电池系统安全性、可靠性研究和轻量化设计，加快研制动力电池正负极、隔膜、电解质等关键材料及其生产、控制与检测等装备，开发新型超级电容器及其与电池组合系统，推进动力电池及相关零配件、组合件的标准化和系列化；在动力电池重大基础和前沿技术领域超前部署，重点开展高比能动力电池新材料、新体系以及新结构、新工艺等研究，集中力量突破一批支撑长远发展的关键共性技术。加强新能源汽车关键零部件研发，重点支持驱动电机系统及核心材料，电动空调、电动转向、电动制动器等电动化附件的研发。开展燃料电池电堆、发动机及其关键材料核心技术研究。把握世界新能源汽车发展动向，对其他类型的新能源汽车技术加大研究力度。

到2015年，纯电动乘用车、插电式混合动力乘用车最高车速不低于100公里/小时，纯电驱动模式下综合工况续驶里程分别不低于150公里和50公里；动力电池模块比能量达到150瓦时/公斤以上，成本降至2元/瓦时以下，循环使用寿命稳定达到2000次或10年以上；电驱动系统功率密度达到2.5千瓦/公斤以上，成本降至200元/千瓦以下。到2020年，动力电池模块比能量达到300瓦时/公斤以上，成本降至1.5元/瓦时以下。

2. 加大节能汽车技术研发力度。以大幅提高汽车燃料经济性水平为目标，积极推进汽车节能技术集成创新和引进消化吸收再创新。重点开展混合动力技术研究，开发混合动力专用发动机和机电耦合装置，支持开展柴油机高压共轨、汽油机缸内直喷、均质燃烧以及涡轮增压等高效内燃机技术和先进电子控制技术的研发；支持研制六档及以上机械变速器、双离合器式自动变速器、商用车自动控制机械变速器；突破低阻零部件、轻量化材料与激光拼焊成型技术，大幅提高小排量发动机的技术水平。开展高效控制氮氧化物等污染物排放技术研究。

3. 加快建立节能与新能源汽车研发体系。引导企业加大节能与新能源汽车研发投入，鼓励建立跨行业的节能与新能源汽车技术发展联盟，加快建设共性技术平台。重点开展纯电动乘用车、插电式混合动力乘用车、混合动力商用车、燃料电池汽车等关键核心技术研发；建立相关行业共享的测试平台、产品开发数据库和专利数据库，实现资源共享；整合现有科技资源，建设若干国家级整车及零部件研究试验基地，构建完善的技术创新基础平台；建设若干具有国际先进水平的工程化平台，发展一批企业主导、科研机构和高等院校积极参与的产业技术创新联盟。推动企业实施商标品牌战略，加强知识产权的创造、运用、保护和管理，构建全产业链的专利体系，提升产业竞争能力。

（二）科学规划产业布局

我国已建设形成完整的汽车产业体系，发展节能与新能源汽车既要利用好现有产业基础，也要充分发挥市场机制作用，加强规划引导，以提高发展效率。

1. 统筹发展新能源汽车整车生产能力。根据产业发展的实际需要和产业政策要求，合理发展新能源汽车整车生产能力。现有汽车企业实施改扩建时要统筹考虑建设新能源汽车产能。在产业发展过程中，要注意防止低水平盲目投资和重复建设。

2. 重点建设动力电池产业聚集区域。积极推进动力电池规模化生产，加快培育和发展一批具有持续创新能力的动力电池生产企业，力争形成2~3家产销规模超过百亿瓦时、具有关键材料研发生产能力的龙头企业，并在正负极、隔膜、电解质等关键材料领域分别形成2~3家骨干生产企业。

3. 增强关键零部件研发生产能力。鼓励有关市场主体积极参与、加大投入力度，发展一批符合产业链聚集要求、具有较强技术创新能力的关键零部件企业，在驱动电机、高效变速器等领域分别培育2~3家骨干企业，支持发展整车企业参股、具有较强国际竞争力的专业化汽车电子企业。

（三）加快推广应用和试点示范

新能源汽车尚处于产业化初期，需要加大政策支持力度，积极开展推广试点示范，加快培育市场，推动技术进步和产业发展。节能汽车已具备产业化基础，需要综合采用标准约束、财税支持等措施加以推广普及。

1. 扎实推进新能源汽车试点示范。在大中型城市扩大公共服务领域新能源汽车示范推广范围，开展私人购买新能源汽车补贴试点，重点在国家确定的试点城市集中开展新能源汽车产品性能验证及生产使用、售后服务、电池回收利用的综合评价。探索具有商业可行性的市场推广模式，协调发展充电设施，形成试点带动技术进步和产业发展的有效机制。

探索新能源汽车及电池租赁、充换电服务等多种商业模式，形成一批优质的新能源汽车服务企业。继续开展燃料电池汽车运行示范，提高燃料电池系统的可靠性和耐久性，带动氢的制备、储运和加注技术发展。

2. 大力推广普及节能汽车。建立完善的汽车节能管理制度，促进混合动力等各类先进节能技术的研发和应用，加快推广普及节能汽车。出台以企业平均燃料消耗量和分阶段目标值为基础的汽车燃料消耗量管理办法，2012年开始逐步对在中国境内销售的国产、进口汽车实施燃料消耗量管理，切实开展相关测试和评价考核工作，并提出2016至2020年汽车产品节能技术指标和年度要求。实施重型商用车燃料消耗量标示制度和氮氧化物等污染物排放公示制度。

3. 因地制宜发展替代燃料汽车。发展替代燃料汽车是减少车用燃油消耗的必要补充。积极开展车用替代燃料制造技术的研发和应用，鼓励天然气（包括液化天然气）、生物燃料等资源丰富的地区发展替代燃料汽车。探索其他替代燃料汽车技术应用途径，促进车用能源多元化发展。

（四）积极推进充电设施建设

完善的充电设施是发展新能源汽车产业的重要保障。要科学规划，加强技术开发，探索有效的商业运营模式，积极推进充电设施建设，适应新能源汽车产业化发展的需要。

1. 制定总体发展规划。研究制定新能源汽车充电设施总体发展规划，支持各类适用技术发展，根据新能源汽车产业化进程积极推进充电设施建设。在产业发展初期，重点在试点城市建设充电设施。试点城市应按集约化利用土地、标准化施工建设、满足消费者需求的原则，将充电设施纳入城市综合交通运输体系规划和城市建设相关行业规划，科学确定建设规模和选址分布，适度超前建设，积极试行个人和公共停车位分散慢充等充电技术模式。通过总结试点经验，确定符合区域实际和新能源汽车特点的充电设施发展方向。

2. 开展充电设施关键技术研究。加快制定充电设施设计、建设、运行管理规范及相关技术标准，研究开发充电设施接网、监控、计量、计费设备和技术，开展车网融合技术研究和应用，探索新能源汽车作为移动式储能单元与电网实现能量和信息双向互动的机制。

3. 探索商业运营模式。试点城市应加大政府投入力度，积极吸引社会资金参与，根据当地电力供应和土地资源状况，因地制宜建设慢速充电桩、公共快速充换电等设施。鼓励成立独立运营的充换电企业，建立分时段充电定价机制，逐步实现充电设施建设和管理市场化、社会化。

（五）加强动力电池梯级利用和回收管理

制定动力电池回收利用管理办法，建立动力电池梯级利用和回收管理体系，明确各相关方的责任、权利和义务。引导动力电池生产企业加强对废旧电池的回收利用，鼓励发展专业化的电池回收利用企业。严格设定动力电池回收利用企业的准入条件，明确动力电池收集、存储、运输、处理、再生利用及最终处置等各环节的技术标准和管理要求。加强监管，督促相关企业提高技术水平，严格落实各项环保规定，严防重金属污染。

五、保障措施

（一）完善标准体系和准入管理制度

进一步完善新能源汽车准入管理制度和汽车产品公告制度，严格执行准入条件、认证要求。加强新能源汽车安全标准的研究与制定，根据应用示范和规模化发展需要，加快研究制定新能源汽车以及充电、加注技术和设施的相关标准。制定并实施分阶段的乘用车、轻型商用车和重型商用车燃料消耗量目标值标准。积极参与制定国际标准。2013 年前，基本建立与产业发展和能源规划相适应的节能与新能源汽车标准体系。

（二）加大财税政策支持力度

中央财政安排资金，对实施节能与新能源汽车技术创新工程给予适当支持，引导企业在技术开发、工程化、标准制定、市场应用等环节加大投入力度，构建产学研用相结合的技术创新体系；对公共服务领域节能与新能源汽车示范、私人购买新能源汽车试点给予补贴，鼓励消费者购买使用节能汽车；发挥政府采购的导向作用，逐步扩大公共机构采购节能与新能源汽车的规模；研究基于汽车燃料消耗水平的奖惩政策，完善相关法律法规。新能源汽车示范城市安排一定资金，重点用于支持充电设施建设、建立电池梯级利用和回收体系等。

研究完善汽车税收政策体系。节能与新能源汽车及其关键零部件企业，经认定取得高新技术企业所得税优惠资格的，可以依法享受相关优惠政策。节能与新能源汽车及其关键零部件企业从事技术开发、转让及相关咨询、服务业务所取得的收入，可按规定享受营业税免税政策。

（三）强化金融服务支撑

引导金融机构建立鼓励节能与新能源汽车产业发展的信贷管理和贷款评审制度，积极推进知识产权质押融资、产业链融资等金融产品创新，加快建立包括财政出资和社会资金投入在内的多层次担保体系，综合运用风险补偿等政策，促进加大金融支持力度。支持符合条件的节能与新能源汽车及关键零部件企业在境内外上市、发行债务融资工具；支持符合条件的上市公司进行再融资。按照政府引导、市场运作、管理规范、支持创新的原则，支持地方设立节能与新能源汽车创业投资基金，符合条件的可按规定申请中央财政参股，引导社会资金以多种方式投资节能与新能源汽车产业。

（四）营造有利于产业发展的良好环境

大力发展有利于扩大节能与新能源汽车市场规模的专业服务、增值服务等新业态，建立新能源汽车金融信贷、保险、租赁、物流、二手车交易以及动力电池回收利用等市场营销和售后服务体系，发展新能源汽车及关键零部件质量安全检测服务平台。研究实行新能源汽车停车费减免、充电费优惠等扶持政策。有关地方实施限号行驶、牌照额度拍卖、购车配额指标等措施时，应对新能源汽车区别对待。

（五）加强人才队伍保障

牢固树立人才第一的思想，建立多层次的人才培养体系，加大人才培养力度。以国家有关专项工程为依托，在节能与新能源汽车关键核心技术领域，培养一批国际知名的领军人才。加强电化学、新材料、汽车电子、车辆工程、机电一体化等相关学科建设，培养技术研究、产品开发、经营管理、知识产权和技术应用等人才。按照《国家中长期人才发展规划纲要（2010—2020年）》的有关要求推进人才引进工作，鼓励企业、高校和科研机构从国外引进优秀人才。重视发展职业教育和岗位技能提升培训，加大工程技术人员和专业技能人才的培养力度。

（六）积极发挥国际合作的作用

支持汽车企业、高校和科研机构在节能与新能源汽车基础和前沿技术领域开展国际合作研究，进行全球研发服务外包，在境外设立研发机构、开展联合研发和向国外提交专利申请。积极创造条件开展多种形式的技术交流与合作，学习和借鉴国外先进技术和经验。完善出口信贷、保险等政策，支持新能源汽车产品、技术和服务出口。支持企业通过在境外注册商标、境外收购等方式培育国际化品牌。充分发挥各种多双边合作机制的作用，加强技术标准、政策法规等方面的国际交流与协调，合作探索推广新能源汽车的新型商业化模式。

六、规划实施

成立由工业和信息化部牵头，发展改革委、科技部、财政部等部门参加的节能与新能源汽车产业发展部际协调机制，加强组织领导和统筹协调，综合采取多种措施，形成工作合力，加快推进节能与新能源汽车产业发展。各有关部门根据职能分工制定本部门工作计划和配套政策措施，确保完成规划提出的各项目标任务。

有关地区要按照规划确定的目标、任务和政策措施，结合当地实际制定具体落实方案，切实抓好组织实施，确保取得实效。具体工作方案和实施过程中出现的新情况、新问题要及时报送有关部门。

参 考 文 献

[1] 崔胜民,韩家军.新能源汽车概论[M].北京:北京大学出版社,2011.

[2] 刘邗,侯明月.新能源汽车大讲堂[M].北京:人民交通出版社,2011.

[3] 王贵明,王金懿.电动汽车及其性能优化[M].北京:机械工业出版社,2010.

[4] 何洪文,等.电动汽车原理和构造[M].北京:机械工业出版社,2012.

[5] [美]Ehsani M.现代电动汽车、混合动力电动汽车和燃料电池车——基本原理、理论和设计(原书第2版) [M].倪光正,等译.北京:机械工业出版社,2012.

[6] [B]电气学会,电动汽车驱动系统调查专门委员会.电动汽车最新技术 [M].康龙云,译.北京:机械工业出版社,2008.

[7] 陈全世.先进电动汽车技术[M].北京:化学工业出版社,2007.

[8] 陈全世,等.燃料电池电动汽车 [M].北京:清华大学出版社,2005.

[9] 邵毅明.汽车新能源与节能技术[M].北京:人民交通出版社,2008.

[10] 腾乐天.电动汽车充电机(站)设计[M].北京:中国电力出版社,2009.

[11] 曾成碧,赵莉华.电机学[M].北京:机械工业出版社,2009.

[12] 王贵明,王金懿.电动汽车及其性能优化[M].北京:机械工业出版社,2010.

[13] 王刚,周荣,乔维高.电动汽车充电技术研究[J].农业装备与车辆工程,2008(6).

[14] 梁臣.电动汽车用感应电机关键技术的研究[D].哈尔滨:哈尔滨工业大学,2008.

[15] 叶敏,孔德刚,曹秉刚.基于CAN总线的电动汽车能源管理系统[J].计算机测量与控制,2010,18 (6).